Kohlhammer

Thomas Klie
Ilona Nord (Hrsg.)

Tod und Trauer im Netz

Mediale Kommunikationen
in der Bestattungskultur

Verlag W. Kohlhammer

1. Auflage 2016

Alle Rechte vorbehalten
© W. Kohlhammer GmbH, Stuttgart
Gesamtherstellung: W. Kohlhammer GmbH, Stuttgart

Print:
ISBN 978-3-17-029250-5

E-Book-Format:
pdf: ISBN 978-3-17-029251-2

Inhalt

Gottesäcker und ihre Simulacren.
Mediale Kommunikation in der Sepulkralkultur

Ilona Nord / Thomas Klie

Seit geraumer Zeit wird bereits im Cyberspace bestattet und getrauert. In dem Maße, wie sich die Bestattungskultur verändert und ausdifferenziert, besetzt sie mit großer Selbstverständlichkeit auch die modernen Repräsentationsmedien. Computer mediatisierte Kommunikationen eröffnen dabei neue Wege zur Visualisierung des Umgangs mit Tod und Trauer. Simulacren des Funeralen, Bilder der Anteilnahme und das öffentliche Sichtbarmachen von Trauerprozessen sind dabei nicht nur in der virtuellen Welt zu lokalisieren, sondern sie bestimmen auch leiblich wahrnehmbare Realitäten von Trauernden. Darin unterscheiden sich Computer mediatisierte Kommunikationen nicht prinzipiell von der Kommunikation in und mit nicht-elektronischen Bildern, die vor dem Cybernetic Turn in der Bestattungskultur genutzt wurden. Im Internet werden neue Bilder entworfen, indem vorgängige selektiert, in veränderte Kontexte und mit anderen Zeichen kombiniert werden.

Bei den Beiträgen in diesem Band[1] geht es darum, die Art und Weise der Visualisierungen von Tod, Abschiedsprozessen und Bestattungsritualen im Cyberspace praktisch-theologisch wahrzunehmen und in interdisziplinärer Weite zu diskutieren. Veränderungsprozesse, die mediale Kommunikationen in diesem Feld auslösen, sollen in den praktisch-theologischen Diskurs eingetragen werden.

In der Bestattung kultiviert die christliche Kirche seit jeher ihren Umgang mit der Unumkehrbarkeit von Lebenswegen.[2] Sie praktiziert dies auf ästhetischem Wege, indem sie ihre Deutungen in Riten und Symbolen sichtbar macht, Plätze und Orte für die Trauer und für die Bestattung ausweist (kirchliche Friedhöfe liefern hierfür reiches Anschauungsmaterial), die Vision von der

---

[1] Die Mehrheit der Beiträge gehen auf die Tagung „Gottesäcker und ihre Simulacren. Mediale Kommunikationen in der Sepulkralkultur" *(Funerale⁴;* 30.10. – 1.11.2014) an der Universität Rostock zurück.

[2] Exemplarisch aus der Fülle der Literatur: Grünwaldt, Klaus / Hahn, Udo (Hg.), Vom christlichen Umgang mit dem Tod. Beiträge zur Trauerbegleitung und Bestattungskultur, Hannover ²2004; Nüchtern, Michael / Schütze, Stefan, Bestattungskultur im Wandel, Berlin 2008; Happe, Barbara, Der Tod gehört mir. Die Vielfalt der heutigen Bestattungskultur, Berlin 2012; Roth, Fritz, Das letzte Hemd ist bunt. Die neue Freiheit in der Sterbekultur, Frankfurt 2011.

Auferstehung liturgisch[3] und homiletisch[4] zur Darstellung bringt. Thematisch gebundene Gottesdienste (Trauerfeier, Ewigkeitssonntag, Erinnerungsfeiern) sind durch individuelle Kasus veranlasst und bestimmt; sie bilden die individuelle Variable im Kontext der Inszenierungsüblichkeiten.[5] Der Akt verteilt sich dabei auf mehrere Orte, an denen sich der Totenumgang in unterschiedlicher Weise performiert.[6] Nicht alle Orte sind, wie das Internet, öffentlich zugänglich bzw. werden in gleicher Weise rituell beansprucht. Was jeweils dargestellt wird, vollzieht sich in hohem Maße kulturrelativ.

Dies gilt nun auch für die Vernetzung von herkömmlichen Bestattungspraxen mit denjenigen, die im Internet auffindbar sind. Welche kulturellen Erscheinungsweisen markieren virtuelle Friedhöfe und welche Auswirkungen haben diese auf die Friedhofskultur insgesamt? Wie artikuliert sich Trauer in Trauernetzwerken?[7] Drängt die Visualisierung von Bestattungen auf Bildschirmen andere sinnliche Wahrnehmungen, die herkömmlicher Weise zur Bestattung hinzu gehören, zurück? Welche Bedeutung hätte dies für individuelle und familiale Trauerprozesse? Welche Kommunikationsmöglichkeiten werden neu eröffnet, welche werden auf virtuellen Friedhöfen abgeschattet bzw. unsichtbar gemacht?[8]

---

[3]   Gutmann, Hans-Martin, Mit den Toten leben – eine evangelische Perspektive, Gütersloh 2002; Gerhards, Albert / Kranemann, Benedikt (Hg.), Christliche Begräbnisliturgie und säkulare Gesellschaft, Leipzig 2002; Becker, Hansjakob (Hg.), Liturgie im Angesicht des Todes, Tübingen 2004; Friedrichs, Lutz (Hg.), Bestattung. Anregungen für eine innovative Praxis, Göttingen 2013; Fendler, Folkert / Klie, Thomas / Sparre, Sieglinde (Hg.), Letzte Heimat Kirche. Kirchenkolumbarien im Kontext spätmoderner Bestattungskultur, Leipzig 2014; Klie, Thomas / Kunz, Ralph / Kumlehn, Martina / Schlag, Thomas (Hg.), Praktische Theologie der Bestattung (Praktische Theologie im Wissenschaftsdiskurs), Berlin / New York 2014.

[4]   Roth, Ursula, Die Beerdigungsansprache. Argumente gegen den Tod im Kontext der modernen Gesellschaft, Gütersloh 2002; Stebler, Christoph, Die drei Dimensionen der Bestattungspredigt. Theologie, Biographie und Trauergemeinde, Zürich 2006; Pock, Johann, Trauerrede in postmoderner Trauerkultur, Wien 2011.

[5]   Zum Inszenierungsbegriff vgl. u. a. Meyer-Blanck, Michael, Inszenierung des Evangeliums. Ein kurzer Gang durch den Sonntagsgottesdienst nach der Erneuerten Agende, Göttingen 1997; Klie, Thomas, Zeichen und Spiel. Semiotische und spieltheoretische Rekonstruktion der Pastoraltheologie, Gütersloh 2003; Roth, Ursula, Die Theatralität des Gottesdienstes, Gütersloh 2006.

[6]   Hierzu ausführlich Klie, Thomas (Hg.), Performanzen des Todes. Neue Bestattungskultur und kirchliche Wahrnehmung, Stuttgart 2008; ders., Performanz, Performativität und Performance. Die Rezeption eines sprach- und theaterwissenschaftlichen Theoriefeldes in der Praktischen Theologie, in: Interkulturelle Theologie. Zeitschrift für Missionswissenschaft 4/2013, S. 342–356.

[7]   Timmermann, Paul, Trauer-Netz-Werk NRW. Ein Projekt der Sozialforschung in der Trauerbegleitung, in: Die Hospiz-Zeitschrift, Bd. 2, H. 1, S. 11–13.

[8]   Schwibbe, Gudrun / Spieker, Ira, Virtuelle Friedhöfe, in: Zeitschrift für Volkskunde, Bd, 95, 1999, S. 220–245; Mertin, Andreas, Tod im Cyberspace, in: Klie, Thomas (Hg.), Performanzen des Todes, Stuttgart 2008, S. 195–207; Nord, Ilona, Realitäten des Glaubens, Berlin / New York 2008; dies., Willkommen in der Ewigkeit. Über com-

Nach wie vor ist der kulturelle Kontext der Bestattung durch hochgradige soziale Verunsicherungen bestimmt – so der Tenor aller neueren Arbeiten zur Sozialgeschichte des Todes.[9] In den verschiedenen Kontaktnahmen mit dem Tod verdichtet sich exemplarisch die Erfahrung der Unzulänglichkeit schlechthin aller sozialen Sicherungssysteme. Dies ist sozialpsychologisch der Hauptgrund dafür, dass der Umgang mit Toten in jeder Kultur von Ordnungen reguliert wird. Ordnungen schaffen Distanzierungsmöglichkeiten und sind darum eine Frage der Kultur der Lebenden.

Bei der Bestattung werden biographische Unsicherheitslagen in einen religiösen, zivilreligiösen oder existenziellen Deutehorizont gerückt und gemeinsam begangen. Der Rekurs auf eingespielte Ordnungen ist allerdings in Zeiten forcierten kulturellen Wandels kein valables Restriktionsargument. Im pluralen Kontext zielt das Beerdigungshandeln der Kirche auf eine Integration des gelebten Lebens und der desintegrierenden Folgen des Todes in das Gesamt humaner Lebensumstände, um es mahnend und tröstend zu vergegenwärtigen.

Die Statistik weist aus, dass trotz stetig ansteigender Sterberate die Zahl der Erdbestattungen kontinuierlich abnimmt. Immer weniger Menschen nehmen für sich und ihre Angehörigen eine traditionelle Beisetzung in Anspruch, bei der der Leichnam in einem Holzsarg beigesetzt und der Ort dieser Beisetzung mit einem Grabstein markiert wird. Man tendiert dazu, die neu zutage tretende Vielfalt in ihrer Eigenart anzuerkennen und für sich wie für seinen sozialen Kontext zu legitimieren. Der Umgang mit dem Tod ist immer auch ein Spiegel der kulturellen Kommunikationen innerhalb der Gesellschaft der noch (Über-)Lebenden.[10] Und so gerät zwangsläufig auch die Beziehung zum Tod und seinen Folgen in die Reichweite individueller Entscheidungen. Je mehr dabei die sterblichen Überreste zum Dispositiv werden, transformieren sich auch die Formate, in denen sich Trauer und Erinnern konstituieren und die die Distanz zwischen den Angehörigen und dem Leichnam gewährleisten. Komplexionseffekte und Hybridbildungen gründen in der Logik der Pluralisierung.[11] Jede kulturhermeneutische Bestandsaufnahme der spätmodernen

---

putergenerierte Religiosität und die Anmutungsqualität von Atmosphären, in: Mehlhorn, Annette (Hg.), Abgestürzt? Theologie und Kirche im Zeitalter elektronischer Informations- und Kommunikationstechnologie, Arnoldshainer Texte 119, Frankfurt am Main 2002, S. 89–116.

9 Stellvertretend sei hier verwiesen auf Baudrillard, Jean, Der symbolische Tausch und der Tod, München 1991 [Paris 1978]; Lifton, Robert J., Der Verlust des Todes. Über die Sterblichkeit des Menschen und die Fortdauer des Lebens, München/Wien 1986 [New York 1979]; Mischke, Marianne, Der Umgang mit dem Tod. Vom Wandel in der abendländischen Geschichte, Berlin 1996; Uden, Ronald, Wohin mit den Toten? Totenwürde zwischen Entsorgung und Ewigkeit, Gütersloh 2006.

10 Macho, Thomas / Marek, Kristin (Hg.), Die neue Sichtbarkeit des Todes, München 2007; Groß, Dominik / Grande, Jasmin (Hg.), Objekt Leiche. Technisierung, Ökonomisierung und Inszenierung toter Körper, Frankfurt 2010.

11 Redlin, Jane, Säkulare Totenrituale. Totenehrung, Staatsbegräbnis und private Bestattung in der DDR, Münster 2009.

Bestattungskultur erfolgt vor dem Hintergrund einer wohl unhintergehbaren Pluralität.[12]

Hierzu gehört selbstverständlich auch der interreligiöse Blick auf Bestattungskulturen. Ist im Islam, im Judentum und im Christentum die Erdbestattung von hohem Ansehen, so gilt dies für den Buddhismus und den Hinduismus schon nicht mehr. Dies zu erforschen, stellt nach wie vor noch ein dringendes Desiderat dar. Darüber hinaus differieren die Deutungen des Körpers und der Leiblichkeit nicht nur zwischen den Religionen, sondern auch zwischen verschiedenen kulturellen Kontexten, in denen religiöses Verhalten eine soziale Praxis darstellt. Im Internet sind Darstellungen und Interpretationen von und durch Religionen im globalen Horizont verfügbar, die verdeutlichen bzw. verbildlichen, dass gemessen an der christlichen Bestattungskultur in Mitteleuropa durchaus respektvoll und dennoch völlig anders mit dem Tod und den sterblichen Überresten umgegangen werden kann.[13] Die mediale Kommunikation zu Tod und Bestattung setzt ihre Pluralität ins Bild. Hier öffnet sich ein weites Forschungsfeld. Die mediale Dimension von Bestattungskulturen zu reflektieren, wird also kaum mit der einfachen Entgegensetzung von realem versus virtuellem Friedhof auskommen. Vielmehr zeigt sich z. B. über die Nutzungsgewohnheiten des Internet, dass dieses zunehmend als ein Medium zur Rezeption von Filmen und Reportagen sowie zur Rezeption von Musikvideos genutzt wird. In welchem Verhältnis stehen aber diese Rezeptionsweisen zur Nutzung und Ausgestaltung von Bestattungsriten? Und welche Bilder, welche visuellen Angebote werden hier im Feld von Erfahrungen mit dem Sterben, dem Tod, der Bestattung gemacht?

Für den Bereich der Praktischen Theologie sind *bildtheoretische Überlegungen* bislang noch kaum rezipiert worden.[14] Im Kontext der so genannten neuen Medien ist tatsächlich kein Beitrag bekannt, der der Entfaltung der Bildtheorie im Kontext der Sepulkralkultur gewidmet wäre.[15] Dies verwundert umso mehr, als sich diese theologische Teildisziplin wie keine andere den sozial- und kulturwissenschaftlichen Nachbardisziplinen geöffnet hat und sich aktuell mit dem Ritual-Diskurs und den verschiedenen Performativitätstheorien

---

[12] Becker, Ulrich (Hg.), Sterben und Tod in Europa. Wahrnehmungen, Deutungsmuster, Wandlungen, Neukirchen-Vluyn 1998; Gehring Petra / Rölli, Marc / Saborowski, Maxine (Hg.), Ambivalenzen des Todes. Wirklichkeit des Sterbens und Todestheorien heute, Darmstadt 2007.

[13] Vgl. Assmann, Jan / Maciejewski, Franz / Michels, Axel (Hg.), Der Abschied von den Toten. Trauerrituale im Kulturvergleich, Göttingen 2005.

[14] Eine der wenigen Ausnahmen stellt die Rostocker Dissertation von Matthias Marks dar: Menschwerden aus Passion. Das Religiöse in der Malerei von Rudolf Hausner (1914–1995), Stuttgart 2013.

[15] Eine Annäherung findet sich allerdings bei Luthe, Swantje, Social Media und ihre Relevanz für die Kasualtheorie. Eine Case-Study im Feld der Bestattungskulturen, in: Nord, Ilona / Luthe, Swantje (Hg.), Social Media, christliche Religiosität und Kirche, Jena 2014, S. 303–320.

Fragehinsichten ergeben, die auch und gerade bildtheoretisch von Belang sind. Die interdisziplinäre Forschung im Bereich der Medienwissenschaften und der Rezeptionsästhetik gehört demgegenüber längst zum festen Bestand des Faches, trotzdem geschieht die Annäherung an die Bildthematik noch sehr zurückhaltend.[16] Gleichwohl ist die Einsicht in die Notwendigkeit einer praktisch-theologischen Auseinandersetzung mit dem Bild als wissenschaftlichem Gegenstand seit Anfang der 1980er Jahre durchaus implizit gegenwärtig. So wurde das Thema in der theologischen Ästhetikdebatte (ästhetische und religiöse Erfahrung / Kunst und Religion / Produktionsästhetik / Rezeptionsästhetik) und in unterschiedlichen Dialog-Foren wie z. B. „Kunst und Kirche" mit verhandelt.[17] Als eine Konsequenz aus der Öffnung der Praktischen Theologie für den Dialog mit ihren wissenschaftlichen Nachbardisziplinen („empirische Wende") erscheint die Einsicht, dass das höchst komplexe Thema ‚Bild' von einer Disziplin allein nicht sinnvoll bearbeitet werden kann.

Die hier versammelten Aufsätze zeichnen die medialen Aspekte der spätmodernen Bestattungskultur in medienwissenschaftlicher und religionstheoretischer Perspektive und in einen theologischen Deutungshorizont ein. Damit wird ein Beitrag zur Erforschung des Wechselverhältnisses von Medienkommunikationswandel einerseits und soziokulturellem Wandel andererseits geleistet. Zentral für diesen Wandel ist die hohe Bedeutung visueller Kommunikationsweisen, deshalb werden in interdisziplinärem Zugriff die kultur- und bildtheoretischen Perspektiven ins Gespräch mit einer kulturoffenen Praktischen Theologie gebracht.

Die ersten vier Beiträge des Bandes zeigen dies eng fokussiert auf den Bereich des Themas *Tod im Netz*, sie beziehen sich in einem engeren Sinne auf Internetkulturen (Nord, Offerhaus, Luthe, Palkowitsch-Kühl). Wer in dieses Themenfeld einsteigt, wird im Verlaufe der Auseinandersetzung mit ihm allerdings feststellen, dass reichhaltige Referenzen zu anderen Medien vorliegen. Das Internet stellt ein sogenanntes Verbundmedium dar, innerhalb dessen ein Kaleidoskop vielfältiger vorangehender medialer Formate und Techniken auffindbar ist. Es ist das entscheidende Merkmal des Internets, dass es diese vorangehenden Medien nicht einfach ablöst, sondern vielmehr in sich aufnimmt und in spezifischen Transformationsprozessen immer wieder weitere Kombinationen aus bereits bekannten Medien herzustellen zu motivieren vermag. So wird es auch aktuell in Bezug auf das Thema *Tod im Netz* nicht obsolet

---

[16] So ist z. B. die medienwissenschaftliche Debatte um Bildlichkeit innerhalb der Praktischen Theologie bislang noch nicht weiter aufgegriffen worden, vgl. etwa bei Fassler, Manfred, Bildlichkeit, Wien u. a. 2002. – Die Theologische Fakultät Rostock hat 2007 ein "Institut für Bildtheorie / Institut for Iconicity" (IfI) gegründet.

[17] Für die systematisch-theologisch Reflexion auf Ästhetik vgl. Bahr, Petra, Darstellung des Undarstellbaren, Tübingen 2004 sowie Stock, Konrad / Roth, Michael, Glaube und Schönheit, Aachen u. Mainz 2000; für den Kontext von Kunst und Kirche vgl. Artheon, Gesellschaft für Gegenwartskunst und Kirche; www.artheon.de; zuletzt abgerufen am 23.08.2015.

über Tod und Bestattungskulturen in der Malerei (Mjaaland), in der Literatur (Kumlehn), in der Fotografie (Benkel und Meitzler), im Film (Kirsner) und nicht zuletzt im Fernsehen (Bleicher und in der Präsentation einer eigenen Fernsehproduktion auch Sengelmann) nachzudenken, denn heute werden sie im Kontext mediatisierter Lebenswelten anders wahrgenommen als noch zu der Zeit, in der diese Medien als „neue Medien" galten. Wenngleich in den zuletzt genannten Beiträgen leider die Interdependenzen medialer Artikulationsformen noch nicht explizit ausgearbeitet werden konnten, machen sie doch zumindest in einem ersten Schritt deutlich, dass das Thema *Tod im Netz* eben keines ist, für das es sinnvoll wäre, allein Internetrepräsentationen zu analysieren, hier geht es um ein weites heterogenes Feld medialer Inszenierungen, die den Bereich der Sepulkralkultur erweitern und zeigen, wie auch dieser als ein mediatisierter zu verstehen ist. Der Band spiegelt also insgesamt wider, dass und wie Trauer, Tod und Bestattung Teil mediatisierter Welten sind.

Diesen weiten Horizont mediatisierter Welten nimmt auch der Eröffnungsbeitrag des Bandes von *Ilona Nord* auf. Sie stellt das Phänomen des QR-Codes auf Grabsteinen bzw. Gräbern ins Zentrum. An ihm zeigen sich Vernetzungsstrategien nicht nur von einerseits online und andererseits offline bestehenden Trauerkulturen. Hier zeigen sich ebenso Vernetzungsmöglichkeiten zwischen den bislang eher getrennt nebeneinander her bestehenden Welten des kulturellen und des kommunikativen Totengedächtnisses. An dieser Schnittstelle wird darüber hinaus ein wirkmächtiger Transformationsprozess dafür fassbar, wie Erinnern, Gedenken und Archivierung verstanden werden können. Diesen weiter zu beobachten sieht Nord als die Zukunftsaufgabe der Erforschung des allerorts prognostizierten und analysierten Wandels in den Friedhofskulturen Mitteleuropas an.

Auch der folgende Beitrag von *Anke Offerhaus* verhandelt mediale Phänomene, vor allem Online-Friedhöfe und Trauerportale, nicht als Sonderorte virtueller Trauerkulturen, sondern als Phänomene mediatisierter Lebenswelten. Es wird ein Überblick zu Tod und Trauer im World Wide Web gegeben, der die Bereiche von individuellen Gedenkseiten, Profilseiten und Trauergruppen auf Social Network-Sites, virtuellen Friedhöfen und deren Gedenkseiten sowie von Webportalen, die durch Tageszeitungen, Dienstleiter rund um das Thema Tod, Trauer und Gedenken, Seelsorgerinnen sowie Trauerbegleiter und private Initiativen wie auch Selbsthilfegruppen umfasst. Offerhaus geht dann, gestützt auch auf eigene empirische Studien, der Frage nach, welche Motive Menschen leiten, die diese Angebote nutzen. Eine Antwort liegt für sie darin, dass im öffentlichen Raum bislang eher *Mourning*, also hochgradig sozial und religiös normierte Ausdrucksformen sichtbar sind und waren, nun im Internet vor allem das innerliche *Grieving*, das bisher auf den privaten Raum beschränkt war, als persönlich-intime Gefühlsäußerung in den Vordergrund tritt.

Swantje Luthe greift das soziale Netzwerk *Facebook* für ihre Untersuchung von Online-Trauerarbeit heraus. In einem ersten Schritt entfaltet sie Facebook-Profile als bild-biografische Archive, dann widmet sie sich dem Umgang mit Trauer innerhalb des Netzwerks Facebook, arbeitet also heraus, wie dort mit dem Tod von ‚befreundeten' Personen und deren Facebook-Seiten umgegangen wird. Facebook leite als Erinnerungsgenerator zu Trauerarbeit an, indem hinterbliebene Freunde und Angehörige ins Erzählen und Erinnern gebracht werden. Die Bebilderung dieser Erinnerungsarbeit greife dabei über Darstellungen der noch lebenden Person hinaus auch auf die Bebilderung von Grabsteinen und Friedhöfen. Als praktisch-theologische Herausforderungen benennt Luthe eine Fortsetzung der Erforschung von Seelsorge als Selbstsorgeprozesse, die Intensivierung der Erforschung von transindividuellen Formen der Begleitung von Trauernden sowie die im interdisziplinären Gespräch entworfene emotionspsychologisch-theologische Reflexion auf z. B. in Facebook öffentlich verhandelten Emotionen in Trauerkontexten.

Jens Palkowitsch-Kühl schließt in seinem Beitrag an den Umgang mit Tod in Computerspielen an und gliedert dabei in einem Dreischritt: wahrnehmen, interpretieren und handeln. Hierbei wird für die Wahrnehmung zunächst die Differenzierung zwischen *Rules and Fiction* eingeführt, dann wendet er sich den verschiedenen Interpretationsmöglichkeiten von Tod in Computerspielen zu. Er arbeitet Tod erstens im Sinne einer Fehleranzeige oder zweitens als einen nicht weiter bedeutsamen Faktor heraus, so dass also der Tod keine zu reflektierende Rolle spielt. Drittens kommt der Tod als moralische und soziale Komponente in den Fokus, viertens schließlich thematisiert er den Einbruch des Todes von außerhalb des Spiels wie etwa anhand von sogenannten *In-Game Memorials* in Computerspielen wie *World of Warcraft* nachvollziehbar wird. Für das religionspädagogische Handeln hält Palkowitsch-Kühl insbesondere den Aspekt für wichtig, dass die Spielerinnen und Spieler mit Kontingenzerfahrungen konfrontiert werden, dass sie dabei den Umgang mit Emotionen wie Trauer und Wut experimentell einüben und genau diese Prozesse als Kompetenzen von Schülerinnen und Schülern für die religionspädagogische Arbeit fruchtbar gemacht werden sollten.

Marius Timmann Mjaaland geht der Frage nach, welche Wahrheit über den Tod in Bildern verborgen liegt; subjektiviert stellt er die Frage, welche Wahrheit über das Selbst sich im Tod verberge. Er wählt zur Analyse insbesondere Michelangelo Merisi da Caravaggios Bilder, die den Augenblick der Zerstörung des Subjekts im Tod darstellten. Zudem zieht er zur Interpretation Bilder von dessen Schüler Nicolas Poussin hinzu. Beide bringt er in Korrespondenz mit der Vorstellung des Todes bei Sören Kierkegaard, wie er sie in einer seiner Reden mit dem Titel „An einem Grab" (1845) vorgelegt hat. Mjaaland geht es um die Diskursmöglichkeiten zwischen Sprache, Bild und den Deutungen des Todes. Dabei arbeitet er heraus, dass der Tod die Dekonstruktion aller Bilder unausweichlich zu denken aufgabe. Allerdings bleibt er dabei nicht stehen, sondern zeigt, wie der Gedanke des Todes auf bildhafte Weise der Vorstellung eingeschrieben bleibe. Damit schließt er an die alte

Botschaft des lateinischen Wortes an, das eben auch dem Kontext von Bildern entstammt: *Et in Arcadia Ego*.

Thorsten Benkel und *Matthias Meitzler* vertiefen den Blick auf die Bedeutung von Bildern für das Verständnis des Todes aus der medialen Perspektive der Fotografie und kommen dabei zu einer Mjaaland entgegengesetzten These. Sie konzedieren zwar auch, dass die Fotografie ein mediales Genre mit Todesnähe ist. Sie verhelfe aber zu einem zweiten Körper, der in kognitiven Erinnerungsleistungen, aber auch in Fotografien, Videoaufnahmen und mithilfe von Gebrauchsgegenständen die verstorbene Person repräsentiere. Hiervon unterscheiden die Autoren dann die Leichenfotografie, die mit dem *Pictorial Turn* selbst noch einmal an Verbreitung zugenommen habe. In diesem Kontext kommentieren sie Internet-Seiten, die Leichen um des Sensationseffektes willen abbildeten. Sodann erläutern sie die Gebrauchsweisen der Post-Mortem-Fotografie und kommen zu dem Schluss, dass der Tod hierin aufbewahrt werde; mit anderen Worten, die Fotografie raube nicht etwas, sondern gebe vielmehr einen Einblick, den der übliche Lebensalltag verwehre. Sie speicherten den Anblick eines Körpers da, wo es um einen zweifachen Verlust gehe: sowohl den des Körpers, wie auch den des Anblicks.

Martina Kumlehn bietet eine Analyse von Trauerreden und ihrem Umgang mit dem Tod innerhalb der Literatur. Es geht um Uwe Timms Roman *Rot*, der im Medium literarischer Fiktion Simulacren als imaginierte Pragmatik und spezifische Codierungen des Redens über den Tod und des Redens angesichts des Todes präsentiere. Sie stellten nicht nur einen Spiegel spätmoderner, metaphysischem Trost entsagender Trauerkultur dar, sondern sie verbänden sich auch mit der Frage, wie man überhaupt vom eigenen und fremden Tod sprechen könne bzw. wie sich im Angesicht des Todes narrative Identität verdichte und neu zur Sprache bringe. So kommt bei Kumlehn pointiert zum Ausdruck, dass auch in der Literatur der Unmöglichkeitssinn wachgehalten werde, am Phänomen Tod zu partizipieren. Kumlehn macht die Dialektik stark, in der es unmöglich sei, den Tod und ein Danach zu imaginieren; zugleich erwachse aus dieser Einsicht aber auch eine zweite, andere, gegenläufige Einsicht, nämlich genau dieses tun zu sollen bzw. zu können.

Joan Bleicher bringt die Debatte um mediale Todesdarstellungen aus der Perspektive der Fernsehforschung voran. Sie bewegt die Frage, inwieweit Erfahrungen vom Sterben Wahrnehmungen des Todes und Reaktionen auf diesen medial vorstrukturieren würden. Bleicher verweist darauf, wie sehr visuelle Symbole der bildenden Kunst von der Literatur und dem Film aufgegriffen würden und das Genrespektrum und die Ästhetik des Fernsehfilms beeinflusst hätten. Dabei bringt sie für aktuelle Fernsehserien wie CSI (Crime Scene Investigation) und Six Feet Under die Abwendung bislang bestehender Darstellungstabus in Anschlag. Das Durchbrechen von Handlungstabus bilde die potentielle Grundlage eines Wertewandels, der in den USA z. B. als implizite mediale Ideologie die Rechtfertigung von Folter mit dem Ziel der nationalen Sicherheit rechtfertige. Hiermit macht Bleicher eindringlich darauf aufmerksam, wie mediale Repräsentationen des Todes nicht nur an künstlerische Traditionslinien anknüpften, sondern auch in unterschiedliche Kontexte gesellschaftlicher Entwicklungen eingebunden seien.

Auch für *Inge Kirsner* steht fest, dass der Umgang mit Tod im Film eine Veränderung im Umgang mit der gesellschaftlichen Tabuhaftigkeit des Themas widerspiegele. Sie analysiert Arthouse-Kinofilme; zwei von ihnen entstammen dem westeuropäischen Kontext wie *Das ewige Leben* von Wolfgang Murnberger (D/Ö 2015) und *Mr. May und das Flüstern der Ewigkeit* von Uberto Pasolini (GB/It. 2013), zwei weitere dem asiatischen Kontext, dies sind *Nokan – Die Kunst des Ausklangs* von Yojiro Takita (JP 2008) sowie *Pieta* von Kim Ki-duk (Südkorea 2012). Die Filme thematisierten auf je eigene Weise den rituellen Umgang mit Tod, also Facetten von Bestattungskulturen. Insofern man sich mit den Protagonistinnen und Protagonisten identifiziere, tauche man im Kino dann auch in die Welten der Rituale ein, die diese erlebten. Filme werden somit für Kirsner zur Schule für Bestattungsrituale.

Julian Sengelmanns Beitrag atmet die Begeisterung, die er selbst erfahren hat, als er das orthodoxe Ritual des im englischen so genannten *Holy Fires* kennenlernte. Er ist mit einem Kamerateam in Jerusalem, um am orthodoxen Ostersamstagmorgen in der Grabeskirche mit dabei zu sein, wenn sich im vermeintlichen Grab Christi das Wunder ereignet, dass ein heiliges Feuer vom Himmel herab kommt und diese erleuchtet. Sengelmann findet in diesem Ritual eine z. B. im Vergleich zu der Kommunikation auf virtuellen Friedhöfen Umkehrbewegung vor. Das heilige Feuer als eine virtuelle Realität breche in die reale Realität ein. Im Vergleich zur Thematik der virtuellen Friedhöfe werde also nicht aus der realen in eine virtuelle Welt gewechselt, vielmehr erfasse die virtuelle die reale Welt. Sengelmann sieht hierin eine Art archaisch anmutende Erfahrungsmöglichkeit der Überwindung des Todes, die er filmisch in Szene gesetzt hat.

Kirchenkolumbarien als Phänomene von Mixed Realities zu begreifen, ist der Fokus, den *Sieglinde Sparre* in ihrem Beitrag setzt. Dabei beschreibt sie die seit 2004 in Deutschland entstehenden Kolumbarien in evangelischen und katholischen Kirchen als Mixed Realities, weil sie sowohl Sakral- als auch Funeralräume seien und zudem auf sie auch über Online-Memorials Zugriff genommen werden könne. Sparre arbeitet heraus, wie Betreiber von Kirchenkolumbarien sich das Internet zunutze machen und reflektiert eine webbasierte Gedenkkultur, die ihren Bezugspunkt in der architektonischen Realität eines Kirchenkolumbariums hat. Hiermit wird zum Abschluss der Reflexion auf das Thema Tod im Netz noch einmal ausdrücklich und im engeren Kontext der Diskussion um Sepulkralkultur deutlich, wie und dass diese mediatisierten Welten zugehören.

Thomas Klie verfasst den Reigen der Beiträge abschließend unter dem Titel *Leibhaft und erdenschwer* eine kritische Relektüre der Diskussion. Dabei geht er zunächst auf die protestantische Liebe zum Wort und den Argwohn gegen das Bild ein. Wiewohl es auch einen Bedarf für eine Relektüre dieser Einstellung des Protestantismus gibt, konzentriert sich Klie auf die Kritik an der allerorten und zu allen Zeiten verfügbaren mediatisierten Sepulkralkultur. Der reale Raum der Toten, der vom Leben der Lebenden bewusst durch Friedhofsmauern und -zäune abgetrennt sei, werde ubiquitär, indem er in den virtuellen Repräsentationen zu jeder Zeit zugänglich gemacht werde. Klie indiziert einen populären Totenkult, weil jedes Smartphone, jeder Bildschirm zu einem Fenster in die Welt der Untoten werde. Dementgegen plädiert er für ein Festhalten an der christlichen Bestattungskultur, die ihren Umgang mit dem Tod in der Unumkehrbarkeit von Lebenswegen kultiviere.

Es bleibt zum Schluss der Einleitung in diesen Band unseren Dank auszusprechen: Sieglinde Sparre für die aufmerksame Lektüre und Redaktionsarbeit am Manuskript, Frank Hamburger für den Satz und das Layout sowie Dr. Sebastian Weigert für die freundliche Aufnahme des Bandes beim Kohlhammer-Verlag.

Rostock und Würzburg,
kurz vor dem Ewigkeitssonntag des Jahres 2015

Literatur:

Assmann, Jan / Maciejewski, Franz / Michels, Axel (Hg.), Der Abschied von den Toten. Trauerrituale im Kulturvergleich, Göttingen 2005.
Bahr, Petra, Darstellung des Undarstellbaren, Tübingen 2004.
Baudrillard, Jean, Der symbolische Tausch und der Tod, München 1991 [Paris 1978].
Becker, Hansjakob (Hg.), Liturgie im Angesicht des Todes, Tübingen 2004.
Becker, Ulrich (Hg.), Sterben und Tod in Europa. Wahrnehmungen, Deutungsmuster, Wandlungen, Neukirchen-Vluyn 1998.
Fassler, Manfred, Bildlichkeit, Wien, Köln, Weimar 2002.
Fendler, Folkert / Klie, Thomas / Sparre, Sieglinde (Hg.), Letzte Heimat Kirche. Kirchenkolumbarien im Kontext spätmoderner Bestattungskultur, Leipzig 2014.
Friedrichs, Lutz (Hg.), Bestattung. Anregungen für eine innovative Praxis, Göttingen 2013.
Gehring Petra / Rölli, Marc / Saborowski, Maxine (Hg.), Ambivalenzen des Todes. Wirklichkeit des Sterbens und Todestheorien heute, Darmstadt 2007.
Gerhards, Albert / Kranemann, Benedikt (Hg.), Christliche Begräbnisliturgie und säkulare Gesellschaft, Leipzig 2002.

Groß, Dominik / Grande, Jasmin (Hg.), Objekt Leiche. Technisierung, Ökonomisierung und Inszenierung toter Körper, Frankfurt 2010.

Grünwaldt, Klaus / Hahn, Udo (Hg.), Vom christlichen Umgang mit dem Tod. Beiträge zur Trauerbegleitung und Bestattungskultur, Hannover ²2004.

Gutmann, Hans-Martin, Mit den Toten leben – eine evangelische Perspektive, Gütersloh 2002.

Happe, Barbara, Der Tod gehört mir. Die Vielfalt der heutigen Bestattungskultur, Berlin 2012.

Klie, Thomas (Hg.), Performanzen des Todes. Neue Bestattungskultur und kirchliche Wahrnehmung, Stuttgart 2008.

Klie, Thomas / Kunz, Ralph / Kumlehn, Martina / Schlag, Thomas (Hg.), Praktische Theologie der Bestattung (Praktische Theologie im Wissenschaftsdiskurs), Berlin / New York 2014.

Klie, Thomas, Performanz, Performativität und Performance. Die Rezeption eines sprach- und theaterwissenschaftlichen Theoriefeldes in der Praktischen Theologie, in: Interkulturelle Theologie. Zeitschrift für Missionswissenschaft 4/2013, S. 342–356.

Klie, Thomas, Zeichen und Spiel. Semiotische und spieltheoretische Rekonstruktion der Pastoraltheologie, Gütersloh 2003.

Lifton, Robert J., Der Verlust des Todes. Über die Sterblichkeit des Menschen und die Fortdauer des Lebens, München/Wien 1986 [New York 1979].

Luthe, Swantje, Social Media und ihre Relevanz für die Kasualtheorie. Eine Case-Study im Feld der Bestattungskulturen, in: Nord, Ilona / Luthe, Swantje (Hg.), Social Media, christliche Religiosität und Kirche, Jena 2014, S. 303–320.

Macho, Thomas / Marek, Kristin (Hg.), Die neue Sichtbarkeit des Todes, München 2007.

Marks, Matthias, Menschwerden aus Passion. Das Religiöse in der Malerei von Rudolf Hausner (1914–1995), Stuttgart 2013.

Mertin, Andreas, Tod im Cyberspace, in: Klie, Thomas (Hg.), Performanzen des Todes, Stuttgart 2008, 195–207.

Nord, Ilona, Realitäten des Glaubens, Berlin / New York 2008.

Meyer-Blanck, Michael, Inszenierung des Evangeliums. Ein kurzer Gang durch den Sonntagsgottesdienst nach der Erneuerten Agende, Göttingen 1997.

Mischke, Marianne, Der Umgang mit dem Tod. Vom Wandel in der abendländischen Geschichte, Berlin 1996.

Nord, Ilona / Luthe, Swantje (Hg.), Social Media, christliche Religiosität und Kirche, Jena 2014.

Nord, Ilona, Willkommen in der Ewigkeit. Über computergenerierte Religiosität und die Anmutungsqualität von Atmosphären, in: Mehlhorn, Annette (Hg.), Abgestürzt? Theologie und Kirche im Zeitalter elektronischer Informations- und Kommunikationstechnologie, Arnoldshainer Texte 119, Frankfurt am Main 2002, S. 89–116.

Nüchtern, Michael / Schütze, Stefan, Bestattungskultur im Wandel, Berlin 2008.

Pock, Johann, Trauerrede in postmoderner Trauerkultur, Wien 2011.

Redlin, Jane, Säkulare Totenrituale. Totenehrung, Staatsbegräbnis und private Bestattung in der DDR, Münster 2009.

Roth, Fritz, Das letzte Hemd ist bunt. Die neue Freiheit in der Sterbekultur, Frankfurt 2011.

Roth, Ursula, Die Beerdigungsansprache. Argumente gegen den Tod im Kontext der modernen Gesellschaft, Gütersloh 2002.

Roth, Ursula, Die Theatralität des Gottesdienstes, Gütersloh 2006.

Schwibbe, Gudrun / Spieker, Ira, Virtuelle Friedhöfe, in: Zeitschrift für Volkskunde, Bd, 95, 1999, S. 220–245.

Stebler, Christoph, Die drei Dimensionen der Bestattungspredigt. Theologie, Biographie und Trauergemeinde, Zürich 2006.

Stock, Konrad / Roth, Michael, Glaube und Schönheit, Aachen/Mainz 2000.

Timmermann, Paul, Trauer-Netz-Werk NRW. Ein Projekt der Sozialforschung in der Trauerbegleitung, in: Die Hospiz-Zeitschrift, Bd. 2, H. 1, S. 11–13.

Uden, Ronald, Wohin mit den Toten? Totenwürde zwischen Entsorgung und Ewigkeit, Gütersloh 2006.

Internet

Artheon, Gesellschaft für Gegenwartskunst und Kirche; www.artheon.de

Der QR-Code: Mixed Realities oder zur Korrespondenz von kulturellem und kommunikativem Gedächtnis in digitalisierten Bestattungskulturen

Ilona Nord

1. Zugänge zum Phänomen QR-Code auf Grabsteinen

Noch immer ist der Friedhof ein Ort mit eigenem Charakter, einem eigenen Flair und Gefühl, dem man sich schlecht entziehen kann. Noch immer hört man die Vögel hier besonders gut. Der Friedhof ist ein Ort, an dem man Abschied nimmt, wo man trauert oder wo man flaniert und der Abschiedlichkeit des Lebens nachgehen kann. Auf großen und kleinen Grabsteinen finden sich wichtige Randdaten des irdischen Lebens, häufig ergänzt mit einem Spruch oder auch Bild der Verstorbenen. Seit kurzer Zeit gibt es hier eine Neuerung, die das sonst so althergebrachte wirkende Friedhofssetting bricht: Über die üblichen Nennungen hinaus, Name und Geburts- sowie Todesdatum, findet sich auf einigen Grabsteinen ein sogenannter QR-Code. Er wird direkt auf den Grabstein eingraviert oder auch manchmal auf einen weiteren gestalteten Stein, der auf das Grab gelegt wird, aufgebracht. Dabei steht QR für ‚Quick Response' – die digitalen Piktogramme enthalten codierte Informationen oder auch Links zu Webseiten, die über spezielle Scansoftware, etwa über das Smartphone, zugänglich gemacht werden können. Die Darstellung der codierten Flächen variiert dabei in Form und Farbe: Sie können aussehen wie ein Kreuz, wie ein Quadrat, ein Kreis oder ein Dreieck, auch Bilder, Schriftzüge und Logos können bei neueren Versionen integriert werden. Allen QR-Codes gemeinsam ist aber der starke Kontrast der nur zwei genutzten Farben, der das Auslesen der verschlüsselten Informationen technisch gewährleistet. Nicht nur am Grab selbst sind die Schlüssel zur digitalen Information zu finden, auch bei der Trauerfeier werden sie weitergegeben, z. B. indem kleine Steine oder Zettelchen zum Mitnehmen mit ihm bedruckt werden. Darüber hinaus finden sich QR-Codes auch auf Traueranzeigen in Tageszeitungen und verweisen etwa auf eigens eingerichtete Trauerseiten oder die GPS-Koordinaten der Grabstelle.

Irritierend könnte sein, dass der QR-Code nicht für die Friedhofs- und Trauerkultur reserviert ist, sondern dass man über ihn Zugang zu allem Möglichen erhält, mit dem man sich einerseits selbst prüf- oder kontrollierbar macht und andererseits das, was kommerziell erhältlich ist, für sich in kürzester Zeit

Abb. 1: QR-Code Kohlhammer.

verfügbar macht: So gibt man mit dem QR-Code die eigenen Daten zur Registrierung eines Bahn- oder Flugtickets oder seine Mailadresse an Geschäftskontakte weiter, man erhält Zugang zu Informationen, z. B. zu einer Ausstellung, die an einer Litfaßsäule präsentiert wird, zu einem neuen Kosmetik-,
Spiel- oder Nahrungsmittelprodukt oder auch direkt zur Bestellseite einer
Publikation auf der Website eines Verlages. Eben dieses gilt nun auch für QR-
Codes, die auf Webseiten von Personen führen, die verstorben sind und derer
öffentlich zugänglich gedacht werden soll.[1]

Die Digitalisierung führt in den seltensten Fällen dazu, dass einzelne kommunikative Praxen, wie etwa die Veröffentlichung einer Zeitungsannonce,
verloren gehen. Vielmehr zeigt sich, dass neue Verknüpfungen unter bereits
eingeübten Kommunikationsformen gefunden werden. Es ist das besondere
Kennzeichen der QR-Codes auf Grabsteinen, dass sie zeigen, wie reale und
virtuelle Welten zusammenwachsen. Schon die Kooperation der involvierten
Berufsgruppen vermittelt dies eindrücklich: Steinmetze und Webdesigner. In
der Hand der Nutzerinnen und Nutzer von QR-Codes auf Grabsteinen sieht
man, wie Mixed Realities entstehen: Reale und virtuelle Welt stehen sich nicht
mehr klar abgetrennt gegenüber. Man befindet sich physisch auf einem Friedhof und zugleich kommuniziert man über dessen Grenzen hinaus und in weiteren Kommunikationsräumen, seien es Social Media-Anwendungen, wie etwa
Facebook oder eben Besuche auf Gedächtnis-Webseiten.

Bislang nahm die Ästhetik des Reihengrabes nahezu alle Individualität
von der verstorbenen Person weg. Der Friedhof stellt das einzelne Grab in eine
Kultur standardisierten und in spezifischer Weise codierten Gedächtnisses.
Man könnte den Friedhof in diesem Sinne als eine Ausprägung einer hochkulturellen Gedächtniskultur bezeichnen, die den Rahmen festlegt und die Auswahl der Codes für eine Gesellschaft und ihre Erinnerungs- und Trauerkultur

---

[1]   Vgl. z. B. den Denkstein für Gerald Hintze auf http://www.frankfurter-qraftwerk-denk-
      steine.de/gerald-hintze/; zuletzt abgerufen am 10.07.2015.

vorgibt. Nun erweitert der QR-Code diese Friedhofskultur um, sagen wir, eine kommunikative, auf Interaktionen im Alltag mit und um die verstorbene Person bezogene Dimension des Gedächtnisses: Wie auf dem Grabstein werden der Name der verstorbenen Person und Geburts- und Sterbedaten genannt, es gibt persönliche Fotos zu sehen. Zunehmend werden Video-Sequenzen aufgenommen. Wenn sie sozusagen noch aktuell sind, vergegenwärtigen sie besonders intensiv, wie sich jemand zeigte, als er oder sie noch lebte. Je mehr alle Sinne durch verschiedene Medienprodukte auf diesen Seiten angesprochen werden, desto mehr werden die Besucherinnen und Besucher in die Inszenierung der Gegenwart der verstorbenen Person hineingezogen. So vergegenwärtigen etwa Videos zum einen die visuelle Gestalt einer Person, zugleich bieten sie aber auch akustische Erinnerungsmöglichkeiten: Die Stimme einer verstorbenen Person wirkt in besonderer Weise auf die Macht, die die mediale Vergegenwärtigung erreicht.[2] Sie ist seit alters her ein besonderes Merkmal zur Identifizierung einer Person. Währenddessen das Video gesehen wird, tritt die Präsenz des Mediums häufig zurück. Es macht sich selbst vergessen und so scheint es, als ob der Mensch einem authentisch gegenüber trete. Doch mit dem Ende der Video-Sequenz wird auch wieder bewusst, dass der Mensch, der gezeigt wurde, nicht mehr lebt. Die Kontingenz des Lebens ist überall präsent.

Grabsteine mit QR-Codes sind in Deutschland bereits seit 2012 auf dem Markt. Der Kölner Steinmetz Andreas Rosenkranz hat ihre Entwicklung in Deutschland voran gebracht. Der Anfang der Entwicklung liegt vermutlich – wie auch die Entwicklung der QR-Codes selbst – in Japan. Mittlerweile

Abb. 2: Grabstein mit graviertem QR-Code.

2   http://www.frankfurter-qraftwerk-denksteine.de/gerald-hintze/; zuletzt abgerufen am 10.07.2015. Vgl. immer noch grundlegend Göttert, Karl-Heinz, Geschichte der Stimme, München 1998.

werden aber auch in Deutschland bereits in vielen Städten Grabsteine oder
ergänzende Sockelsteine mit QR-Codes angeboten. Auch wenngleich es allgemein heißt, dass nur vereinzelt von ihnen Gebrauch gemacht werde, lässt sich
vermuten, dass die Inszenierung von Mixed Realities in der Bestattungskultur
zunehmen wird. Vergleichbar etwa der Entwicklung, die die virtuellen Trauerseiten ebenfalls durchgemacht haben. Im Jahr 2000 hielt man diese noch
für Eintagsfliegen einiger besonders exzentrisch veranlagter Personen[3], heute
gibt es in vielen Kulturen verschiedenste Trauerportale, die von höchst unterschiedlichen Gruppen initiiert und unterhalten werden. Man sieht nun klarer,
dass es einer von medialen Kommunikationen geprägten Gesellschaft durchaus entspricht, dass auch beim Bestatten von Toten und in der Trauer digitale
Medien genutzt werden. Dabei ist bereits angeklungen, dass man diese mit
den sogenannten „neuen Medien" entstandene Gedächtniskultur auch im Anschluss bereits diskutierter kulturwissenschaftlicher Theorien verstehen kann.
Hierbei soll die Unterscheidung zwischen kulturellem und kommunikativem
Gedächtnis, wie sie von Aleida (und Jan) Assmann in den 80er Jahren des vergangenen Jahrhunderts entwickelt wurde, als Grundlage dienen.

In dieser Perspektive wird auch deutlich, dass die Nutzung von Medien im
Bestattungsritual und in den darauffolgenden Zeiten der Trauer nichts generell
Neues ist. Wenn man an Trauerbriefe, an Trauerreden, an das Aufkommen der
Totenfotografie und der sogenannten Totenporträts denkt, wird dies sichtbar.
Heute stehen vor vielen Särgen Fotos der Verstorbenen und auch die Musik,
die zum Begräbnis gespielt wird, ist schließlich ein Medium. Insofern ist die
Erinnerungs- oder Trauerseite für Verstorbene im Internet nichts völlig Neues,
sondern eher die konsequente Transformation von bekannten Kommunikati-
onsmodellen in die digitalisierte Form. Aber trotzdem hat sich mit der Verbreitung digitaler Medien etwas Spezifisches verändert: Es ist massenhaft und
in kürzester Zeit von sehr verschiedenen Orten aus möglich geworden, eine
kommunikative und dabei medial in Wort und Bild sowie Musik inszenierte
Beziehung zwischen einer lebenden und einer toten Person aufzubauen. In
einem elementaren Kontext – der Begegnung mit dem Tod – wird deutlich,
wie Medien dazu beitragen, Distanzen zu überbrücken. Das Eintauchen in ein
Musikstück, das für die Beziehung mit einer nun verstorbenen Person markant
war, ermöglicht noch einmal Nähe aufzunehmen. Das Eintauchen in eine Vi-
deosequenz, die z. B. ein Fest oder eine andere geteilte Atmosphäre aufruft,
gibt eine Gelegenheit dazu, wieder einmal mit verschiedenen Sinnen wahrnehmbar in Kontakt mit einer verstorbenen Person zu treten. Nicht zuletzt gibt
es per Facebook die Möglichkeit, ‚direkten' Kontakt mit den Verstorbenen
aufzunehmen und ihnen eine Nachricht auf der Pinnwand zu hinterlassen, das
digitale Selbst – zu Lebzeiten mehr oder weniger intensiv gepflegt – bleibt

---

[3]   Vgl. Nord, Ilona, Realitäten des Glaubens. Zur virtuellen Dimension christlicher Reli-
      giosität, Berlin / New York 2008, insbesondere S. 68–77.

über den Tod hinaus bestehen, ebenso wie die einstmals bestätigte Freund-
schaftsanfrage oder Bilder von gemeinsamen Veranstaltungen und Erlebnissen.

Manche Menschen bezeichnen die Webseiten mit der virtuellen Trauerkultur für Verstorbene als skurril, andere gar als geschmacklos oder auch schlicht
überflüssig. Möglicherweise ist hier der Hintergrund, dass man diese neueren
Formen von Trauerkulturen nicht recht einzuordnen weiß. Im westeuropäischen Kulturkreis ist der Friedhof der Ort, der traditionell als Ort der Trauer
ausgewiesen wurde. Zudem ist er als ‚anderer Ort' markiert. Er ist mit einer
Mauer und einem Tor umgeben, manchmal liegt er auch noch außen vor dem
Dorf oder der Stadt. Schließlich ist hier der Tod ‚zuhause' und schließlich hat
der Tod doch etwas Erschreckendes, etwas, das herausreißt, etwas, das einsam
macht; auf dem Friedhof geht ein Riss durch den Alltag, durch die Routine,
mit der das Leben als gegeben gesehen wird. Wer dieses Areal betritt, nimmt
wahr, dass das Leben kontingent ist.

Innerhalb der Evangelischen Theologie und insbesondere in der Disziplin
der Praktischen Theologie lässt sich für diese Perspektive an die Beschreibung
von Religion als Unterbrechung von Alltagsgeschäften und Routinen anknüp-
fen. Das Leben ist ein Fragment (Henning Luther[4]) und wer es nicht vermag,
abschiedlich zu leben zu lernen, übersieht eine der bedeutsamsten Einsich-
ten des christlichen Glaubens. Der reiche Kornbauer hat Scheunen gebaut,
um sein Hab und Gut zu sichern (Lk 12, 13–21). Aber er verliert alles. Der
Mensch kann nichts Irdisches festhalten: weder Geld noch Gedächtnis, weder
Bilder noch Gefühle. Findet sich diese Weisheit nicht viel besser in einem
Stein symbolisiert, der einerseits die tote Person zwar noch mit Namen und
Geburtsdatum nennt, vielleicht auch ein biblisches Wort von der Auferstehung
in Erinnerung ruft, aber durch die Widerständigkeit des Materials ‚Stein' den
Bruch, den der Tod bedeutet, nicht übergeht, sondern gerade kommuniziert?

In dieser Lesart lässt sich die Kritik an der medialen Inszenierung der
Gegenwart verstorbener Personen nachvollziehen. Zwei Vorbehalte sollen explizit benannt werden: Mediale Inszenierungen täuschen die Trauernden mit
Visualisierungen über den Bruch, den der Tod bedeutet hinweg. Wer allzu viel
dieser Vergegenwärtigungen aufsucht, wird keinen Raum und keine Zeit dazu
finden, einen Trauerprozess so zu durchleben, dass es gelingt, einen guten Abschied voneinander zu nehmen. Trauer-homepages stehen in dem Ruf, eine
Entkörperlichung von Trauerprozessen zu forcieren. Man verlöre den *einen*
Ort für die Trauer, aufgemacht würden potentiell überall offen stehende Räume für Trauer.

Daneben werden Bilder von einem Friedhof assoziiert, auf dem Menschen
mit Smartphones und Ipads permanent kommunizieren. Wird in Zukunft die
Stille nicht mehr ein unverzichtbares Kennzeichen des Friedhofs sein? Mit

---

4   Vgl. Luther, Henning, Religion im Alltag, Stuttgart 1992.

der Digitalisierung von Trauermöglichkeiten stellen sich auch Fragen an die Gestaltung von Friedhofsordnungen.

Vergleicht man einzelne Aspekte der Diskussion um die Zukunft des Friedhofs mit Aspekten aus der Diskussion um den Kirchenraum, lässt sich noch einmal zuspitzen, worin manche Vorbehalte gegenüber digitalisierten Bestattungskulturen gerade auch aus theologischer Perspektive liegen könnten: So wie der Friedhof gilt auch der Kirchenraum als anderer Raum. Als solcher ermöglicht er religiöse Erfahrungen. Diese Formen religiöser Erfahrungen tragen das Merkmal, dass sie kaum explizit sozial gedeutet werden. Es wird vielmehr bedeutsam, dass die Dimension des Sozialen unterbrochen wird, um in die Stille und zu sich zu kommen. Auch wenn man mit vielen weiteren Menschen im Gottesdienst zusammen ist, so sitzt man – traditionell gesprochen – doch allein in der Bank und nimmt Kommunikation mit dem Pfarrer oder der Pfarrerin sowie mit Gott auf. Zumindest Gottesdienstlehre und Predigtlehre legen nahe, dass die leitenden Kommunikationsmodelle Individuen vor Augen haben. Wird der Gottesdienstraum flanierend und damit ohne aktuell gefeierte Liturgie erkundet, wird dies noch deutlicher: Das religiöse Erlebnis, einen ‚heiligen Raum' zu erkunden, wird in individueller Perspektive unternommen. Auch auf Friedhöfen ist eine individualisierte Kultur an vielen Orten maßgeblich. Es sind die Reihengräber, die jeder einzelnen verstorbenen Person ihren Ort der Ruhe zuweisen. Kommunikationen mit anderen Personen, z. B. auf einer Homepage für eine verstorbene Person, die man gemeinsam kannte, wirken in diesem Kontext eher fremd. Zudem zeigen kulturkritische Studien, wie etwa zum Topos der Entschleunigung (Hartmut Rosa[5]), wie notwendig es ist, dass Menschen sich immer wieder in eine Ruhe und in gewisser Weise damit auch in eine Stille mit sich und (ihrem) Gott) begeben.

Doch es stellt sich mit der Digitalisierung von Kommunikation die Frage, ob neben dieser Beschreibung einer Form religiösen Erlebnisses nicht auch weitere Formen ernst- und wahrgenommen werden müssen. Denn digitale Kommunikationen zeigen in besonderer Weise, wie Menschen nicht nur darauf angewiesen sind, dass sie als einzelne in ihrer Individualität anerkannt werden, sondern dass sich dies für sie gerade dort einstellt, wo sie zugleich die Erfahrung machen, etwas bewegen zu können oder auch jemanden berühren zu können. Die Umstellung der Kommunikation von massenmedial strukturierten auf interaktive Medien hat es ebenfalls mit sich gebracht, dass gerade im Bereich medialer Kommunikationen ein erhöhtes Maß an Selbstwirksamkeit erfahrbar geworden ist. Dazu gehört es, dass man einerseits selbst kommuniziert und andererseits Resonanz hierfür erhält. Interessanterweise fühlen sich viele Menschen gerade dann am ehesten im Einklang mit sich selbst, wenn sie Resonanzen auf ihr Tun erfahren (vgl. auch Hartmut Rosa). So liegt es nahe,

---

5   Rosa, Hartmut, Beschleunigung und Entfremdung. Entwurf einer kritischen Theorie spätmoderner Zeitlichkeit, Frankfurt am Main 2013.

dass auch im Trauerfall nicht nur für den persönlichen Gebrauch ein Fotoalbum oder einige Schriftstücke zusammengestellt werden, um das Gedächtnis an eine verstorbene Person zu unterstützen, sondern dass eine öffentlich begehbare Website, die Austausch und Resonanz fördert, indem immer wieder Neues in die Kommunikation eingebracht wird, entwickelt wird. Diese digitalisierte Form interaktiver Trauer in Gemeinschaft spiegelt wider, was bereits seit Jahrzehnten in der analogen Welt als Trauercafé und Familientreffen am Todestag praktiziert wird. So gesehen ermöglichen die neuen Medienformen eine direkte Transformation von Trauerriten und -gewohnheiten.

Wenn in Bezug auf die Zukunft der Friedhofskultur festgestellt wird, dass immer weniger Menschen Friedhöfe aufsuchen und immer mehr Friedhöfe Finanzierungsprobleme haben, dann dürfte es ein wenig angemessener Kurzschluss sein, hierfür die Digitalisierung von Kommunikation und die Verlagerung von Trauer weg vom Friedhof hinein ins Internet verantwortlich zu machen, als vielmehr die derzeitige Friedhofskultur auf die zwei Koordinaten hin zu überprüfen, die Kommunikation gegenwärtig strukturieren: Erstens ist hier Interaktivität bzw. selbstwirksame Kommunikation zu nennen sowie zweitens die soziale Einbettung von Kommunikation bzw. die Resonanzmöglichkeiten innerhalb kommunikativer Strukturen. Kultur im Allgemeinen und Friedhofskultur im Besonderen ist dynamisch und damit ständigen Wandlungen unterzogen. Diesen Wandlungen muss Rechnung getragen werden.

2.   ‚Mixed Realities' und die Transformation von Raumvorstellungen

Was der QR-Code innerhalb spätmoderner Transformationsprozesse in Bestattungskulturen anbietet, ist streng genommen noch keine Mixed Reality, denn in Mixed Reality-Systemen nehmen die Userinnen und User beides, die physikalische Umgebung um sie herum und digitale Elemente, die ihnen präsentiert werden, zugleich wahr. Dies geschieht in aller Regel über semitransparente Displays. Eine so enge technische Verschränkung, wie etwa dass man während eines Wegs über einen Friedhof am Horizont wie auf einer Tafel die Gedächtnis-Websites von den Personen sehen könnte, deren Grab man eben passiert, ist mit dem QR-Code (noch) nicht realisiert. Allerdings kann man sich ohne Schwierigkeiten die technische Entwicklung von dem heutigen Modell, den Blick sozusagen zwischen Grabstätte und Display hin und her schweifen zu lassen, hin zu einem Mixed Reality-System, das das Gesichtsfeld mit verschiedenen Einblendungen ausstattet, vorstellen. Die in der Industrie bereits vielfach eingesetzten Smart Glasses geben einen Hinweis darauf, wie weit die Entwicklung bereits vorangeschritten ist. Die Datenbrille für den Endverbraucher will Google nach einem Verkaufsstopp u. a. wegen Datenschutzbedenken in einer zweiten, verbesserten Generation Ende 2015 auf den Markt bringen – die Sci-Fi-Vision der Mixed Realities für die breite Masse könnte also schon bald Wirklichkeit werden. Neben der Identifizierung einer rein virtuellen Realität gehören Mixed Realities Systeme zu der sogenannten „Erweiterten Realität". So wird für Mixed Realities von einem Realitäts-Virtualitäts-Kontinuum gesprochen, in dem beide Extreme, *nur Realität* und *nur Virtualität*, in stufenlosen Zwischenstadien miteinander vermischt werden.

Es ist für die Wahrnehmung der Transformation sich digitalisierender Gesellschaften notwendig zu sehen, wie sich herkömmliche Raumerfahrungen, so etwa der Eintritt in einen Bahnhof, das Öffnen der eigenen Wohnungstür und der Blick vom Flur in die Küche, schließlich auch der Gang auf den Friedhof, diese und andere Raumerfahrungen von den Raumerfahrungen im Cyberspace insbesondere in folgender Hinsicht unterscheiden: Der Cyberspace ist – im Gegensatz zum städtischen oder kirchlichen Friedhof – elektronisch konstruiert, er entsteht mit dem Eintritt in Virtuelle Realitäten. Diese sind computervermittelte Kommunikationsräume, die sowohl an Apparaten als auch an Software und deren Gebrauch gebunden sind. Sie verändern sich ständig mit der Bewegung derer, die sie betreten, und ermöglichen beinahe grenzenlose Übergänge in weitere virtuelle Räume bzw. deren Realitäten. Raum als materielles Substrat, Territorium oder Ort zu entwerfen, trifft immer weniger das, was Menschen erfahren, wenn sie im Cyber*space* kommunizieren. Vielmehr weisen computervermittelte Kommunikationsräume darauf hin, wie und dass Räume sozial konstruiert werden. In der massenhaften Entwicklung und der massenhaften Nutzung von elektronisch genutzten Kommunikationsräumen liegt es dann auch, dass der Raum in der kulturwissenschaftlichen und überhaupt in der öffentlichen Diskussion eine veränderte, eine wachsende Bedeutung erhält. So tritt das Thema *Raum* auch aus dem Schatten einer geschichtlich bedingten Tabuisierung heraus: Das Wort Raum hatte z. B. in der Soziologie nach Faschismus und 2. Weltkrieg keinen guten Klang, es gab kaum theoretische Auseinandersetzungen um den Raumbegriff.[6] Aber auch bereits vorher, mindestens seit den kulturzerstörerischen Konsequenzen des 1. Weltkriegs, sah man die Zeit als die bedeutendere Kategorie an.[7]

---

[6]   Vgl. Löw, Martina, Raumsoziologie, Frankfurt am Main 2001. Vgl. auch Nord, Ilona, die andere raum-erfahrung, in: Kommunikation des Evangeliums in der digitalen Gesellschaft. Lesebuch zur Tagung der EKD-Synode vom 9. bis 12. November 2014 in Dresden, S. 44 f.; sowie ausführlicher zu diesem Zusammenhang Nord, Ilona / Luthe, Swantje, Räume, die Selbstvergewisserung ermöglichen, Virtuelle Bestattungs- und Gedenkräume und ihre Bedeutung für die Diskussion um den Wandel in der Friedhofskultur, in: Klie, Thomas u. a. (Hg.), Praktische Theologie der Bestattung (PThW 17), Berlin u. a. 2015, S. 307–330.

[7]   Vgl. hierzu auch Nord, Ilona, Realitäten des Glaubens sowie Nord, Ilona, Loss Of History? Remarks on Jesus as the Christ – Centre of History in View of the Changing Relation Between Time and Space in the Cybernetic Turn, in: Haigis, Peter u. a. (Hg.),

Auszugehen ist zumindest in der jüngsten soziologischen Diskussion von Verständnissen, die Räume sozial konstruiert sehen und die durch materielle *und* symbolische bzw. zeichenhafte Komponenten gekennzeichnet sind. Eine solche soziale Perspektive auf Räume ist innerhalb der christlichen Tradition nicht unbekannt. Ist es doch insbesondere für die evangelische Tradition klar, dass Gottesdienste nicht auf klar signierte Kirchengebäude angewiesen sind, sondern die Liturgie einen sozialen Kommunikationsraum in religiöser Dimension eröffnet. Aber auch das Beispiel von Sprachräumen, wie etwa dem deutschen oder dem anglophonen o. ä. Sprachräumen, zeigt, dass die Konstruktion sozialer Räume Tradition hat und nicht erst mit der computervermittelten Kommunikation aufgekommen ist.

Im Blick auf den Wandel von Bestattungskulturen und ihrer Wahrnehmung und Diskussion im kulturwissenschaftlichen Kontext wird damit allerdings deutlich, dass hier vielfach noch kein Umstellungsprozess von einem physikalischen zu einem sozialen Raumverständnis vollzogen wurde. Einen gewichtigen Einfluss hierauf nimmt sicherlich auch das Verständnis religiöser Räume als ‚anderer Räume‘. Heilige Räume wurden so konstruiert, dass man sie aus der Gesamtheit eines Raumspektrums aussonderte. Damit wird zumindest für dieses Verständnis von Raum als physikalischem Container deutlich: Es sind die physikalisch definierten Raumgrenzen, die Räume zu ‚anderen Räumen‘ machen, die sie in diesem Verständnis von Religion zu religiösen Räumen machen.

Auch in Bezug auf den Einwand, digitale Trauerräume nähmen Menschen den einen Ort zu trauern und entkörperlichten Trauerprozesse, geht es um Grenzziehungen, die die Erfahrung des physikalischen Raums betreffen. Im Kontext der Diskussion um die *globale Netzwerkgesellschaft*[8] liefern Soziologinnen und Medienwissenschaftler Kritiken an der sich vollziehenden Virtualisierung des Lebens auf unserem Planeten. Es wird befürchtet, dass die materielle Kultur mit einem Netz virtueller Strukturen überzogen und durch eine computergesteuerte Sozialordnung sozusagen eine restlose Raumnahme

---

Christus Jesus – Mitte der Geschichte!? Christ Jesus – the Center of History!?, Beiträge des X. Internationalen Paul Tillich-Symposions Frankfurt am Main 2004, Münster 2007, S. 354–364.

[8] Vgl. hierzu wiederum zu den politischen Implikaten des Gebrauchs des Terminus als Selbstbeschreibung von Gesellschaften den prominentesten Vertreter Castells, Manuel, Das Informationszeitalter, Teil I: Der Aufstieg der Netzwerkgesellschaft; Teil II: Die Macht der Identität; Teil III: Jahrhundertwende, (übersetzt von Reinhart Kößler), Opladen 2001–2003, im deutschen Kontext auch Werber, Niels, Die Geo-Semantik der Netzwerkgesellschaft, in: Döring, Jörg / Thielmann, Tristan (Hg.), Spatial Turn, Bielefeld ²2009, S. 165–184; daneben entwickelt sich allerdings im Kontext von Social Media und Web 2.0 eine Netzwerkforschung, die in verschiedenen Disziplinen und mit verschiedenen Hermeneutiken betrieben wird, vgl. z. B. Stegbauer, Christian / Häußling, Roger (Hg.), Handbuch Netzwerkforschung, Wiesbaden 2011; vgl. zur Rezeption innerhalb der Theologie auch Nord, Ilona, Realitäten des Glaubens.

vollzogen würde. Die globale Netzwerkgesellschaft führe zu einem „entkörperlichten Ort von Trauer" (alltagskultur.info – April 2014, 8). Der Leib und
auch der Körper wird im Grunde zu einem Feststoff oder zu einer Materie,
die es zu überwinden gilt (Marvin Minsky). Materialität und Realität geraten
in Opposition zu Virtualität und Medialität. Mit dieser einfachen Gegenüber-
stellung geht einher, dass man die Virtualisierungsfähigkeit des Menschen aus
dem Blick verliert. Gemeint ist der menschliche Möglichkeitssinn, der zum
menschlichen Leben hinzugehört und immer dort zum Thema wird, wo Menschen ihre Situation rekonstruieren bzw. ihre Lebensperspektiven ausloten, wo
sie Bilder von sich und anderen in ihren Welten imaginieren u. a. m. In phä-
nomenologischer Perspektive gesprochen geht es um die z. B. von Maurice
Merleau-Ponty in Anschlag gebrachte leibkörperliche Fähigkeit zu *reflektieren*, Bewegungsmöglichkeiten und Interaktionsmöglichkeiten zu *imaginieren*
und darin bereits Handlungsspielräume vorab zu *antizipieren*. Diese Virtualisierungsfähigkeit ist nichts, was Menschen zunächst zu erlernen hätten, sondern sie ist eine Fähigkeit, aus der heraus Menschen leben und kulturell tätig
werden. Im Referenzrahmen der Ethik gesprochen geht es um die menschliche
Fähigkeit, in Freiheit zu leben. Alltäglich gelebte Freiheit ermöglicht Spielräume, die es zulassen, mit der eigenen Wirklichkeit zu experimentieren. In
diesem Sinne kann man sich im Spielraum der Freiheit selbst gewahr werden und eine Art Selbstreflexion betreiben. Wie bereits oben erläutert, spielen
hierbei die Resonanzen der anderen im Spielraum befindlichen Personen eine
konstitutive Rolle.[9]

3.   Grabsteine mit QR-Codes als Portale zu Archiven des alltäglichen Umgangs mit dem Abschied von verstorbenen Personen sowie als Exempel für die Verbindung zwischen kulturellem und kommunikativen Gedächtnis

Gerade in der Erinnerungskultur scheint es wünschenswert, die Wirklichkeit
unverfälscht und objektiv zu bewahren. Schließlich soll der Verstorbene so in
Erinnerung bleiben, wie er war – die Erinnerungen sollen sich nicht verflüch-
tigen oder verändern. Was läge also näher, als den Status quo zu archivieren
und somit zu erhalten? Doch wie objektiv kann ein solches ‚Archiv' sein und

---

[9]   Vgl. zu diesem gesamten Zusammenhang Nord, Ilona, Die virtuelle Dimension der
        Seelsorge, in: Wege zum Menschen, 61. Jg., 4 (2009), S. 353–366.

wie stark ist schon das Gedächtnis selbst durch kommunikative Strukturen vorstrukturiert[10] oder in diesem Sinne anders ausgedrückt manipuliert?

a) Der Begriff des Archivs wird von vielen Anbietern und Anbieterinnen unter den Bestattungsunternehmen gebraucht, wenn sie den QR-Code in ihrem Spektrum der möglichen Bestattungsformen präsentieren. Auf der Homepage des Frankfurter Steinmetzes Rosemann heißt es:

> „Mithilfe von QR-Codes können die Nutzer mobiler Telefone und Tablet-Computer sehr einfach auf persönliche Gedenkseiten gelangen. Die dort hinterlegten Texte und Bilder stellen ein persönliches Archiv dar und helfen, die Einzigartigkeit des Verstorbenen zu vermitteln und zu bewahren. Nicht nur berühmte Dichter und Denker haben uns Wertvolles mitzuteilen, auch Eltern und Großeltern, wenn sie uns von der Last und Freude erzählen, in einem anderen Zeitalter gelebt zu haben. Mit diesen persönlichen Zeugnissen lassen Sie Familie und Freunde oder jeden interessierten Menschen, der zufällig am Grab vorbeikommt, daran teilhaben. Die steinwerkstatt rosemann erstellt die persönlichen Gedenkseiten, die QR-Codes in der passenden Größe und montiert dieselben, je nach Wunsch, direkt auf dem Stein, auf der Einfassung oder auf einem geeigneten frei platzierbaren Stein."[11]

Unter „Unsere Leistungen" heißt es: „Erstellen einer individuellen Erinnerungs-Seite. Generieren und Drucken des damit verbundenen QR-Codes. Montage des Codes in der gewünschten Ausführung."[12] Ferner wird festgehalten, dass die Gedenkseiten frei von akustischen Elementen und frei von Werbung seien. Man könne sie individuell mit Bildern und Texten gestalten. Die Absicht dabei sei es, dass man eine Website zur Würdigung einer verstorbenen Person einrichte.

Misst man den Gebrauch des Wortes *Archiv* an seiner kirchengeschichtlichen Verwendung, wird man nicht zustimmen können, dass Internetfriedhöfe bzw. virtuelle Gedenkseiten als Archive anzusehen sind. Archive entstanden, um eine Kontinuität in der Rechtsprechung abzusichern. Dokumente, die wichtige Rechtsverhältnisse fixieren, sollten im Falle einer Nachweispflicht gesichert aufbewahrt werden. Archive werden als Institutionen bezeichnet, die das kulturelle Gedächtnis einer Gesellschaft, einer Nation, einer Religionsgemeinschaft und in bestimmten Fällen auch einer Familie absichern. Institutionen werden staatlicherseits besonders geschützt, weil mit ihnen die Würde einer vorgegebenen Lebensordnung kommuniziert wird.

Entgegen der allgemein zu beobachtenden Tendenz der Metaphorisierung und Erweiterung des Archivbegriffs auf eine Dimension von Gedächtnis, wo institutionelles Gedächtnis und privates, persönliches und alltagsbezogenes Gedächtnis nicht mehr unterschieden sind, wird hier eine umgekehrte Strategie verfolgt: anhand des QR-Codes wird deutlich, dass es im Bereich des

---

[10]   Vgl. hierzu den Band von Meyer, Erik, Erinnerungskultur 2.0. Kommemorative Kommunikation in digitalen, interaktiven Medien, Frankfurt am Main, 2009.

[11]   http://www.stein-werkstatt.de/index.php?id=49; zuletzt abgerufen am 22.06.2015.

[12]   Ebd.

Wandels der Friedhofskultur zukünftig sinnvoll ist, zwischen einem institutionellen und einem persönlichen Gedächtnis, mehr noch zwischen einem kulturellen, an Verschriftlichung in Dokumenten gebundenen und einem kommunikativen, an der mündlichen Rede orientierten Gedächtnis zu unterscheiden.
Die Unterscheidung nämlich erlaubt eine Würdigung verschiedener Formen
von Gedächtniskulturen und schärft damit auch den Blick dafür, dass alles
Gedächtnis pluralen Strukturen von Erinnerungen folgt, die durchaus mit unterschiedlichen Machtförmigkeiten einhergehen. Dazu wird deutlich, dass die
frühere Unterscheidungslinie zwischen öffentlichen und privaten Gedächtnis-
formen im Prozess der Transformationen von Kommunikationskulturen in digitalisierten Gesellschaften ihre Deutungshoheit einbüßt.

Die Reichweite dieser Überlegung zeigt sich, wenn man der Bezeichnung
der *Gedächtnisseiten* als *Archiv* nachgeht und Einblicke in die kulturwissenschaftliche Diskussion um diesen Begriff und die mit ihm verbundenen Theoriekonzepte nimmt. So beschrieb sich der französische Strukturalist Michel
Foucault z. B. als Philosoph im Archiv. Freilich waren seine Interpreten nicht
immer überzeugt davon, dass er tatsächlich seine Forschungen in Archiven
betrieben hätte und monierten, er habe seinen Arbeitsort wohl eher oft in der
Bibliothek gefunden.[13] Mit ihm ist zunächst festzuhalten, dass das Archiv stets
– wie er sagt – zwei Körper hat: Es ist ebenso Institution wie Konzeption,
das heißt, es ist Arbeitsort und Methode. Nicht immer, so arbeiten Ebeling
und Günzel heraus, sei in der raunenden Rede über ‚das Archiv‘ ausgemacht,
welcher Raum nun gemeint werde, ob derjenige der Institution oder derjenige
des Wissens, die moderne Institution des Archivs, die mit der Französischen
Revolution etabliert wurde, oder der Archivbegriff, der seit dem französischen
Revolutionär Foucault in aller Munde war. Genau dies sei das Verwirrende an
der Archivtheorie: Es handele sich um eine Theorie, deren Name zugleich eine
konkrete Institution benenne. Doch es lässt sich zusammenfassend sagen, dass
mit und seit Foucault unter einem Archiv eine epistemische Figur verstanden
wird, die sich mit der Regelung und Verteilung von Wissen beschäftigt. Zudem wird innerhalb der Diskussion immer wieder betont, dass die Strukturen
des Archivs nicht zugänglich oder einsehbar sind und dass dort nicht gezeigt
werde, „wie es eigentlich gewesen ist" – wie es noch bei dem Historiker Le-
opold von Ranke ein Jahrhundert zuvor lautete.[14] Insofern sollte nun deutlich sein, wie hier ein Archivbegriff auf das Phänomen der QR-Codes und
der Webseiten, auf die sie verweisen, angewendet wird, der zunächst einmal
dessen institutionelle Seite und die mit dieser verbundenen Haltung, im Archiv
historische Wahrheit zu finden, dekonstruiert.

---

[13]   Vgl. Ebeling, Knut / Günzel, Stephan (Hg.), Einleitung, in: dies. (Hg.), Archivologie.
       Theorien des Archivs in Philosophie, Medien und Künsten, Berlin 2009, S. 7–28, hier
       S. 10, vgl. außerdem Foucault, Michel, Das historische Apriori und das Archiv, in:
       dies. (Hg.), Archivologie, S. 107–112.
[14]   Vgl. Ebeling, Günzel, Einleitung, Archivologie, S. 13.

Zugleich bleibt aber bestehen, dass Archive darüber entscheiden, in welcher Form ‚Geschichte' verfügbar wird bzw. welche Aspekte zwischenmenschlicher Kommunikationen auch nach dem Tod einer Person für die Nachwelt wahrnehmbar oder unter Verschluss bleiben. Überdies wird man sagen können, dass Menschen auch auf diesem Feld der Trauer und Bestattung archivierend tätig werden. Sie sorgen dafür, dass Beziehungen und Kommunikationen, zuweilen auch politische Ereignisse bzw. die Bedeutung von Personen für diese ‚dokumentiert' werden.[15] Im Grunde sind hier also zwei verschiedene Profilierungen von Trauerseiten zu unterscheiden: Die einen, die sehr konkret sehr häufig die Kommunikation mit verstorbenen Personen aufnehmen, und die anderen, die bedeutende Persönlichkeiten und dessen Werk nicht von hinterbliebenen Freundinnen und Verwandten darstellen, sondern von Personen, die Erinnerungskulturen aufzubauen beabsichtigen, z. B. um politische Zeitgeschichte zu schreiben und wie oben bereits als Beispiel genannt das Lebenswerk einer Persönlichkeit zu würdigen (vgl. die Seite für Gerald Hinze, Anm. 1).

Beide Beispiele, dasjenige, der persönlichen Trauerkommunikation auf Online-Portalen wie auch dasjenige der eher in einem offiziellen, institutionellen Rahmen des Aufbaus einer Erinnerungskultur politischer Zeitgeschichte, verdeutlichen allerdings, dass die strukturalistische Archiv-Kritik auch im Bereich der digitalisierten Kommunikation aufschlussreich ist: Archive geben – salopp gesagt – Geschichte nicht wieder, sie machen Geschichte: beispielsweise durch bestimmte ‚Aufschreibesysteme', aktueller formuliert, durch bestimmte Inszenierungspraxen und den ihnen zugrundliegenden technischen Voraussetzungen. Zu ihnen gehören auch die Lücken bzw. Auswahlverfahren von Material und Darstellungsformaten sowie die verwendeten Techniken der Mediatisierung. Wie im herkömmlichen Archiv werden die fundamentalen Entscheidungen der Ablage auch in diesem Bereich nicht von denjenigen Personen getroffen, die ‚archivarisch' tätig werden, sondern gehen auf die Ordnungen von Wissensbeständen als deren kontingenter Anordnung zurück: So sind es oftmals kontingente Faktoren wie Architekturen oder Eigenheiten der Website-Strukturen und deren Ablagewesen, die entscheiden, welche Kommunikationen und welche Kommunikationsformen aufgenommen werden können.

Zusammenfassend lässt sich festhalten, dass sich im Kontext von QR-Codes, die auf Trauer- und Gedächtnisseiten verweisen, zeigen lässt, was Foucault mit der Wende von der Aufbewahrung zur Produktion des Wissens theoretisch konzeptualisierte. Dem Archiv wurde mit der digitalisierten Kommunikation nun letztgültig die dokumentarische Passivität und konservierende Unschuld

---

[15] Es wären hier weiterführende Differenzierungen vorzunehmen, um die hier vorgestellten Inhalte solider in die genutzten Theoriekonzepte einzupassen; dies ist im Rahmen dieses Beitrags nicht nötig, soll aber im Bereich eines eigenen Forschungsprojekts zu diesem Thema noch erfolgen.

Abb. 3: QR-Code am Grab der DDR-Bürgerrechtlerin
Bärbel Bohley auf dem Dorotheenstädtischen Friedhof in Berlin.

genommen. „Das Archiv ist nicht der Ort, auf den man stets zurückgreifen kann, um die Fakten zu finden, es ist der aktive Vorgang, welcher für eine permanente Umschichtung und fortlaufende Transformation der Fakten sorgt."[16] Im weiteren Horizont von Foucaults Theoriebildung ist mit dieser These dann auch verbunden, dass der Begriff des Archivs gleichbedeutend mit der Ursprungslosigkeit von Wissen und der Kontingenz von Wahrheit wird.

Bezieht man dies nun auf die Deutung von Gedächtnisseiten, so lässt sich ebenfalls konstatieren, dass hier abhängig von kontingent vorliegenden Wissensbeständen und deren Anordnung Gedächtnis erzeugt wird und zweitens dies auch abhängig von der Zufälligkeit der Perspektive des Betreibers bzw. der Betreiberin der Gedächtnisseite geschieht, so dass ein Bild einer verstorbenen Person und das Wissen von ihr, das dort erzeugt wird, wiederum als in seiner Beziehung zu dieser kontingent zu begreifen ist. Selbiges gilt auch für Verlinkungen auf durch die Verstorbenen ehemals betriebenen Social Media-Darstellungen. Dass es sich hierbei ebenfalls nicht um eine neues Phänomen handelt, kann anhand von herkömmlichen Grabreden und mit Beginn des Mediums Fernsehen entstehenden Dokumentationen über das Leben verstorbener Berühmtheiten gut nachvollzogen werden. Auch bei diesen handelte es sich schon immer um ein unter spezifischen Perspektiven entwickeltes eng begrenztes Resümee eines Lebens. Zieht man die Ausführungen Harald Welzers zum autobiographischen Gedächtnis in diesem Kontext auch noch hinzu, wird überdies klar, dass die Spannung zwischen Phänomenalität und Narrativität im Kontext der subjektiven Erinnerung auch dem dargestellten Verstorbenen

---

[16]   Vgl. Ebeling / Günzel, Archivologie, S. 15.

zu Lebzeiten einen objektiven Zugang zum eigenen Selbst verstellen.[17] Somit muss die Codierung des Geschichtlichen nicht als defizitär wahrgenommen werden, sondern erscheint als selbstverständlich sich vollziehender Vorgang.

b) Aleida Assmanns Forschungen zur Kultur von Erinnerung und Gedächtnis fokussiert in Anschluss an Maurice Halbwachs die Unterscheidung zwischen einem kulturellen und einem kommunikativen Gedächtnis.[18] Dabei ist die entscheidende erste Einsicht, der es in der Auslegung digitaler Gedächtnisseiten zu folgen gilt, dass Erinnerung stärker von der Gegenwart als von der Vergangenheit bestimmt ist (im Unterschied zu Sigmund Freud und Aby Warburg). Dies zeigt sich an den Transformationsprozessen in den Bestattungskulturen ebenso wie in den Interaktionen und Resonanzen, die sich auf virtuellen Gedächtnisseiten zeigen. Zweitens leistet der Assmannsche Ansatz eine Differenzierung zwischen kulturellem Gedächtnis als dem Bereich hochspezialisierter Kultur und kommunikativem Gedächtnis als auf das alltägliche und auf informelle Formen von Erinnerung und Überlieferung basierend. Die Friedhofskultur wäre in dieser Lesart Vertreterin einer hochspezialisierten Form der Abschiedskultur, die sich in der Anlage der Friedhofsarchitektur und ihrer jeweiligen Symbolstruktur, aber auch in der Ausbildung von Friedhofsverwaltungen, die Erinnern und Gedenken in formalisierte Bahnen lenkt, artikuliert. Im Vergleich hierzu zeigen die virtuellen Gedächtnisseiten im Internet bereits häufig schon an den Formulierungen, die dort gebraucht werden, dass mündliche und dialogisch orientierte Sprache verwendet wird, die alltagsnahe Themen behandelt.[19] Diese Formen der kommunikativen Gedächtniskultur wurden im Bereich der Reflexion auf Bestattungskulturen im deutschen Kontext in den vergangenen Jahrzehnten vor der Digitalisierung hinter der offiziellen, hochkulturellen Seite des kulturellen Gedächtnisses zurückgedrängt und gewinnen nun mit der Transformation von Kommunikationskulturen in der sich digitalisierenden Gesellschaft neu durch Reflexionen auf mediatisierte Alltagskulturen auch in der Wahrnehmung an Facettenreichtum sowie an Sichtbarkeit.

Als Fazit lässt sich formulieren: Online Trauer-, Erinnerungs- und Gedächtnisseiten werden über QR-Codes sozusagen barrierefrei zugänglich, und zwar insbesondere über mobile Kommunikationsmedien. Anhand von ihnen lässt sich zeigen, dass und wie sich kommunikatives und kulturelles Gedächtnis auf

---

[17] Vgl. Zöllner, Detlef zu Welzer, Harald, Das kommunikative Gedächtnis. Eine Theorie der Erinnerung, München ²2008, 20.03.2011, in: http://erkenntnisethik.blogspot.de; zuletzt abgerufen am 22.06.2015.

[18] Als eine neuere Veröffentlichung zu Aleida Assmanns Ansatz vgl. dies., Archive im Wandel der Mediengeschichte, in: Ebeling, Knut / Günzel, Stephan (Hg.), Archivologie, S. 165–176.

[19] Vgl. hierzu den Beitrag von Anke Offerhaus in diesem Band und auch Nord, Ilona / Luthe, Swantje, Selbstvergewisserung.

spezifische Weise miteinander vernetzen. Diese Vernetzungsprozesse weiter zu beobachten und zu erforschen erscheint eine aussichtsreiche Aufgabe zu sein, weil sich hier Transformationsprozesse in der digitalisierten Gesellschaft artikulieren, die für die Zukunft von Friedhöfen und Friedhofskulturen, insgesamt von Bestattungskulturen, entscheidend sein werden.[20]

Literatur

Assmann, Aleida, Archive im Wandel der Mediengeschichte, in: Ebeling, Knut / Günzel, Stephan (Hg.), Archivologie. Theorien des Archivs in Philosophie, Medien und Künsten, Berlin 2009, S. 165–176.

Castells, Manuel, Das Informationszeitalter Teil I: Der Aufstieg der Netzwerkgesellschaft; Teil II: Die Macht der Identität; Teil III: Jahrhundertwende, (übersetzt von Reinhart Kößler), Opladen 2001–2003.

Ebeling, Knut / Günzel, Stephan (Hg.), Einleitung, in: dies. (Hg.), Archivologie. Theorien des Archivs in Philosophie, Medien und Künsten, Berlin 2009, S. 7–28.

Foucault, Michel, Das historische Apriori und das Archiv, in: dies. (Hg.), Archivologie. Theorien des Archivs in Philosophie, Medien und Künsten, Berlin 2009, S. 107–112.

Göttert, Karl-Heinz, Geschichte der Stimme, München 1998.

Löw, Martina, Raumsoziologie, Frankfurt am Main 2001.

Luther, Henning, Religion im Alltag, Stuttgart 1992.

Meyer, Erik, Erinnerungskultur 2.0 Kommemorativer Kommunikation in digitalen, interaktiven Medien, Frankfurt am Main 2009.

Nord, Ilona / Luthe, Swantje, Räume, die Selbstvergewisserung ermöglichen, Virtuelle Bestattungs- und Gedenkräume und ihre Bedeutung für die Diskussion um den Wandel in der Friedhofskultur, in: Thomas Klie / Kumlehn, Martina / Kunz, Ralph / Schlag, Thomas (Hg.), Praktische Theologie der Bestattung, Berlin / New York, 2015, S. 307–330.

Nord, Ilona, die andere raum-erfahrung, in: Kommunikation des Evangeliums in der digitalen Gesellschaft. Lesebuch zur Tagung der EKD-Synode vom 9. bis 12. November 2014 in Dresden, S. 44 f.

Nord, Ilona, Die virtuelle Dimension der Seelsorge, in: Wege zum Menschen, 61. Jg., 4 (2009), S. 353–366.

Nord, Ilona, Realitäten des Glaubens. Zur virtuellen Dimension christlicher Religiosität, Berlin / New York, 2008.

---

[20]   Ich danke Christian Kettner für seine Unterstützung in der redaktionellen Überarbeitung des Beitrags.

Nord, Ilona, Loss Of History? Remarks on Jesus as the Christ – Centre of History in View of the Changing Relation Between Time and Space in the Cybernetic Turn, in: Haigis, Peter /Hummel, Gert / Lax, Doris (Hg.), Christus Jesus – Mitte der Geschichte!? Christ Jesus – the Center of History!?, Beiträge des X. Internationalen Paul Tillich-Symposions Frankfurt am Main 2004, Münster 2007, S. 354–364.

Rosa, Hartmut, Beschleunigung und Entfremdung: Entwurf einer kritischen Theorie spätmoderner Zeitlichkeit, Frankfurt am Main 2013.

Stegbauer, Christian / Häußling, Roger (Hg.), Handbuch Netzwerkforschung, Wiesbaden, 2011.

Werber, Niels, Die Geo-Semantik der Netzwerkgesellschaft, in: Döring, Jörg / Thielmann, Tristan (Hg.), Spatial Turn, Bielefeld, [2]2009, S. 165–184.

Zöllner, Detlef zu Welzer, Harald, Das kommunikative Gedächtnis. Eine Theorie der Erinnerung, München [2]2008, 20.03.2011, in: http://erkenntnisethik.blogspot.de.

Internet

http://erkenntnisethik.blogspot.de.
http://www.frankfurter-qraftwerk-denksteine.de/gerald-hintze/.
http://www.stein-werkstatt.de/index.php?id=49.

Abbildungen

Abb. 1: QR-Code Kohlhammer; Quelle: https://de.wikipedia.org/wiki/QR-Code#/media/File:QRCode.png.

Abb. 2: Grabstein mit graviertem QR-Code; © Andreas Rosenkranz.

Abb. 3: QR-Code am Grab der DDR-Bürgerrechtlerin Bärbel Bohley auf dem Dorotheenstädtischen Friedhof in Berlin; © dpa/Stephanie Pilick.

Klicken gegen das Vergessen – Die Mediatisierung von Trauer- und Erinnerungskultur am Beispiel von Online-Friedhöfen

Anke Offerhaus

1. Die Mediatisierung von Tod und Trauer

Der Tod eines geliebten Menschen stellt grundsätzlich für alle Menschen und schon von jeher einen schmerzlichen Verlust dar, die Formen der Trauer und ihrer Bewältigung sind jedoch je nach Persönlichkeit und gesellschaftlichen Rahmenbedingungen unterschiedlich. Im Zeitalter von Internet und sozialen Onlinegemeinschaften ist es daher nicht verwunderlich, dass auch ein solch einschneidendes Ereignis wie der Tod eines Menschen und die damit verbundene Lebenssituation der Trauer immer häufiger zum Gegenstand virtueller Kommunikation und Öffentlichkeit wird. Ob mit Pixelblumen, virtuellen Trauerkerzen oder mittels digitaler Kondolenzbücher, ob auf Online-Friedhöfen, Trauerforen oder in sozialen Netzwerken – auf tausenden von Internetseiten wird um Prominente wie Dirk Bach, Michael Jackson oder Amy Winehouse getrauert. Aber nicht nur: Auch viele, zumeist noch sehr junge Menschen trauern online um ihre verstorbenen Angehörigen. Profil-Seiten der Gestorbenen werden nicht gelöscht, sondern zu Gedenkseiten umgewandelt. Auf diesen oder auf eigens für Verstorbene erstellten Webseiten erinnern Fotos, Musik und Filmausschnitte, Ausrufe und Gedichte mit schmerzvollen Gedanken und tröstenden Worten an geliebte Menschen. Auch in sozialen Netzwerken wird Trauer chattend, postend und likend geteilt. Auf diese Weise werden im Internet nicht nur vielfältige *neue Orte und Rituale der Trauer* sichtbar, sondern auch die *Trauerbewältigung* der Angehörigen findet auf all diesen Plattformen und in den sozialen Netzwerken des World Wide Web offensichtlich neue Ausdrucksmöglichkeiten.

Diese zunehmende Sichtbarkeit der Themen Tod und Trauer im und durch das Internet erscheint überraschend, gilt doch im Allgemeinen die These der Verdrängung von Tod und Trauer aus dem gesellschaftlichen Leben.[1] So argumentiert auch der Schweizer Soziologe Hans Geser[2], dass die Verdrängung

---

[1] Vgl. z. B. Schäfer, Julia, Tod und Trauerrituale in der modernen Gesellschaft: Perspektiven einer alternativen Trauer- und Bestattungskultur, Stuttgart 2011, S. 17–46.

[2] Vgl. Geser, Hans, „Yours virtually Forever". Elektronische Grabstätten im Internet, in: Imhof, Kurt / Schulz, Peter (Hg.), Die Veröffentlichung des Privaten – die Privatisie-

von Tod und Trauer in komplexen, modernen Gesellschaften dadurch begründet sei, dass a) der Umgang mit dem Tod *durch funktionale Differenzierung der Gesellschaft* an spezialisierte Berufsgruppen und Institutionen delegiert werden konnte, die sich nicht im Gleichschritt mit der übrigen Gesellschaft verändert haben; dass b) der Tod *durch die Rationalisierung der Lebensführung* immer mehr zu einem Sonderereignis geworden ist, das an Randbereiche ausgelagert werden musste, um nicht den Normalablauf des Alltagshandelns und der institutionellen Abläufe zu stören; dass c) der Tod im Zuge *zunehmender Individualisierung* immer mehr zu einem privaten Ereignis geworden ist, das vielfältige Gefühls-, Denk- und Handlungsweisen auslöst, die zunehmend idiosynkratisch ausgelebt werden, da es für sie keine öffentlich vermittelbaren, kulturell geprägten und verbindlichen Ausdruckformen mehr gibt; und dass d) traditionell-religiöse Umgangsformen mit dem Tod durch *Säkularisierungstendenzen* der okzidentalen Kultur marginaler geworden sind, ohne dass das dadurch aufbrechende Vakuum durch neue, substitutive Bewältigungsformen ersetzt worden wäre.[3]

Konzeptionell fassbar wird die öffentliche Sichtbarkeit von Tod und Trauer mit dem in der Kommunikations- und Medienwissenschaft gegenwärtig prominenten Ansatz der *Mediatisierung*.[4] Mediatisierung bezeichnet als sog. Metaprozess „... *den Prozess sozialen und kulturellen Wandels, der dadurch zustande kommt, dass immer mehr Menschen immer häufiger und differenzierter ihr soziales und kommunikatives Handeln auf immer mehr ausdifferenzierte Medien beziehen*".[5] Ausgangspunkt des Mediatisierungsansatzes sind somit Wechselverhältnisse zwischen dem Wandel von Medien und Kommunikation einerseits und dem Wandel von Kultur und Gesellschaft andererseits.[6] Im Sinne einer Prozessperspektive geht das Konzept von einer Vervielfältigung der medialen Kommunikationsmöglichkeiten sowie einer zunehmenden medialen Durchdringung von Alltag und Kultur aus (quantitativer Aspekt) und verbindet dies mit der These eines langfristigen, auf der Mikroebene beginnenden sozialen Wandels (qualitativer Aspekt), den es zu untersuchen gilt.

---

rung des Öffentlichen, Opladen 1998, S. 120–135; Geser, Hans, Virtuelle Grabstätten im World Wide Web, in: Glarner, Hans-Ulrich / Lichtensteiger, Sibylle (Hg.), Last minute. Ein Buch zu Sterben und Tod, Baden 1999, S. 228–239.

[3]   Andere sprechen hier von „Ritualverlust", vgl. z. B. Schäfer, Tod und Trauerrituale in der modernen Gesellschaft, S. 14.

[4]   Zur Theorie und Empirie der Mediatisierung vgl. Hartmann, Maren / Hepp, Andreas (Hg.), Die Mediatisierung der Alltagswelt, Wiesbaden 2010; Hjarvard, Stig, The Mediatization of Culture and Society, Florence u. a. 2013; Krotz, Friedrich, Mediatisierung. Fallstudien zum Wandel von Kommunikation, Wiesbaden 2007; Lundby, Knut (Hg.), Mediatization: concept, changes, consequences, New York u. a. 2009.

[5]   Krotz, Friedrich, Kultureller und gesellschaftlicher Wandel im Kontext des Wandels von Medien und Kommunikation, in: Thomas, Tanja (Hg.), Medienkultur und soziales Handeln, Wiesbaden 2008, S. 53.

[6]   Hepp, Andreas, Medienkultur: die Kultur mediatisierter Welten, Wiesbaden 2013, S. 29.

Auch Trauern kann als kommunikatives Handeln aufgefasst werden. So kann im Zuge der Mediatisierung nach Veränderungen des Trauerns auf Individualebene ebenso wie nach Veränderungen der Trauer- und Begräbniskultur bzw. Sepulkralkultur als dem Gesamt an auf Tod und Trauer bezogener kultureller Phänomene (wie z. B. Bestattungs- und Gedenkorte; Gegenstände und Dokumente des Totengedenkens; Normen, Praktiken und Rituale des Bestattens und Trauerns) auf gesellschaftlicher Ebene gefragt werden. Dass Medien eng mit der jeweils gesellschaftlich vorherrschenden Trauer- und Erinnerungskultur verbunden sind und neue Medien auch neue Aspekte der Trauerkultur hervorgebracht haben, lässt sich in der Geschichte vielfach belegen. So entstanden im Zuge des Buchdrucks die Leichenpredigten, mittels derer das Leben eines Menschen in gedruckter Form festgehalten werden konnte. Mit der Fotografie gewann das Totenporträt bzw. die Leichenfotografie an Bedeutung (vgl. z. B. auch Benkel / Meitzler in diesem Band). Medien dienen und dienten immer schon der Erinnerung an Verstorbene und sind somit essenziell für den Ausdruck von Trauer.

Vor dem Hintergrund des Mediatisierungsansatzes reichen die Überlegungen von medialem und kulturellem Wandel allerdings über die Materialität des Totengedenkens hinaus: Innerhalb des für den letzten Mediatisierungsschub charakteristischen Ensembles digitaler und vernetzter Medien nimmt das „Hybridmedium"[7] Internet aufgrund seiner Ubiquität für soziale Kommunikation eine besondere Rolle ein.[8] So können die eingangs genannten Beispiele als Ausdruck eines weitreichenderen Wechselverhältnisses von Medientechnologie, technologisch basierter Medienkommunikation und einer sich im sozialen Wandel befindlichen Trauerkultur gesehen werden. Im Folgenden möchte ich mich den Phänomenen virtueller Sepulkralkultur zunächst einmal angebotsseitig nähern und einen Überblick über die Vielfalt von Internetplattformen geben (Abschnitt 2). Am Beispiel von Online-Friedhöfen (Abschnitt 3) lässt sich sodann detaillierter zeigen, wie sich technische Infrastrukturen und soziale Aneignungsweisen wechselseitig bedingen und auf welche Art und Weise und mit welchen Motiven Menschen ihre Trauer online bewältigen und Verstorbener gedenken. Galten virtuelle Friedhöfe in ihren Anfängen noch als Kuriosität oder Nischenphänomen, so wiesen der Soziologe Hans Geser wie auch die Volkskundlerinnen Gudrun Schwibbe und Ira Spieker bereits frühzeitig darauf hin, dass diese als soziokulturelles Phänomen einer sich wandelnden Trauer-

---

[7]   Höflich, Joachim R., Zwischen massenmedialer und technisch vermittelter interpersonaler Kommunikation – der Computer als Hybridmedium und was die Menschen damit machen, in: Beck, Klaus / Vowe, Gerhard (Hg.), Computernetze – ein Medium öffentlicher Kommunikation? Berlin 1997, S. 84–104.

[8]   Vgl. Thimm, Caja, Mediale Ubiquität und soziale Kommunikation, in: Thiedeke, Udo (Hg.), Soziologie des Cyberspace, Wiesbaden 2004, S. 51–69.

und Erinnerungskultur ernst genommen werden müssen.[9] Im letzten Abschnitt werde ich die Ergebnisse vor dem Hintergrund des Wechselverhältnisses von medialem und soziokulturellem Wandel noch einmal zusammenfassen.

2.   Tod und Trauer im World Wide Web

Wer sich im Internet (bzw. genauer, im World Wide Web als einem spezifischen Dienst des Hybridmediums Internet) auf die Suche nach Themenseiten zu Tod und Trauer begibt, trifft auf eine Vielzahl unterschiedlicher Plattformen und Angebote. Gegenwärtig kann man wie Abbildung 1 zeigt, vier verschiedene Websitetypen unterscheiden: individuelle Gedenkseiten (2.1), 3. Profilseiten und Trauergruppen auf Social Network-Sites (2.2), Virtuelle Friedhöfe und Gedenkseiten (2.3) sowie Trauer- und Erinnerungsportale (2.4).

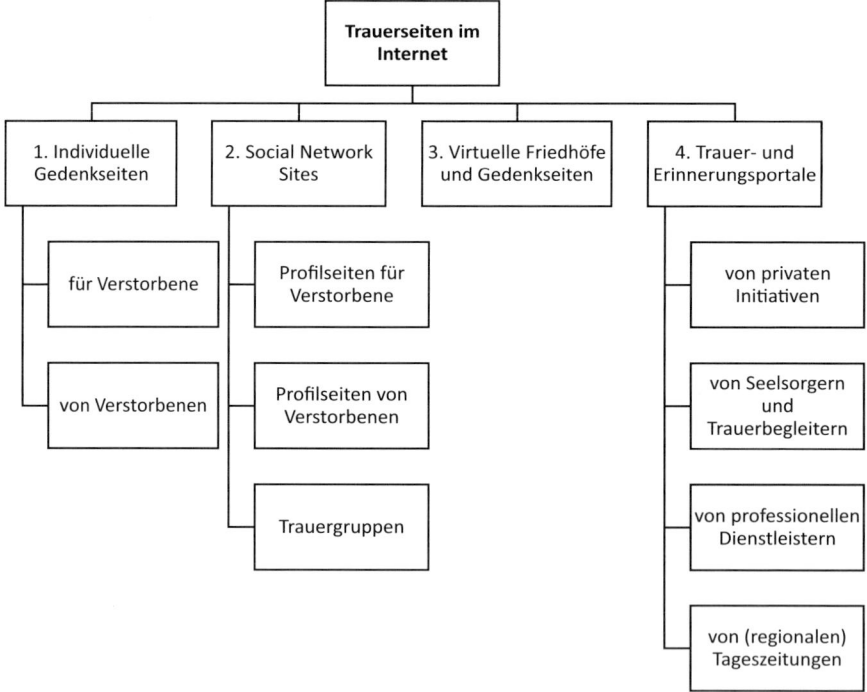

Abb. 1: Trauerseiten im Internet.

---

9   Vgl. Geser, „Yours virtually Forever", 1998, S. 126; Geser, Virtuelle Grabstätten, 1999, 233ff.; Schwibbe, Gudrun / Spieker, Ira, Virtuelle Friedhöfe, in: Zeitschrift für Volkskunde, 95, 2 (1999), S. 241.

Die einzelnen Typen vereinen jeweils in charakteristischer Weise bestimmte technische Infrastrukturen und damit verbundene Möglichkeiten des Trauerns und Erinnerns. Darüber hinaus gibt es aber auch Elemente des Trauerns und Erinnerns, die nicht zuletzt aufgrund technisch integrierbarer Funktionen auch bei unterschiedlichen Internetangeboten gleichermaßen vorhanden sind. Im Folgenden werden die Websitetypen mit Blick auf ihre inhaltlichen (Ziele, Inhalte, Adressaten) und technischen (Aufbau, Navigation, Interaktionsmöglichkeiten) Merkmale sowie nach ihren dahinterstehenden Produzenten (Herkunft, Motive) genauer erläutert.

2.1 Individuelle Gedenkseiten

Die wohl älteste Form virtueller Trauer und virtuellen Gedenkens sind von Privatpersonen erstellte, homepageartige Gedenkseiten, deren Inhalte oftmals Erfahrungsberichten von Trauernden gleichen. Tage- bzw. notizbuchartige Webseiten oder Blogeinträge bekunden ihre Trauerarbeit. Webseiten, die Sterbende selbst mit der Intention erstellen, dass diese nach ihrem Tod als Gedenkseite fungieren könnten, sind (noch?) vergleichsweise selten. Die in der Regel von nahen Angehörigen gepflegten Gedenkseiten haben aber nicht nur den Tod, sondern insbesondere das Leben des – zumeist sehr jung[10] – verstorbenen Menschen zum Gegenstand, das durch Fotos und Texte umfangreich dokumentiert wird. Nicht selten verweisen Kontaktformulare und Kommentarfunktionen indirekt darauf, dass Rückmeldungen der surfenden Seitenbesucher durchaus erwünscht sind. Auch Besucherzähler, die Aufschluss über die Besucherfrequenz geben, scheinen beliebte Bestandteile einer Gedenkseite zu sein. Das zentrale Motiv für die Erstellung einer Gedenkseite ist, wie die Studie von Karin Gebert belegt, im virtuellen Raum einen Erinnerungsort für den Verstorbenen zu schaffen. Dabei kommt aber auch der Trauerarbeit eine große Bedeutung zu. Hierbei verfolgen die Trauernden das Ziel, eine potenziell unbegrenzte Internetöffentlichkeit ansprechend einerseits ihr Schicksal zu veröffentlichen und zu informieren, andererseits dabei auch Unterstützung durch Rückmeldung, Austausch und eine gewisse Gemeinschaftsbildung zu erfahren.[11]

---

[10] In vielen Fällen handelt es sich um Gedenkseiten für verstorbene Kinder wie http://www.simeon-stojanov.de; zuletzt abgerufen am 01.03.2015, auf der Seite http://www.trauer-um-florian.de; zuletzt abgerufen am 01.03.2015, beschreibt eine Mutter seit 12 Jahren ihren Trauerprozess; auf der als Blog geführten Seite http://gedankenfluestern.blog; zuletzt abgerufen am 01.03.2015, gedenkt die Autorin ihrem Sohn, der kurz vor seinem 21. Geburtstag ums Leben gekommen ist.

[11] Gebert, Katrin, Carina unvergessen. Erinnerungskultur im Internetzeitalter, Marburg 2009, S. 231–297.

2.2 Profilseiten und Trauergruppen auf Social Network-Sites

Social Media-Angebote wie Youtube, Twitter und unter ihnen insbesondere soziale Online-Netzwerke (Social Network Sites, SNS) wie Facebook sind jüngeren Datums. Sie zeichnen sich durch eine Reihe interaktiver und kollaborativer Elemente aus, die es Nutzerinnen und Nutzern ermöglicht, sich untereinander auszutauschen und mediale Inhalte einzeln oder in Gemeinschaft zu erstellen. Mittels sozialer Online-Netzwerke können sich Menschen mit Anderen vernetzen und mit ihnen auf vielfältige Weise interagieren. Die Motivation, private SNS miteinander zu verknüpfen, ist das wechselseitige Interesse am Leben der beteiligten Personen. Die einzelnen Webseiten bestehen aus einem persönlichen Profil, dessen Bestandteile unter anderem Kontaktlisten und Kommentarfunktionen sind. Die Profile fungieren als Homepages der Nutzer, auf denen persönliche Informationen, ebenso wie Fotos und Videos bereitgestellt werden können. Mit Blick auf Tod und Trauer bedeutet das, dass solche Profilseiten in dem Moment zu Gedenkseiten werden, wenn das Profil eines verstorbenen Menschen von seinen Angehörigen nicht gelöscht, sondern die Seite erhalten, zu diesem Zweck umgestaltet oder sogar erst angelegt wird. Dementsprechend finden sich auch hier im Rahmen der multimedialen Möglichkeiten alle Formen digitaler Trauer und Erinnerung. Aufgrund der Kommentarfunktion und der Verlinkung von Profilen verbreiten sich hinterlassene Kondolenzbekundungen ebenso wie automatisierte Informationen über Seitenänderungen sehr schnell im Netzwerk. Darüber hinaus organisieren sich in sozialen Netzwerken, die Nutzern zudem die Möglichkeit bieten, Foren bzw. Gruppen einzurichten, in denen sie sich themenspezifisch und gruppenbezogen austauschen können, mittlerweile auch Trauergruppen, deren Austausch genuinen Trauerforen gleichkommt.

2.3 Virtuelle Friedhöfe und Gedenkseiten

Als virtuelle Friedhöfe bzw. Internet- oder Onlinefriedhöfe werden Websites bezeichnet, auf denen für Verstorbene Grabmäler und Gedenkseiten erstellt werden können. Im Unterschied zu individuellen Gedenkseiten auf privaten Homepages (vgl. 2.1) oder SNS (vgl. 2.2) bilden die hier angelegten Grabmäler aufgrund ihrer Platzierung in (zumeist) virtuellen Landschaften und in ihrer Gesamtheit einen virtuellen Friedhof.

Die ersten virtuellen Friedhöfe entstanden ab Mitte der 1990er Jahre vorwiegend auf US-amerikanischen und britischen Internetseiten.[12] Mittlerweile sind auch auf deutschsprachigen Seiten zahlreiche Internet-Friedhöfe zu fin-

---

[12]   Schwibbe / Spieker, Virtuelle Friedhöfe, S. 222.

Abb. 2: Friedhofslandschaften: Einstieg in den christlichen Friedhof (oben) und
in den Landfriedhof (unten).

den.[13] Auf der für den Verstorbenen angelegten Gedenkseite können im Unterschied zu einer nur temporär aufrufbaren Todesanzeige auf den Internetseiten
der Lokalzeitung, Texte und Bilder sowie je nach Komplexitätsgrad der Seiten
auch Musik und Videofiles veröffentlicht werden, die den Verstorbenen seiner
Nachwelt auch langfristig in die Erinnerung rufen. Familienangehörige und
Freunde, aber auch fremde Besucher können mit bzw. auf diesen Seiten ihre
Kondolenz, also ihr Mit-Trauern bezeugen. So werden an den Gräbern bzw.
auf den Seiten typischerweise virtuelle Gedenkkerzen angezündet und/oder
schriftliche Beileidsbekundungen hinterlassen. Ist die öffentliche Sichtbarkeit
und das Hinterlassen von Kondolenzbekundungen nicht erwünscht, kann die
Gedenkseite bei manchen Friedhöfen auch passwortgeschützt, also für eine
nur vom Grabanleger bzw. dem Ersteller der Seite definierte Trauergemeinde
zugelassen werden. Da es auf virtuellen Friedhöfen prinzipiell jedem Inter-

---

[13]   Beispiele aktuell zu findender Online-Friedhöfe auf deutschen Seiten: http://www.
strassederbesten.de; zuletzt abgerufen am 01.03.2015, http://www.internet-fried-
hof.de; zuletzt abgerufen am 01.03.2015, Österreich: http://www.begraebnis.at;
zuletzt abgerufen am 01.03.2015, http://www.virtueller-friedhof.at; zuletzt abgerufen am 23.06.2015, Schweiz: http://www.swisscemetery.com; zuletzt abgerufen am
01.03.2015.

netnutzer möglich ist, Seiten für Verstorbene anzulegen, finden sich für verstorbene Prominente wie Dirk Bach, Michael Jackson oder Amy Winehouse tausende, von Fans angelegte virtuelle Gräber und Gedenkseiten.

Abb.3: Virtuelle Gräber: Gedenkseite der Prominenten Dirk Bach (oben links) und Amy Winehouse (unten links) sowie eines Kindes (oben rechts) und einer Frau (unten rechts).

Auf vielen Online-Friedhöfen ist die Anlage von Gedenkseiten kostenlos und finanziert sich über Werbeanzeigen. Ist der virtuelle Friedhof Teil eines breiter angelegten Trauer- bzw. Erinnerungsportals (vgl. 2.4), ist seine Nutzung in den meisten Fällen ebenfalls kostenlos, da er durch andere Dienstleistungen querfinanziert wird. Einige Angebote sind hingegen kostenpflichtig und finanzieren sich über Nutzungsgebühren. Hier richten sich die Kosten in der Regel nach Umfang und Vielfalt der Gestaltungsmöglichkeiten sowie nach der Dauer der Speicherung. Während die Zielgruppe von Online-Friedhöfen zunächst Angehörige waren, die für ihre Verstorbenen Memorial-Sites einrichten, findet man zunehmend häufiger auch virtuelle Friedhöfe und Gedenkseiten, die sich schon zu Lebzeiten an Menschen richten, damit diese wiederum ihr digitales Vermächtnis, also eigene Erinnerungsseiten für ihre hinterbliebenen Angehörigen anlegen können.[14] An dieser Stelle ist der Übergang zu kommerziell betriebenen Trauer- und Erinnerungsportalen mit dem Angebot der Einrichtung von Gedenkseiten fließend. Solche Erinnerungsportale sind in Struktur und

---

[14]   http://www.stayalive.com/de; zuletzt abgerufen am 01.03.2015, ist, wie schon aus dem Namen hervorgeht, ein kostenpflichtiges Angebot, das alle Lebenden adressiert und deren Preise sich nach Laufzeit, Datenvolumen/Speicher und Anzahl der Menschen richtet, für die Gedenkseiten erstellt werden sollen.

Aufbau zwar nahezu identisch zu virtuellen Friedhöfen, aber losgelöst von der oben dargestellten ikonographischen Symbolik des Friedhofs.[15]

2.4   Trauer- und Erinnerungsportale

Seit einigen Jahren lässt sich die Entstehung und der Zuwachs von Webportalen unterschiedlicher Anbieter rund um das Thema Tod, Trauer und Erinnerung beobachten. Webportale fungieren als Knotenpunkte, indem sie durch entsprechende Suchmasken bzw. Verlinkungsstrukturen auf externe Seiten die Suche nach und die Präsentation von Informationen und Dienstleitungen zu einem Thema koordinieren. Darüber hinaus zeichnen sie sich durch die Integration monologischer und dialogischer Funktionen aus. So stehen bei Trauer- und Erinnerungsportalen redaktionelle Beiträge und Ratschläge, was im Todesfall zu tun ist, neben interaktiven Anwendungen wie dem Erstellen von Gedenkseiten, dem Austausch in Trauerforen oder der Nutzung von Suchmaschinen zu weiteren (z. B. in der Region angesiedelten) Dienstleistern wie Bestattern, Trauerbegleitern, Floristen und Grabpflegern. Technisch sind viele Portale in Bezug auf ihre Angebote mit seiteninternen Suchfunktionen ausgestattet, so dass bspw. personen- und zeitpunktbezogene Suchen nach Todesanzeigen oder Gedenkseiten sowie „Meistbesuchte Trauerfälle" und „Prominente Trauerfälle" ausfindig gemacht werden können.

Welche Angebote es gibt und mit welchen Funktionen sie sich präsentieren, ist von Zielsetzung und ökonomischem Interesse der jeweiligen Produzenten abhängig. Hier können vier unterschiedliche Anbietergruppen identifiziert werden: a. Tageszeitungen, b. Dienstleister rund um Tod, Trauer und Gedenken, c. Seelsorger und Trauerbegleiter, d. private Initiativen.

a. Tageszeitungen. Dass Tageszeitungen mit aufwendigen und ausdifferenzierten Trauerseiten aufwarten, ist vermutlich darauf zurückzuführen, dass die lokale Tageszeitung immer schon das Medium war, das durch Veröffentlichung der Todesanzeige für die Bekanntgabe eines Trauerfalls sorgte.[16] So

---

[15]   Auffällig ist, dass bei einer vergleichenden Google-Suche gegenwärtig mehr Einträge zu *Gedenkseiten* als zu *virtuellen Friedhöfen* bzw. *Online-Friedhöfen* zu finden sind. An dieser Stelle ließe sich darüber spekulieren, inwieweit sich zukünftig eine Trauer- und Erinnerungskultur immer weiter von realen und symbolischen Orten des Friedhofs und der Bestattung lösen wird.

[16]   Mit der Entstehung des Pressewesens und der Alphabetisierung der Bevölkerung etablierte sich die Todesanzeige zunächst in vielfältig aufgemachten Formen, die sich aber bis in die Gegenwart hin zu einer relativ standardisierten Form entwickelte. Die erste Todesanzeige lässt sich 1753 in Ulm nachweisen. Vgl. Grümer, Karl-Wilhelm / Helmrich, Robert, Die Todesanzeige. Viel gelesen, jedoch wenig bekannt. Deskription eines wenig erschlossenen Forschungsmaterials, in: Historical Social Research, 169 (1994), S. 68ff.

gestalten Tageszeitungen[17], und hier insbesondere Regionalzeitungen, alleine oder in regionalen Zusammenschlüssen seit einigen Jahren Trauerportale.[18] Charakteristisch für diese Portale ist, dass sie nicht nur die in der gedruckten Zeitung geschaltete Traueranzeige online veröffentlichen, sondern neben redaktionellen Service- und Beratungsseiten Trauernden und Besuchern das gesamte Spektrum interaktiver Trauer- und Gedenkmöglichkeiten anbieten.

b. *Dienstleister rund um das Thema Tod, Trauer und Gedenken.* Viele auch in der realen Welt im Bestattungswesen tätige professionelle Dienstleister wie der *Bundesverband deutscher Bestatter*, *real existierende Friedhöfe* oder *Trauerredner* bieten ihre Dienste im Rahmen von Trauerportalen an oder sind mit ihrem Unternehmens-Internetauftritt durch die koordinierende Funktion von Trauerportalen auffindbar.[19] Neben den in der Offline-Welt existierenden Dienstleistern findet man zudem Internetdienstleistungen, deren kommerzielle Angebote die Möglichkeiten, aber auch die Probleme der „neuen" Internetkultur adressieren. Einen Service für ein vergleichsweise neues Problem in Verbindung mit der heutigen, vielfältigen virtuellen Präsenz von Menschen im Internet bietet beispielsweise ein Dienstleister zur Löschung digitaler Spuren nach dem Ableben einer Person an.[20] Gemeinsam ist diesen Angeboten ihre Gewinnorientierung. Für manche Dienstleister sind dabei nutzerorientierte interaktive Zusatzfunktionen auf ihren Seiten ein Mittel zur Attraktivitätssteigerung ihres Angebots. Für andere besteht gerade im Verkauf und der Sicherung des digitalen Vermächtnisses der kommerzialisierbare Hauptzweck. Mit den Möglichkeiten der virtuellen Archivierung haben sich mittlerweile auch eine Reihe kostenpflichtiger Trauer- und Erinnerungsportale etabliert, die unter anderem die langfristige Anlage von Erinnerungsseiten von und für Verstorbene anbieten.[21] Diese weisen strukturelle Ähnlichkeiten zu virtuellen Friedhöfen (vgl. 2.3) auf, wenngleich hier aufgrund der Finanzierung ein größeres Spektrum technischer Möglichkeiten bereitgestellt wird. Allerdings zielen manche weniger auf individuelle Trauerarbeit als vielmehr auf die gemeinschaftliche

---

[17]   Z. B. Süddeutsche Zeitung: http://www.sz-trauer.de; zuletzt abgerufen am 01.03.2015, Frankfurter Rundschau: http://www.trauer.fr-online.de; zuletzt abgerufen am 01.03.2015.

[18]   Die BDZV gab in seiner 2. Ausgabe vom 23. März 2011 bekannt, dass die „Cuxhavener Nachrichten", die „Niederelbe-Zeitung" (Otterndorf) und die „Nordsee-Zeitung" (Bremerhaven), die „Kreiszeitung Wesermarsch" (Nordenham) sowie die „Zevener Zeitung" ein gemeinsames Trauerportal gestartet haben.

[19]   Beispiele aktuell zu findender Dienstleister: http://www.bestatter.de; zuletzt abgerufen am 01.03.2015, http://www.puetz-roth.de; zuletzt abgerufen am 01.03.2015, http://ww.trauerredner-hannover.de; zuletzt abgerufen am 01.03.2015 und http://www.lebensabschied.org; zuletzt abgerufen am 01.03.2015.

[20]   Beispiel eines von einer Theologin und einem Informatiker geführten Unternehmens: http://www.semno.de; zuletzt abgerufen am 01.03.2015.

[21]   Beispiele für kommerziell betriebene Trauerportale: http://www.infrieden.de; zuletzt abgerufen am 01.03.2015, http://www.doolia; zuletzt abgerufen am 01.03.2015, http://www.trauer.de; zuletzt abgerufen am 01.03.2015.

Trauerarbeit von Familien, die hier auch ganze Familienstammbäume anlegen können.

c. Seelsorger und Trauerbegleiter. Zu professionellen, aber nicht kommerziell orientierten Dienstleistern können Institutionen der Seelsorge und der Trauerbegleitung gezählt werden. Einrichtungen wie Kirchen, Hospize oder caritative Verbände, die ihren Aktivitätsradius auf ein professionelles Engagement im Internet ausgedehnt haben, bieten dabei je nach Ausrichtung auf ihren Internetseiten zielgruppenspezifische (z. B. für Jugendliche, Eltern, Suizidangehörige) Trauerberatung und Austauschmöglichkeiten an.[22] Charakteristisch ist hier eine enge Verschränkung von On- und Offline-Angeboten. So beherbergen die Seiten neben offenen Foren auch passwortgeschützte Bereiche, die z. B. die Fortführung eines Erfahrungsaustauschs eines zuvor stattgefundenen Trauerbewältigungsseminars ermöglichen. Die BetreuerInnen der Seiten sind üblicherweise mit Namen, Funktion und Kontaktdaten eindeutig identifizier- und via Email oder Telefon individuell ansprechbar. Als professionelle Trauerbegleiter moderieren sie auch den kollektiven Erfahrungsaustausch in Live-Chats.

d. Private Initiativen. Schließlich gehen eine Reihe von Trauerportalen auf Menschen zurück, die diese aufgrund eigener Trauererfahrung und dem damit verbundenen Bedürfnis nach Austausch eigeninitiativ aufgebaut haben. „Hier ist man nicht allein und kann sich ungezwungen austauschen. Wir sind keine Profis, können aber etwas von unseren Erfahrungen weitergeben [...]". Explizit werden auch die „stillen Mitleser" willkommen geheißen[23] und wie bei Foren, die in virtuelle Friedhöfe integriert sind, erfordert die aktive Beteiligung lediglich eine Registrierung mittels einer validen Internetadresse. Der Austausch von Erfahrungen und wechselseitige Unterstützung im Trauerprozess ist ebenfalls Dreh- und Angelpunkt der Webportale von Trauer-Selbsthilfegruppen. Aber wie bei professionellen Trauerbegleitern verschränken sich in vielen Fällen spezifisch virtuelle und nicht-virtuelle Angebote. So geht das Engagement von Selbsthilfegruppen häufig auf real existierende Gruppen zurück, die sich zusätzlich online engagieren und organisieren.[24]

---

[22]   Aktuelle Beispiele sind Seiten der katholischen Kirche: http://www.trauer.org; zuletzt abgerufen am 01.03.2015 (Lebens-, Sterbe- und Trauerbegleitung online und offline) und http://www.trauerherberge.de; zuletzt abgerufen am 01.03.2105 (Trost, Trauerrituale und Trauerbegleitung im Internet); Seite der evangelischen Kirche: http://www.trauernetz.de; zuletzt abgerufen am 01.03.2015, Trauerseite, die sich speziell an Jugendliche und junge Erwachsene richtet: http://www.klartext-trauer.de; zuletzt abgerufen am 01.03.2015. Hierbei handelt es sich um ein Projekt des Kinder- und Jugendhospiz Balthasar des Kinder- und Jugendhospiz Balthasar in Olpe.

[23]   So zwei Zitate der Einstiegsseite von: http://www.meinetrauer.de; zuletzt abgerufen am 01.03.2015.

[24]   Zum Beispiel ist http://www.leben-ohne-dich.de; zuletzt abgerufen am 01.03.2015 eine Seite für Eltern, die ein Kind verloren haben. Hinter den Seiten steht ein 2004

Fasst man die zentralen Ergebnisse der angebotsseitigen Analyse noch einmal zusammen, kann zunächst auf die Vielfalt und Vielzahl der Angebote verwiesen werden, die durch das Internet als Teil der Mediatisierung sichtbar wird. Wenngleich sich die vorgestellten Website-Typen in ihrer technischen Grundstruktur unterscheiden, werden eine Reihe von Funktionen (bzw. aus der Perspektive von Trauernden sind dies potenzielle Handlungsmöglichkeiten) deutlich, die sich in unterschiedlicher Gewichtung bei allen Typen wiederfinden: erstens, Seiten, die der Trauerarbeit bzw. dem individuellen Gedenken und der Erinnerung dienen; zweitens, Seiten, auf denen Trauer und Erinnerung kommunikativ verhandelt wird; drittens, Seiten, die der Präsentation von Information rund um Sterben, Tod und Trauer dienen. Unterschiede zwischen den Seiten gehen dann im weiteren auf die Fragen zurück, ob die Seiten eher der individuellen oder der gemeinschaftlichen Trauer dienen, und ob die Produzenten bestimmter Angebote dabei nicht-kommerzielle oder kommerzielle Interessen verfolgen.

Im Spektrum der Angebote sind zwei voneinander unabhängige Dynamiken auffällig, deren Problematik hier nicht weiter diskutiert werden kann: Zum einen erscheint vielfach der Übergang zwischen Angeboten der Trauerbewältigung und Angeboten der Erinnerung fließend. Welche Folgen eine ins Internet verlagerte und damit auch unbegrenzt verlängerbare Auseinandersetzung mit Tod, Trauer und Erinnerung für ihre Bewältigung in psychologischer Hinsicht hat, kann an dieser Stelle ohne die subjektive Perspektive eines Trauernden nicht beurteilt werden. Zum anderen ist mit der Vielzahl der Angebote bei gleichzeitig ähnlichen technischen Bedienmöglichkeiten zur Kommunikation und Interaktion einhergehend der Übergang von nicht-kommerziellen zu kommerziellen Angeboten nicht mehr bzw. nicht immer transparent. So ist bei manchen Angeboten mit der technischen Infrastruktur eines Trauerforums oder zur Einrichtung von Gedenkseiten das Interesse des Anbieters, seine Dienstleistungen abzusetzen, für die nach Information, Hilfe und Austausch suchenden Trauernden nicht unbedingt erkennbar.

Am Beispiel von kostenlosen Online-Friedhöfen lässt sich nun genauer zeigen, wie sich technische Infrastrukturen und soziale Aneignungsweisen wechselseitig bedingen. Virtuelle Friedhöfe offenbaren nicht nur die mediatisierte Trauer Einzelner, sondern geben Einblick in eine spezifische Form der Trauer- und Erinnerungskultur, an der Viele allein oder im gemeinschaftlichen Austausch teilhaben. So soll im folgenden dargestellt werden, wie und warum virtuelle Friedhöfe von Trauernden genutzt werden.

---

gegründeter eingetragener Verein, der in verschiedenen Städten Deutschlands Ortsgruppen hat.

3. Trauer auf virtuellen Friedhöfen

Ausgehend von der im vorherigen Abschnitt beschriebenen technischen Infrastruktur und dem Erscheinungsbild virtueller Friedhöfe, stellt sich aus einer kommunikations- und medienwissenschaftlichen Perspektive die Frage, wie und warum Menschen virtuelle Friedhöfe nutzen: Was motiviert sie, ihre Trauer online zu kommunizieren und zu gestalten? Zur Beantwortung dieser Fragen fasse ich überblicksweise Befunde aus einer eigenen Studie[25] sowie Erkenntnisse deutsch- und englischsprachiger Studien zu virtuellen Friedhöfen bzw. memorial-sites zusammen.[26]

---

[25]   Vgl. Offerhaus, Anke u. a., Trauerbewältigung online – Praktiken und Motive der Nutzung von Trauerforen, in: SWS-Rundschau 53 (2013), S. 275–297. Hier wurden eine Inhaltsanalyse von Forumsbeiträgen des virtuellen Friedhofs www.strassederbesten.de und qualitative Interviews mit seinen Nutzer/innen durchgeführt.

[26]   *Deutschsprachig*: Geser, Hans, „Yours virtually Forever". Elektronische Grabstätten im Internet, in: Imhof, Kurt / Schulz, Peter (Hg.), Die Veröffentlichung des Privaten – die Privatisierung des Öffentlichen, Opladen 1998, S. 120–135; Geser, Hans, Virtuelle Grabstätten im World Wide Web, in: Glarner, Hans-Ulrich / Lichtensteiger, Sibylle (Hg.), Last minute. Ein Buch zu Sterben und Tod, Baden 1999, S. 228–239; Jakoby, Nina R. / Reiser, Simone, Grief 2.0. Exploring Virtual Cemeteries, in: Benski, Tova / Fisher, Eran (Hg.), Internet and Emotions, New York 2013, S. 103–120; Jakoby, Nina R. / Reiser, Simone, „Ohne dass der Tod uns scheidet." Intimität in virtuellen Friedhöfen, in: Hahn, Kornelia (Hg.), Intimität in Medienkulturen, Wiesbaden 2014, S. 73–91; Jakoby, Nina R., Die Zeit heilt alle Wunden? Erinnern und Vergessen im Kontext soziologischer Trauerforschung, in: Dimbath, Oliver / Heinlein, Michael (Hg.), Die Sozialität des Erinnerns, Wiesbaden 2014, S. 183–197; Nebelsieck, Simone, Virtuelle Friedhöfe, in: Westerbarkey, Joachim (Hg.), EndZeitKommunikation. Diskurse der Temporalität, Berlin 2010, S. 113–120; Reiter, Johannes, Virtuelle und andere Friedhöfe – zur neuen Trauer- und Bestattungskultur, in: Stimmen der Zeit Band 129 (2004), S. 747–759; Rolfes, Helmuth, Ein virtueller Friedhof, in: Communicatio Socialis 31 (1998), S. 271–282; Schmidt, Siegfried J., Virtuelle Friedhöfe: Erst im Internet bist du wirklich lebendig, in: Fahlenbrach, Kathrin u. a. (Hg.), Medienrituale. Rituelle Performanz in Film, Fernsehen und Neuen Medien, Wiesbaden 2008, S. 281–291; Schwibbe, Gudrun / Spieker, Ira, Virtuelle Friedhöfe, in: Zeitschrift für Volkskunde, 95, 2 (1999), S. 220–245; Spieker, Ira / Schwibbe, Gudrun, Nur Vergessene sind wirklich tot. Zur kulturellen Bedeutung virtueller Friedhöfe, in: Fischer, Nobert / Herzog, Markwart (Hg.), Nekropolis. Der Friedhof als Ort der Toten und der Lebenden, Stuttgart 2005, 229–242; *international*: De Vries, Brien / Rutherford, Judy, Memorializing loved ones on the World Wide Web, in: Omega: Journal of Death & Dying, 49, 1 (2004), S. 5–26; Nager, Elizabeth Anne / De Vries, Brien, Memorializing on the World Wide Web: Patterns of grief and attachment in adult daughters of deceased mothers, in: Omega: Journal of Death & Dying, 49, 1 (2004), S. 43–56; Finlay, Christopher J. / Krueger, Guenther, A space for mothers: grief as identity construction on memorial websites created by SIDS parents, in: Omega: Journal of Death & Dying, 63, 1 (2011), S. 21–44; Mitchell, Lisa M. u. a., Death and grief on-line: Virtual memorialization and changing concepts of childhood death and parental bereavement on the Internet, in: Health Sociology Review, 21, 4 (2012), S. 413–431; Refslund Christensen, Dorthe

Methodisch basiert der überwiegende Anteil bisheriger Forschung auf den schriftlichen Repräsentationen der Trauernden im Netz. Es handelt sich dabei um Analysen von Textbeiträgen auf den erstellten und individuell gestalteten Internetseiten, von Kommentaren anderer NutzerInnen bzw. BesucherInnen der Seiten (diese sind durchaus vergleichbar mit Kondolenzbucheinträgen) sowie von Erfahrungs- und Meinungsbeiträgen in Online-Trauerforen, die aufgrund der asynchronen, textbasierten und archivierten Kommunikation der Beteiligten auch retrospektiv einsehbar sind. Empirische Studien, die sich auf Interviews oder Befragungen von Trauernden stützen, sind im deutschsprachigen Raum bislang noch vergleichsweise selten. Im Folgenden werden neben einer Gesamtbetrachtung des virtuellen Friedhofs als Ort der Trauer und des Gedenkens (3.4) eine Reihe von Aspekten angesprochen, die man als zentrale Elemente einer Trauerkultur betrachten kann: Die individuelle Expression der Trauer (3.1), Trauerrituale und Trauerprozess (3.2), Trauergemeinschaft (3.3).

3.1   Die individuelle Expression der Trauer

Trauer hat zwei Seiten, die im englischen Sprachgebrauch durch die Unterscheidung von „grief" und „mourning" deutlich werden. Bei „grief" geht es um das individuelle Erleben von Trauer, um das Gefühl der Trauer und die damit verbundenen innerpsychischen und körperlichen Prozesse in Reaktion auf den Verlust. „Mourning" bezeichnet die öffentliche, die soziale Seite von Trauer, also den nach außen sichtbaren, gesellschaftlich normierten Umgang mit dem Verlust. Charakteristisch für die Trauer und Trauerbewältigung von Menschen im Internet ist nun, dass hier individuell-psychische Bewältigungsstrategien (das sogenannte Coping) und soziale Prozesse der Trauer in enger Wechselbeziehung zueinander stehen. Deutlich wird dies an emotionalen Äußerungen der Trauernden bzw. der Tatsache, dass in vielen Fällen sowohl auf Gedenkseiten als auch in Einträgen im Trauerforum der Verstorbene direkt adressiert wird wie z. B.:

> „Oma, ich danke Dir für alles und wünsche Dir alles alles liebe zu deinem Sterngeburtstag!!! Ich liebe und vermisse Dich unendlich …" (thread 6, 2012-08-14 01:20:50).[27]

/ Sandvik, Kjetil, Sharing Death: Conceptions of Time at a Danish Online Memorial Site, in: Refslund Christensen, Dorthe / Willerslev, Rane (Hg.), Taming Time, Timing Death. Social Technologies and Ritual, Farnham 2013, S. 99–118; Roberts, Pamela, The living and the dead: Community in the virtual cemetery, in: Omega: Journal of Death & Dying, 49, 1 (2004), S. 57–76; *Speziell zu Trauerforen*: Swartwood, Ruth M. u. a., Surviving grief: An analysis of the exchange of hope in online grief communities, in: Omega: Journal of Death & Dying, 63, 2 (2011), S. 161–181.

[27]   Zu weiteren Aspekten der Emotionalität vgl. Jakoby / Reiser, „Ohne dass der Tod uns scheidet", S. 73–91.

Ein weiterer Aspekt der persönlich-emotionalen Verbindung zum Verstorbenen, der sowohl in den Interviews als Vorteil der Nutzung eines virtuellen Friedhofs betont, als auch anhand der medialen Repräsentationen des Totengedenkens sichtbar wird, ist die Vielfalt und Unbeschränktheit der ästhetischen und multimedialen Ausdrucksmöglichkeiten. So berichtet eine Interviewte von ihrer jahreszeitlich abgestimmten Gestaltung des Grabes und ein anderer davon, dass er mit seinen ebenfalls trauernden Freunden in einem passwortgeschützten Bereich private Videos und die Lieblingsmusik des Verstorbenen teilt. Abbildung 3 zeigt Varianten der individuellen Gestaltung von Gräbern, u. a. ein Beispiel für die spezifische Gestaltung eines „Sternenkind"-Grabes, also ein Grab für ein früh verstorbenes Kind.

In den Gesprächen mit den NutzerInnen eines virtuellen Friedhofs fällt auf, dass religiöse oder kirchliche Bezüge für ihre Trauer nahezu keine Rolle spielen. Aus Kommentaren auf Gedenkseiten ebenso wie anhand der Gestaltungselemente lässt sich vielmehr eine individualisierte Form der Spiritualität ablesen. Diese rekurriert zwar auf religiöse Symboliken (z. B. Kerzen, Kreuze, Rosen, Engel, Tauben) und eine religiöse Terminologie (z. B. ‚R.I.P.' als populäre Form von ‚Ruhe in Frieden'), bleibt aber ohne tiefergehende religiöse Bedeutung.[28] Die Expression der Trauer erscheint im virtuellen Raum somit wenig bis gar nicht sozial normiert, ein Merkmal, das Hans Geser als „idiosynkratische" Form der Trauer bezeichnet.[29]

3.2   Trauerrituale und Trauerprozess

Trauerritualen als das (nach der Bestattung) ausführbare Repertoire symbolischer und mitunter regelmäßig ausgeführter Handlungspraktiken von Hinterbliebenen wird die Funktion zugeschrieben, den Verstorbenen zu ehren und den Hinterbliebenen den Abschied zu erleichtern. Auch in der Aneignung des virtuellen Friedhofs und in der Kommunikation der Hinterbliebenen lassen sich individuelle und kollektive Trauerrituale ausmachen. Aus den Trauerforumsbeiträgen geht hervor, dass die Gestaltung des virtuellen Grabs des Verstorbenen und das damit verbundene Ritual, am Grab virtuelle Kerzen aufzustellen, ein zentrales Thema für die Trauernden darstellt. Die Forenbeiträge lassen auf die gängige Praxis schließen, auf dem Friedhof nicht nur regelmäßig Kerzen am Grab des eigenen Angehörigen anzuzünden, sondern auch an den Gräbern anderer Personen. In Beiträgen wird darum gebeten, Kerzen aufzustellen und dafür gedankt, wenn es gemacht wurde; Mitglieder entschuldigen sich, wenn sie dieses Ritual nicht wie gewohnt ausführen konnten, oder kündigen an, wenn sie verhindert sein werden. So wird deutlich, dass das Aufstellen von

---

[28]   vgl. Jakoby / Reiser „Ohne dass der Tod uns scheidet", S. 85.
[29]   Geser, „Yours virtually Forever", S. 134.

Kerzen nicht nur für die Trauernden selbst ein wichtiges Ritual der Erinnerung an den Verstorbenen darstellt, sondern auch ein Zeichen der Aufmerksamkeit, Verbundenheit und des wechselseitigen Trostspendens unter den Nutzerinnen und Nutzern, das offensichtlich einen hohen Grad an Verbindlichkeit genießt.

Auch in den Interviews wird das Aufstellen von Kerzen angesprochen. Hier steht aber zunächst das Bedürfnis im Vordergrund, sich ein persönliches Ritual zu schaffen und sich insbesondere dann regelmäßig an den Verstorbenen zu erinnern und ein Zeichen des Nicht-Vergessens zu setzen, wenn die Trauer der Anderen im Alltagsleben wieder nachlässt. Dabei ist von Bedeutung, dass dieses Ritual (in seinem Umfang und seiner Intensität) für das Umfeld unsichtbar bleibt. Die Trauernden entziehen sich für diese privaten Momente dem alltäglichen Leben und der Erwartung, die Trauer nach einer gewissen Trauerzeit überwunden zu haben. Aus manchen Interviews geht hervor, dass es sich dabei nicht um die einzige ritualhafte Handlung handelt, sondern dass diese durch weitere Rituale in der Offline-Welt ergänzt werden. Anlässe sind hier allerdings vor allem offenkundig legitimierbare Anlässe wie Geburts- und/oder Todestage der verstorbenen Person.

Nach dem psychologischen Konzept der „normalen Trauer" soll am Ende einer von Schmerz und Verzweiflung charakterisierten und durchlebten Trauerphase die Bewältigung des Verlustes stehen.[30] Aktive und erfolgreiche Trauerarbeit bedeutet demzufolge das Loslassen des Verstorbenen und das Verblassen von Erinnerung. Auf virtuellen Friedhöfen zeigen die Nutzungsmotive und die Praktiken der Trauerarbeit jedoch ein anderes Bild. Trauerrituale wie das Aufsuchen und Gestalten der virtuellen Grabstätte sowie der Austausch mit anderen Trauernden im angegliederten Online-Forum ist vor allem für diejenigen von Bedeutung, die sich während ihres zum Teil lang andauernden Trauerprozesses in ihrem sozialen Umfeld von Familie und Freunden mit ihrer Trauer nicht (mehr) anerkannt und aufgehoben fühlen:

> „Ich habe die Erfahrung gemacht, dass dir Fremde immer zuhören. Die Familie hört nur eine Zeit zu und dann will es keiner mehr hören. Leider! Und Freunde sagen ‚Komm, das Leben geht weiter!'. Das ist ein Satz, den können wir Trauernden gar nicht mehr hören" (Daniela, 52).

In diesem Zitat wird nicht nur Normalitätserwartung des unmittelbaren sozialen Umfelds angesprochen, sondern es wird auch die dem entgegen gehaltene Identifikation der Interviewten mit der Gemeinschaft der Trauernden deutlich. In den Forumsbeiträgen spiegelt sich dies in typischen kommunikativen Einstiegssequenzen wieder, in deren Folge sich die ebenfalls trauererfahrenen Forenmitglieder in unterstützender Art und Weise über die Intensität der Trauer und die Möglichkeiten der Trauerbewältigung austauschen. Die Gestaltung der Grabstätten und die Kommentare der Trauernden auf den Gedenkseiten

---

[30] Vgl. Znoj, Hansjörg, Trauer und Trauerbewältigung. Psychologische Konzepte im Wandel, Stuttgart 2012, S. 17f.

zeigen darüber hinaus, dass hier auch langfristige Bindungen von Trauernden zu ihren verstorbenen Angehörigen aufgebaut und gepflegt werden, die nicht mehr schmerzhaft belastet sind. So scheint im Internet der Übergang zwischen Trauer (als negativer Empfindung) und Gedenken (als bewältigter Trauer und nunmehr positiver Erinnerung an den Verstorbenen) fließend bzw. kann sein Ausdruck entsprechend der aktuellen Gefühlslage des Trauernden angepasst werden. Auch anhand der bereits angesprochenen, individuell gestaltbaren multimedialen Formen der Erinnerung werden Phänomene der „continuing bonds"[31] sichtbar, da diese immer wieder verändert und ergänzt werden können. Das eher soziologisch inspirierte Konzept von Trauer und Erinnerung betont die Fortsetzung der Beziehung zum Verstorben und somit die dauerhafte Präsenz der Verstorbenen im Leben der Hinterbliebenen. In Bezug auf Trauerrituale und Trauerprozess im Internet können also Handlungspraktiken und -motive festgestellt werden, die auf unterschiedliche Weise in einem Spannungsverhältnis zu gesellschaftlichen Entwicklungen und Erwartungen stehen: Zum einen schaffen sich Trauernde in einer im Zuge rückläufiger religiöser Bindungen entstandenen Situation relativer Knappheit kollektiv verbindlicher Trauerrituale eigene, individuell bedeutsame Rituale. Zum anderen entziehen sich im Internet Trauernde der gesellschaftlichen Erwartung einer zügigen Überwindung der Trauer, indem sie sich einen zeitlich unbegrenzten Raum der Trauer schaffen und diesen z. T. auch mit anderen Trauernden teilen.

3.3   Die Trauergemeinschaft

Während der Tod eines Menschen als Mitglied einer sozialen Gemeinschaft wie der Familie oder einer Gemeinde früher vor allem eine organisatorische Lücke hinterließ, die es durch Solidarität der Hinterbliebenen als Trauergemeinschaft wieder zu schließen galt, stellt er heute vor allem eine emotionale Herausforderung dar.[32] Demnach stürzt der Verlust eines Angehörigen die Hinterbliebenen aufgrund der verlorenen Liebe und sozialen Bindung in eine seelische Krise, die als außeralltägliche Situation im Idealfall von einem sozialen Netz von Mittrauernden aufgefangen wird. Wo üblicherweise die Familie als sozialer Ort der Trauerarbeit fungiert (und dies z. B. durch die Todesanzeige nach außen kommuniziert wird[33]), erweist sich der virtuelle Friedhof als Raum

---

[31]   Klass, Dennis u. a., Continuing Bonds: new understandings of grief, Bristol 1996.

[32]   Sörries, Reiner, Herzliches Beileid. Eine Kulturgeschichte der Trauer, Darmstadt 2012, S. 17–20.

[33]   Vgl. Gronauer, Claudia, Todesanzeigen in Tübingen 1872–1993. Kommunikative Funktion und religiöse Inhalte, in: Zeitschrift für Religionswissenschaft, 4, 2 (1996), S. 205.

für die Bildung einer Trauergemeinschaft als temporäre Schicksals- bzw. Erfahrungsgemeinschaft[34], die sich auch jenseits der Familie konstituieren kann.

Die Erzählungen der Interviewten beinhalten, wie an obigem Zitat deutlich wurde, viele „Wir"-Formulierungen, lassen also auf den als stark empfundenen gemeinschaftlichen Charakter unter den Forenmitgliedern schließen. Einige berichten zudem, dass sie hier Freundschaften geschlossen haben, die sie in der Folge nicht nur durch privaten E-Mail-Verkehr, sondern mitunter auch durch Telefonate oder private Treffen in der Offline-Welt pflegen. In den Konversationen des Trauerforums wird dies an den Themen ebenso wie an der Art und Weise, wie dessen NutzerInnen miteinander kommunizieren deutlich: Der Einstieg in die Erfahrungsgemeinschaft ist zumeist die Frage nach und der Austausch über die Intensität des subjektiven Trauerempfindens und den Möglichkeiten, diese tiefe Trauer zu bewältigen. Hierzu berichten die Trauernden von ihren Erfahrungen und geben sich wechselseitig Ratschläge. Ein zentrales Thema, das im Internet Trauernde offensichtlich typischerweise teilen, ist das häufig angesprochene Problem, die eigene Trauer, trotz mitunter stabilem und intaktem sozialen Umfeld, aufgrund des intensiven und lang anhaltenden Gefühls der Trauer nicht (mehr) vermitteln zu können, wie folgendes Zitat zeigt:

> „Ich weiß nicht wie es bei dir ist … ich kann zwar mit meine familie über meine tochter sprechen … aber nicht über das was ich fühle mit all meinen schmerz muss ich alleine fertig werden … und das können sie nicht verstehen auch wenn sie sagen das sie es verstehen … sie können es wirklich nicht …" (thread 1, 2012-09-06 22:00:49).

Ein ähnlicher Grund, der sich darüber hinaus auf den Vorteil der Anonymität beim Erfahrungsaustausch bezieht, speist sich aus der Trauer um eine Beziehung, die gesellschaftlich als nicht legitim oder in irgendeiner Weise als problematisch betrachtet wird.[35] So war für einen Interviewpartner die Angst, von seinem sozialen Umfeld belächelt zu werden, der Anlass, den virtuellen Friedhof und das Forum aufzusuchen, um dort den Tod seiner Mutter zu betrauern, zu der er ein sehr enges Verhältnis hatte. Insgesamt ist auffällig, dass die Trauerkommunikation im Forum eine hohe Rückbezüglichkeit der Beiträge aufzeigt und sie in der Regel sehr konsensorientiert und unterstützend ist. Die Beiträge sind, wenn der Erfahrungsaustausch in Gang kommt, recht umfangreich und oft mit „realem" Namen unterschrieben, obwohl die AutorInnen der Beiträge für nicht angemeldete Gäste des Forums anonymisiert sind.

Auf dem virtuellen Friedhof wird der gemeinschaftliche und unterstützende Charakter auch an der bereits genannten symbolischen Geste des wechselseitigen Kerzenanzündens erkennbar. Trostspendende Kommentare, die einander bekannte, aber auch unbekannte Personen auf den Gedenkseiten hin-

---

[34]   Vgl. auch Schmidt, Virtuelle Friedhöfe, S. 289.
[35]   Zur sog. „entrechteten Trauer" vgl. Doka, Kenneth J., Disenfranchised grief: recognizing hidden sorrow, Lanham 1989.

terlassen, zeugen von subjektiv erfahrbarer emotionaler Unterstützung. Die anonyme Anteilnahme und die emotional-empathischen Reaktionen sind für manche auch der Grund, ihre Gräber nicht mit einem Passwort zu versehen, sondern der virtuellen Öffentlichkeit preiszugeben:

> „Ich kann und möchte die seite meines Engel nicht für gäste sperren ... Weil es so viele liebe gäste gibt ... die mein Engel besuchen ... die mir persöhnliche nachrichten schreiben ..." (thread 4, 2012-04-30 22:42:17).

Für die virtuelle Trauerkommunikation und die sich dadurch konstituierende Trauergemeinschaft ist kennzeichnend, dass sich ihre Mitglieder ihr selbstbestimmt zurechnen. Ob Trauernde auf der Basis ihres eigenen sozialen Netzwerkes eine neue Trauergemeinschaft definieren, indem sie die persönlich gestaltete Gedenkstätte selektiv mit anderen, dem Verstorbenen verbundenen Personen teilen, oder sich ausschließlich auf den Beistand durch Fremde stützen, bleibt ihnen selbst überlassen. Wird unterstützende Kommunikation und Erfahrungsaustausch gesucht, ist die Trauergemeinschaft als Schicksalsgemeinschaft jederzeit vorhanden und ihre Mitglieder ständig ansprechbar. Die gemeinhin als aus der Gesellschaft verdrängt empfundene Trauer wird hier zwar öffentlich, zugleich aber auch sehr persönlich kommuniziert.[36]

3.4   Der virtuelle Friedhof als Ort der Trauer

Virtuelle Friedhöfe tragen Prozessen der sozialen, ästhetischen und religiösen Individualisierung von Trauer Rechnung und können somit als individuelle bzw. individualisierte Räume der Trauer und des Gedenkens betrachtet werden. Der mit unterschiedlichen Konnotationen belegte Begriff „Individualisierung" akzentuiert an dieser Stelle keine Vereinzelung, sondern in der Zeitdiagnose Ulrich Becks und Elisabeth Beck-Gernsheims das im Zuge einer Enttraditionalisierung hohe Maß an Selbstbestimmung der Trauernden in allen Dimensionen.[37] Die Möglichkeit der individuellen Online-Trauer ist für Trauernde hinsichtlich ihrer *sozialen Beziehung* zum Verstorbenen insofern von Bedeutung, als hierbei in gewisser Weise das Monopol der Familie oder anderer enger Angehöriger über Praxis und Legitimität von Trauer und Gedenken umgangen wird. In gegenwärtigen Gesellschaften, die von vielfacher räumlicher Mobilität im Lebenslauf und daher lokal multiplen sozialen Netzwerken geprägt sind, kann Trauer entsprechend der subjektiv empfundenen Bindung an die Verstorbenen individuell gestaltet und adressiert werden. Haben die

---

[36]   So auch Swartwood u. a., Surviving grief.
[37]   Beck, Udo / Beck-Gernsheim, Elisabeth, Individualisierung in modernen Gesellschaften: Perspektiven und Kontroversen einer subjektorientierten Soziologie, in: dies. (Hg.), Riskante Freiheiten. Perspektiven und Kontroversen einer subjektorientierten Soziologie, Frankfurt am Main 2002, S. 10–39.

Trauernden eine virtuelle Grab- und Erinnerungsstätte eingerichtet, stellt diese einen wichtigen Gedenkort dar, der auch in *ästhetischer* Hinsicht individuell, selbstbestimmt und mit weit vielfältigeren Elementen und Symbolen gestaltet wird, als dies bisher in der realen Friedhofswelt der Fall ist. Nicht zuletzt aufgrund der multimedialen technischen und gestalterischen Möglichkeiten hat sich das Spektrum an Inszenierungsmöglichkeiten im Internet deutlich erweitert. Eng damit verbunden ist eine Individualisierung in *religiös-spiritueller* Hinsicht, betrachtet man die Gestaltung der Gräber oder das Anzünden von Kerzen, bei dem mehr oder weniger bewusst auf zahlreiche traditionelle und universelle religiöse Symbole und Rituale zurückgegriffen wird und diese patchworkartig miteinander kombiniert werden. Die Trauerarbeit im Internet ist nahezu frei von religiös-kirchlichen Botschaften und weist somit vor dem Hintergrund klassischer Religionsdefinitionen vornehmlich säkulare Züge auf. Aber auch wenn in den Aussagen der Interviewten kaum explizite Bezüge zu traditionellen Religionsgemeinschaften hergestellt werden und ihre z. T. religiöse Herkunft keine Rolle spielt, sind ihr virtuelles Handeln wie auch ihre Erzählungen zu ihrem Trauerprozess von unterschiedlichen religiös-spirituellen Elementen durchsetzt.

Ein zentrales Merkmal des Onlinefriedhofs als virtuellem Gedenkort ist die Unabhängigkeit von Raum und Zeit. Im Zuge zunehmender räumlicher Mobilität bei gleichzeitig ubiquitärer Möglichkeit der elektronischen Vernetzung fallen reale Friedhöfe als Orte der Bestattung und virtuelle Friedhöfe als Orte des Trauerns auseinander. Im Unterschied zum Besuch eines realen Friedhofs können Trauernde nun – einen Internetzugang vorausgesetzt – von überall und, entsprechend ihrem emotionalen Bedürfnis zu jeder Zeit, auf die für den Verstorbenen eingerichtete virtuelle Gedenkseite zugreifen. Die Zeitdimension gewinnt im allgegenwärtigen Internet insofern an Bedeutung, als dass Trauer hier ständig aktualisierbar und in seinem unbegrenzten Archiv zugleich auch konservierbar ist. Trauer kann jederzeit, unbegrenzt oft und auf unbegrenzte Dauer kommuniziert werden. Katrin Gebert bezeichnet diese virtuellen Repräsentationen als Phänomene der Langzeittrauer, für die es bisher offensichtlich keine Ausdrucksmöglichkeit gab.[38] Die soziale Beziehung des Trauernden zum Verstorbenen bezeichnet Rebecca Kern als eine Art digitalen dialogischen Schwebezustand („digital state of limbo").[39] Dies bedeutet auf der einen Seite die digitale Unsterblichkeit des leiblich Verstorbenen[40] und auf der anderen Seite die ständige Aktualisierung, Anpassung und Integration der sozialen Beziehung zum Verstorbenen in das Leben des Hinterbliebenen.[41]

---

[38]   Vgl. Gebert, Carina unvergessen, S. 149, S. 209–223.
[39]   Kern, Rebecca u. a., R.I.P.: Remain in perpetuity. Facebook memorial pages, in: Telematics and Informatics 30 (2013). S. 2.
[40]   vgl. Mitchell u. a., Death and grief on-line; Jakoby / Reiser, „Ohne dass der Tod uns scheidet".
[41]   Vgl. De Vries / Rutherford, Memorializing loved ones on the World Wide Web.

Schließlich bewegt sich Trauer auf dem virtuellen Friedhof und dem daran angeschlossenen Trauerforum in einem Spannungsverhältnis zwischen privater und öffentlicher Kommunikation, zwischen individueller Anonymität und virtueller Gemeinschaft, und somit insgesamt zwischen sichtbarer und unsichtbarer Trauer. Der Zugriff auf Grabstätten wird mitunter bewusst frei zugänglich gehalten, um die Kommunikation mit Fremden zu ermöglichen (vgl. obiges Zitat). Beiträge im öffentlich einsehbaren Trauerforum thematisieren Privates, also persönliche Erfahrungen und Schicksale. Sie sind dann, wenn der Erfahrungsaustausch in Gang kommt, recht lang und oft mit „realem" Namen unterschrieben, obwohl der Autor oder die Autorin des Beitrags für nicht angemeldete Gäste des Forums anonymisiert ist. Zudem unterschreiben viele Forenmitglieder ihre Beiträge nicht nur mit ihrem Namen, sondern mit Zusatz, der/des Verstorbenen wie z. B. „*Pupa mit Estefania im Herzen*". Seine NutzerInnen verschaffen sich, ob bewusst oder unbewusst, Authentizität, indem sie die Anonymität, die eigentlich möglich wäre, in vielen Fällen gar nicht in Anspruch nehmen. Nichtsdestotrotz scheint Anonymität, auch bzw. gerade weil es sich um die Kommunikation persönlicher Gefühle und Erlebnisse handelt, bei gleichzeitig geteiltem Erfahrungshorizont eine wesentliche Grundlage für die gemeinschaftliche Trauerkommunikation darzustellen.

Insgesamt handelt es sich um eine fluide Diskursgemeinschaft, die auf freiwilliger Zurechnung basiert und bislang vergleichsweise wenig sozial normiert und reglementiert erscheint. Inwieweit eine solche Onlinetrauer tatsächlich der Bewältigung von Trauer dient oder ob die dauerhafte Auseinandersetzung mit Verlust den Trauerprozess verlängert, kann auf der Basis bisheriger Forschung nicht abschließend beurteilt werden. Was aber festgehalten werden kann, ist, dass der virtuelle Friedhof als diskursiver Ort von Trauer vor allem für diejenigen von Bedeutung ist, die sich im Zustand der Trauer in ihrem sozialen Umfeld nicht (mehr) aufgehoben oder nicht (mehr) akzeptiert fühlen. Auf diese Weise geht hier sichtbare bzw. sichtbarer werdende virtuelle Trauerarbeit im Internet mit öffentlicher Unsichtbarkeit in der realen Welt einher.

4.   Trauer- und Erinnerungskultur im Wandel

Die kontextualisierte Angebotsanalyse der im Internet existierenden Plattformen zum Thema Tod und Trauer sowie die Untersuchung von Formen und Ausdruck der Trauer am Beispiel virtueller Friedhöfe zeigen eine Reihe von Phänomenen, die als Ausdruck eines weitreichenden Wechselverhältnisses von Medientechnologie, technologisch basierter Medienkommunikation und einer sich im sozialen Wandel befindlichen Trauer- und Erinnerungskultur gewertet werden können.

Auf der Grundlage heutiger *Medientechnologien* unterscheiden sich die verschiedenen Online-Plattformen in ihren inhaltlichen Schwerpunkten und vor allem in den Zielsetzungen der Betreiber. An dieser Stelle werden mit der Medientechnologie verbundene Kommerzialisierungstendenzen erkennbar, insofern zum einen Dienstleister der realen Welt ihre Präsenz und ihr Angebot ins Internet ausdehnen, und zum anderen, indem dort ein neuer Markt an Dienstleistungen in Bezug auf die Organisation von (digitalem) Tod, Online-Trauer und virtueller Erinnerung im Entstehen begriffen ist. Gemeinsam ist den Plattformen die Integration ähnlicher technischer Elemente (z. B. vernetzte Profil- und Gedenkseiten, Kommentarfunktion, Forum etc.), die den NutzerInnen als technische Infrastruktur eine individuelle Aneignung und einen persönlichen Ausdruck von Trauer und der Kommunikation darüber ermöglichen. So eröffnet die digitale Medientechnologie die Integration multimedialer „materialer" Formen des Totengedenkens und der Erinnerung (Website mit Audio, Video, Bild, Text etc.) und kombiniert diese mit verschiedenen Interaktions- und Kommunikationsmöglichkeiten (z. B. Kommentarfunktion, Forum, Verlinkungsstrukturen etc.), die von Trauernden auf unterschiedliche Weise genutzt werden können. Auch wenn virtuelle Friedhöfe in Gestalt von Landschaften, Eingangspforten, Skulpturen, Gräbern mit Blumen und Kerzen etc. optisch auf reale Friedhöfe referieren, besteht der entscheidende Unterschied darin, dass es sich hierbei um eine entkörperlichte und entörtlichte Form des Gedenkens handelt. Nach Siegfried J. Schmidt sind virtuelle Friedhöfe „mediale Repräsentationen", also „keine Grabstätten, sondern Medienangebote, die auf Tote referieren".[42] Als solche sind sie aus der Perspektive der Hinterbliebenen dauerhaft veränderbar; es ist für die NutzerInnen also möglich, sie immer wieder an ihre aktuelle persönliche Gefühlslage anzupassen. Nach Ira Spieker und Gudrun Schwibbe ist der virtuelle Friedhof somit „kein Ort der (Toten-)Ruhe, des Abschieds und der Vergangenheit, sondern Ort der Gegenwart und der Möglichkeit ständiger Begegnung. Die im Memorial verewigten Toten sind in diesem Sinne nicht tot, sondern – in einer Art Zwischenexistenz – zu virtuell Lebenden mutiert; der Tod erscheint als Übergangsstadium."[43]

Die Gegenwärtigkeit der Trauer manifestiert sich auch in der *technologisch basierten Medienkommunikation* der Trauernden. Die Äußerungen der Trauernden basieren auf dem Wunsch nach Aufmerksamkeit für und Resonanz auf ihre Trauer (insbesondere, wenn das soziale Umfeld bereits die Überwindung des Verlusts erwartet) sowie auf dem persönlichen Austausch mit Gleichgesinnten. Während die Trauerkultur früher überwiegend in der lokalen Gemeinschaft und Kirche verankert und von religiösen Ritualen geprägt war, finden sich aufgrund seiner translokalen Vernetzung im World Wide Web Anlaufpunkte für jedes hochspezifische Bedürfnis, das sich nach dem Ver-

---

42   Schmidt, Virtuelle Friedhöfe, S. 285.
43   Spieker / Schwibbe, Nur Vergessene sind wirklich tot, S. 241.

storbenen (Kind, Prominente/r, Tier etc.), nach seiner Todesursache (Krankheit, Suizid, Kriegsgefallene etc.) oder nach kultureller Zugehörigkeit (Ethnie, Religion, Lebensstil etc.) gruppieren. Unabhängig davon ist das Internet aufgrund seiner Struktur prädestiniert, neuen und nicht sozial oder religiös normierten Ausdrucksmöglichkeiten von Trauer und Erinnerung Raum zu geben. Wo im öffentlichen Raum bislang eher *mourning*, also hochgradig sozial und religiös normierte Ausdrucksformen sichtbar sind und waren, tritt im Internet vor allem das innerliche *grieving* als persönlich-intime Gefühlsäußerungen in den Vordergrund, die bisher auf den privaten Raum beschränkt waren.

Vor dem Hintergrund der eingangs beschriebenen Verdrängung von Tod und Trauer aus dem öffentlichen Leben, interpretierte Hans Geser die Motivation von Trauernden, virtuelle Friedhöfe zu nutzen, als Nachholbedarf einer kulturellen Modernisierung. In einer Gesellschaft, in der aufgrund von Säkularisierung traditionell-religiösen Umgangsformen mit dem Tod marginal geworden sind und als archaische kulturelle Muster erscheinen, ist das Internet aufgrund seines niederschwelligen Zugangs zu öffentlicher Kommunikation und seinen hohen Freiheitsgraden hinsichtlich der formalen und inhaltlichen Gestaltung die Grundlage für neue und bislang vergleichsweise wenig sozial normierte Ausdrucksmöglichkeiten. Hinzuzufügen ist, dass in einer Gesellschaft, in der Online-Medienkommunikation im Alltag mittlerweile omnipräsent ist, Trauer- und Erinnerungsarbeit zwangsläufig und mit vermutlich zunehmend größerer Selbstverständlichkeit *auch* im Internet stattfinden wird. So scheint es nicht sinnvoll, „virtuelle" und „reale" Trauerarbeit als gegensätzlich zu betrachten bzw. die Verschiebung oder gar den Ersatz von realer Trauerarbeit durch virtuelle Trauerarbeit zu fürchten. Vielmehr besteht der *Wandel von Trauer- und Erinnerungskultur* in einer breiteren Sichtbarkeit individualisierter und säkular-alternativer Angebote sowie einem darauf bezogenen erweiterten Handlungs- und Kommunikationsspektrums.

Literatur

De Vries, Brien / Rutherford, Judy, Memorializing loved ones on the World Wide Web, in: Omega: Journal of Death & Dying, 49, 1 (2004), S. 5–26.

Doka, Kenneth J., Disenfranchised grief: recognizing hidden sorrow. Lanham 1989.

Finlay, Christopher J. / Krueger, Guenther, A space for mothers: grief as identity construction on memorial websites created by SIDS parents, in: Omega: Journal of Death & Dying, 63, 1 (2011), S. 21–44.

Gebert, Katrin, Carina unvergessen. Erinnerungskultur im Internetzeitalter, Marburg 2009.

Geser, Hans, „Yours virtually Forever". Elektronische Grabstätten im Internet, in: Imhof, Kurt / Schulz, Peter (Hg.), Die Veröffentlichung des Privaten - die Privatisierung des Öffentlichen, Opladen 1998, S. 120–135.

Geser, Hans, Virtuelle Grabstätten im World Wide Web, in: Glarner, Hans-Ulrich / Lichtensteiger, Sibylle (Hg.), Last minute. Ein Buch zu Sterben und Tod, Baden 1999, S. 228–239.

Gronauer, Claudia, Todesanzeigen in Tübingen 1872–1993. Kommunikative Funktion und religiöse Inhalte, in: Zeitschrift für Religionswissenschaft, 4, 2 (1996), S. 179–207.

Grümer, Karl-Wilhelm / Helmrich, Robert, Die Todesanzeige. Viel gelesen, jedoch wenig bekannt. Deskription eines wenig erschlossenen Forschungsmaterials. Historical Social Research, 19, 169 (1994), S. 60–108.

Hartmann, Maren / Hepp, Andreas (Hg.), Die Mediatisierung der Alltagswelt, Wiesbaden 2010.

Hepp, Andreas, Medienkultur. Die Kultur mediatisierter Welten, Wiesbaden 2013.

Hjarvard, Stig, The Mediatization of Culture and Society, Florence 2013.

Höflich, Joachim R., Zwischen massenmedialer und technisch vermittelter interpersonaler Kommunikation – der Computer als Hybridmedium und was die Menschen damit machen, in: Beck, Klaus / Vowe, Gerhard (Hg.), Computernetze – ein Medium öffentlicher Kommunikation?, Berlin 1997, S. 84–104.

Jakoby, Nina R., Die Zeit heilt alle Wunden? Erinnern und Vergessen im Kontext soziologischer Trauerforschung, in: Dimbath, Oliver / Heinlein, Michael (Hg.): Die Sozialität des Erinnerns, Wiesbaden 2014, S. 183–197.

Jakoby, Nina R. / Reiser, Simone, „Ohne dass der Tod uns scheidet." Intimität in virtuellen Friedhöfen, in: Hahn, Kornelia (Hg.): Intimität in Medienkulturen, Wiesbaden 2014, S. 73–91.

Jakoby, Nina R. / Reiser, Simone, Grief 2.0. Exploring Virtual Cemeteries, in: Benski, Tova / Fisher, Eran (Hg.), Internet and Emotions, New York 2013, S. 103–120.

Kern, Rebecca / Forman, Abbe E. / Gil-Egui, Gisela, R.I.P.: Remain in perpetuity. Facebook memorial pages, in: Telematics and Informatics 30 (2013), S. 2–10.

Klass, Dennis / Silverman, Phyllis R. / Nickman, Steven (Hg.), Continuing Bonds. New Understandings of Grief, Washington DC 1996.

Krotz, Friedrich, Kultureller Wandel und gesellschaftlicher Wandel im Kontext des Wandels von Medien und Kommunikation, in: Thomas, Tanja (Hg.), Medienkultur und soziales Handeln, Wiesbaden 2008, S. 43–62.

Krotz, Friedrich, Mediatisierung. Fallstudien zum Wandel von Kommunikation, Wiesbaden 2007.

Lundby, Knut (Hg.), Mediatization: concept, changes, consequences, New York, 2009.

Mitchell, Lisa M. / Stephenson, Peter H./ Cadell, Susan / Macdonald, Mary Ellen, Death and grief on-line: Virtual memorialization and changing concepts of childhood death and parental bereavement on the Internet, in: Health Sociology Review, 21, 4 (2012), S. 413–431.

Nager, Elizabeth Anne / De Vries, Brien, Memorializing on the World Wide Web: Patterns of grief and attachment in adult daughters of deceased mothers, in: Omega: Journal of Death & Dying, 49, 1 (2004), S. 43–56.

Nebelsieck, Simone, Virtuelle Friedhöfe, in: Westerbarkey, Joachim (Hg.): EndZeitKommunikation. Diskurse der Temporalität, Berlin 2010, S. 113–120.

Offerhaus, Anke / Keithan, Kerstin / , Kimmer, Alina, Trauerbewältigung online – Praktiken und Motive der Nutzung von Trauerforen, in: SWS-Rundschau 53 (2013), S. 275–297.

Refslund Christensen, Dorthe / Sandvik, Kjetil, Sharing Death, Conceptions of Time at a Danish Online Memorial Site, in: Refslund Christensen, Dorthe / Willerslev, Rane (Hg.), Taming Time, Timing Death. Social Technologies and Ritual, Farnham 2013, S. 99–118.

Reiter, Johannes, Virtuelle und andere Friedhöfe – zur neuen Trauer- und Bestattungskultur, in: Stimmen der Zeit Band 129 (2004), S. 747–759.

Roberts, Pamela, The living and the dead: Community in the virtual cemetery, in: Omega: Journal of Death & Dying, 49, 1 (2004), S. 57–76.

Rolfes, Helmuth, Ein virtueller Friedhof, in: Communicatio Socialis, 31 (1998), S. 271–282.

Schäfer, Julia, Tod und Trauerrituale in der modernen Gesellschaft: Perspektiven einer alternativen Trauer- und Bestattungskultur, Stuttgart 2011.

Schmidt, Siegfried J., Virtuelle Friedhöfe: Erst im Internet bist du wirklich lebendig, in: Fahlenbrach, Kathrin / Brück, Ingrid / Bartsch, Anne (Hg.), Medienrituale. Rituelle Performanz in Film, Fernsehen und Neuen Medien, Wiesbaden 2008, S. 281–291.

Schwibbe, Gudrun / Spieker, Ira, Virtuelle Friedhöfe, in: Zeitschrift für Volkskunde, 95, 2 (1999), S. 220–245.

Sörries, Reiner, Herzliches Beileid. Eine Kulturgeschichte der Trauer, Darmstadt 2012, S. 17–20.

Spieker, Ira / Schwibbe, Gudrun, Nur Vergessene sind wirklich tot. Zur kulturellen Bedeutung virtueller Friedhöfe, in: Fischer, Nobert / Herzog, Markwart (Hg.), Nekropolis. Der Friedhof als Ort der Toten und der Lebenden, Stuttgart 2005, S. 229–242.

Swartwood, Ruth M. / McCarthy Veach, Patricia / Kuhne, Jessica / Kyung Lee, Hyun / Ji, Kangting, Surviving grief: An analysis of the exchange of hope in online grief communities, in: Omega: Journal of Death & Dying, 63, 2 (2011), 161–181.

Thimm, Caja, Mediale Ubiquität und soziale Kommunikation, in: Thiedeke, Udo (Hg.), Soziologie des Cyberspace, Wiesbaden 2004, S. 51–69.

Internet

http://www.begraebnis.at.
http://www.bestatter.de.
http://gedankenfluestern.blog.
http://www.doolia.
http://www.infrieden.de.
http://www.internet-friedhof.de.
http://www.klartext-trauer.de.
http://www.lebensabschied.org.
http://www.leben-ohne-dich.de.
http://www.meinetrauer.de.
http://www.puetz-roth.de.
http://www.semno.de.
http://www.simeon-stojanov.de.
http://www.stayalive.com/de.
http://www.strassederbesten.de.
http://www.swisscemetery.com.
http://www.sz-trauer.de.
http://www.trauer.de.
http://www.trauer.fr-online.de.
http://www.trauerherberge.de.
http://www.trauernetz.de.
http://www.trauer.org.
http://ww.trauerredner-hannover.de.
http://www.trauer-um-florian.de.
http://www.virtueller-friedhof.at.

Abbildungen

Abb. 1: Trauerseiten im Internet; © Anke Offerhaus (eigene Darstellung).
Abb. 2: Friedhofslandschaften: Einstieg in den christlichen Friedhof (oben)
  und in den Landfriedhof (unten); Quelle: http://www.strassederbesten.de,
  zuletzt abgerufen am 01.03.2015.
Abb.3: Virtuelle Gräber: Gedenkseite der Prominenten Dirk Bach (oben links)
  und Amy Winehouse (unten links) sowie eines Kindes (oben rechts) und
  einer Frau (unten rechts) Quelle: http://www.strassederbesten.de; zuletzt
  abgerufen am 01.03.2015.

Trauerarbeit online – Facebook als Generator für Erinnerungen

Swantje Luthe

1.   Zur Einführung

Facebook ist das größte soziale Online-Netzwerk weltweit. Seit seiner Gründung im Jahr 2004 verzeichnet das Netzwerk stetig wachsende Nutzerzahlen. Im Januar 2015 nutzten laut eigenen Angaben von Facebook weltweit 1,39 Milliarden Menschen das Netzwerk aktiv.[1] In Deutschland gibt es im Mai 2014 ca. 28 Millionen aktive Nutzerinnen und Nutzer.[2] Vor allem Menschen der Altersgruppe der 25- bis 34-Jährigen[3] sind mit den Interaktionsformen vertraut und haben online ein eigenes Profil angelegt. Die Nutzung von Facebook ist heute fest in die Alltagspraktiken junger Menschen eingebettet und auch unter älteren Nutzerinnen und Nutzern gibt es verstärkte Bereitschaft, sich in das Netzwerk einzutragen und die Kommunikationsformen als alltägliche zu integrieren. Privatpersonen dient Facebook in erster Linie zur Vernetzung mit Freunden und weiteren Bekannten sowie flüchtigen Bekanntschaften, zur Organisation sozialer Beziehungen und zur Selbstdarstellung: *Facebook ermöglicht es dir, mit den Menschen in deinem Leben in Verbindung zu treten und Inhalte mit diesen zu teilen*[4].

Facebook ist das umfangreichste soziale Netzwerk weltweit, mit dem einzig Google+ verglichen werden kann. Das Besondere an Facebook ist der Umfang der grundlegenden Funktionen. Andere soziale Netzwerke, wie z. B. Twitter oder WhatsApp, begrenzen die Nutzungsmöglichkeiten auf je eine Grundfunktion (Tweet – Retweet oder Privat- bzw. Gruppenchat). Facebook dagegen versucht, die ganze Bandbreite menschlicher Kommunikations- und Interaktionsgeschehen abzubilden: Die User beginnen mit einem Lebenslauf und biografischen Angaben, werden aufgefordert, Verwandtschaftsverhältnisse anzugeben und Freundschaftsgruppen abzubilden. Das eigene Profil wird

---

[1]   http://allfacebook.de/zahlen_fakten/facebook-nutzerzahlen-2015; zuletzt abgerufen am 24.08.2015.

[2]   http://de.statista.com/statistik/daten/studie/70189/umfrage/nutzer-von-facebook-in-deutschland-seit-2009/; zuletzt abgerufen am 24.08.2015.

[3]   http://de.statista.com/statistik/daten/studie/70217/umfrage/altersverteilung-der-facebook-nutzer/; zuletzt abgerufen am 24.08.2015.

[4]   Hier und folgende Kursivierungen siehe unter www.facebook.com; zuletzt abgerufen am 24.08.2015.

(kreativ) ausgestaltet. Es werden Fotos, Videos und Nachrichten verschickt, Trends entwickelt, Beziehungen angebahnt und beendet, Freundschaften geknüpft; es wird diskutiert, beleidigt, gelobt, gefeiert und getrauert. Es werden Umfragen gestartet, Spiele im Netzwerk gespielt und es gibt Gemeinschaftsseiten, die in ihrer Rezeptionslogik Foren ähneln. Facebook ist, anders als es der Name nahelegen mag, kein statisches „Freundebuch", in das sich Menschen einmalig eintragen. Facebook bildet die stetigen Aushandlungsprozesse sozialer Beziehungen ab und entwickelt sich stetig weiter. Entgegen der oft ins Feld geführten Tendenz zu narzisstischen Selbstdarstellungspraktiken ist hervorzuheben, dass immer ein Netzwerk von Freunden und Bekannten das Profil mitgestaltet, mitbearbeitet und eben auch darüber entscheidet, welche Erlebnisse der Freundschaftsbeziehung dokumentiert werden. So wird abgebildet, dass nie ein Mensch allein über seine repräsentativen biografischen Dokumentationen entscheidet.

2.   Mediatisierte Freundschaftsbeziehungen. Facebook-Profile als bild-biografische Archive

Nach dem Einloggen in das soziale Netzwerk gelangen die Nutzerinnen und Nutzer nicht zuerst auf ihre je eigene Profilseite, sondern auf die sogenannte Timeline. Auf der Landing-Page werden geteilte Inhalte von mit dem Nutzer oder von mit der Nutzerin vernetzten Kontakten chronologisch geordnet angezeigt. Kommunizierte Ereignisse und Postings abonnierter Seiten oder Gruppen, wie z. B. einer online-Tageszeitung, einer Band oder einer Organisation u. v. m., werden hier ebenfalls für die User sichtbar. Die sogenannte Chronik ist Teil der Profilseite der User. Analog zur Funktionsweise der Timeline werden in der sogenannten Chronik alle freigegebenen Inhalte des Nutzers oder der Nutzerin in zeitlich sortierter Abfolge gesammelt und veröffentlicht. Außerdem werden Beiträge oder geteilte Inhalte angezeigt, die den Profilinhaber oder die Profilinhaberin betreffen, wie etwa Beiträge, in denen ein Link zur Person gesetzt wurde.

Die Profilseiten sind in der Struktur jeweils gleich aufgebaut. Jede Nutzerin und jeder Nutzer hat eine eigene Profilseite, auf der sie oder er Angaben zur eigenen Person, zum Beruf, zum Arbeitsfeld, zu Hobbies und Interessen wie Film- und Musikgeschmack etc. machen kann. Regelmäßig wird aufgefordert, die eigene Profilseite zu aktualisieren: *Aktualisiere dein Profil. Es ist schon eine Weile her, seit du einige Bereiche deines Profils aktualisiert hast. Nimm dir einen Moment Zeit, um dich zu vergewissern, dass deine Informationen immer noch aktuell sind.* Jede Profilseite beinhaltet ein Foto des Seiteninhabers oder der Seiteninhaberin, das in ein Bild am oberen Rand der Homepage eingebettet ist: *Dein Titelbild ist ein bedeutender Teil deines Profils – hebe damit dein neues Lieblingsfoto hervor oder zeige anderen, was dir wichtig ist. Dein Titelbild ist immer öffentlich, damit dich andere ein bisschen besser kennenlernen.* Weitere Informationen der User betreffen Angaben zum Lebenslauf, wie zum Beispiel zum Geburtsort und zur Heimatstadt bzw. ehemaligen Wohnorten, zum schulischen und beruflichen Werdegang, zum Arbeitsplatz, zu Beziehungsstatus und zum familialen Netzwerk sowie zu Lebensereignissen – hier umfassen die Eingabevorschläge von Facebook Ereignisse vom Entfernen der Zahnspange, über eine Hochzeit, einen Hauskauf, eine neue Tätowierung oder ein neues Piercing bis hin zum Eintritt in den Ruhestand, zu neuen Essgewohnheiten oder zum Verlust eines geliebten Menschen.

Auf den beiden Oberflächen der wesentlichen Facebook-Rubriken, der Timeline und der Chronik, werden Facebooknutzerinnen und -nutzer über ein Eingabefeld angeregt, Gedanken und Gefühle oder Befindlichkeiten zu kommunizieren: *Was machst Du gerade?*, fragt Facebook und macht Vorschläge für mögliche Eingabeantworten. Sortiert in verschiedenen Kategorien kann der Profilinhaber oder die Profilinhaberin zwischen *Fühlen, Anschauen, Lesen, Anhören, Trinken, Essen, Spielen, Reisen, Auf der Suche nach* und *Feiern* auswählen. In der Gefühlskategorie schlägt Facebook vor, aus zahlreichen Empfindungen eine für das Posting passende herauszusuchen: ... *fühlt sich fantastisch, fabelhaft, freudig, glücklich, belustigt, amüsiert, entspannt, verliebt, voll motiviert, genervt, verletzt, verängstigt, selbstbewusst, schön usw. usf.*

Je nach Privatsphäreeinstellungen kann der Kommentar, das Foto oder Ereignis öffentlich, nur unter Freunden, nur geteilt mit ausgewählten Freundeskontakten oder privat freigegeben werden. Jede Nutzerin und jeder Nutzer entscheidet mehr oder weniger bewusst, was und wie etwas in der eigenen Chronik und eben auch in der Timeline der befreundeten Kontakte erscheint.[5] Christina Ernst hat die Selbstdarstellungspraktiken innerhalb des Netzwerks untersucht und macht in ihrer ausführlichen Studie unter anderem auf die Wirksamkeit von Facebook als Biografiegenerator aufmerksam. Hier „strukturieren sich Interaktionen und Prozesse der Selbstthematisierung als Visualisierung sozialer Beziehungen, Fähigkeiten, Charaktermerkmalen und Umgebungen des Profilinhabers. Dabei mischen sich individuell angefertigte Bild- und Textbeiträge mit massenmedialen Inhalten sowie mit Visualisierungen, die aufgrund der Programmarchitektur von Facebook zustande kommen. In Bezug auf die Thematisierung biografischer Zusammenhänge fällt auf, dass die SNS [Social Network Site, Anm. der Verfasserin] eine dokumentarische Funktion übernimmt."[6]

---

[5] Die Thematiken, die den Datenschutz oder Fragestellungen des Online-Rechts betreffen, bleiben für diesen Aufsatz unberücksichtigt.

[6] Ernst, Christina, Mein Gesicht zeig ich nicht auf Facebook. Social Media als Herausforderung theologischer Anthropologie (Edition Ethik, Band 15 herausgegeben von Reiner Anselm und Ulrich H. J. Körtner), Göttingen 2015, S. 287.

Das soziale Netzwerk stehe dem jeweiligen Nutzer oder der Nutzerin aufgrund der chronologischen Darstellu}ng der geteilten Aktivitäten und Ereignisse als eine Art Archiv zur Verfügung. Christina Ernst beobachtet, dass diese dokumentarische Funktion „die Konvergenz pluraler Interaktionsbeteiligungen"[7] fördert. Auf Profilseiten bildet sich ein „spannungsvolles Nebeneinander verschiedener Selbstdarstellungen und ambivalenter Handlungsorientierungen"[8] ab. Zu beobachten ist, dass bildbasierte Kommunikationsformen innerhalb dieser mediatisierten Kommunikationen genauso wie in zahlreichen anderen medialen Zusammenhängen an Bedeutung gewinnen. Dokumentiert und (mit-)geteilt wird mit steigender Tendenz bildhaft; beschriebene Erlebnisse sowie Situationen und Gefühle werden häufig mit einer Fotografie oder einem Bild versehen, die das Versprachlichte visuell darstellen.

Im Zusammenhang zunehmender bildbasierter Kommunikation beschreibt Ulla Autenrieth eine „Theatralisierung der Freundschaft in Online-Umgebungen"[9]. Den Begriff der Theatralisierung übernimmt sie von Herbert Willems. Theatralität unter den Bedingungen von Mediatisierungsprozessen in unserer Gesellschaft sei anders als noch bei Fischer-Lichte und Goffman nicht mehr an die Voraussetzung körperlicher Kopräsenz gebunden. „Dem Körper und seiner kommunikativ-expressiven Medialität wird im Zuge der Mediatisierung ein neuer (Groß-)Raum jenseits der Interaktion und der ihn bestimmenden Interaktionsordnung gegeben."[10] Nicht nur Soziale Netzwerke wie Facebook erscheinen als die neuen Bühnen, die „Freundeslisten" als Publikum, die Profilinhaberinnen und Profilinhaber als Konstrukteure ihrer Bühnenpräsenz, um ein möglichst positives Image herbeizuführen. Innerhalb seines Konzeptes der Medientheatralität modifiziert Willems die Perspektiven von Fischer-Lichte und Goffman. Während Fischer-Lichte körperliche Kopräsenz als Bedingung annimmt, macht er körperliche Repräsentanz zur Voraussetzung des Bühnengeschehens. „Der Körper [wird] im Rahmen und mit den Möglichkeiten medialer Theatralität in immer komplexerer Weise sozusagen denaturiert und virtualisiert. Theatralisierung liegt hier auch in der technischen Steigerung und gesteigerten Nutzung der Möglichkeiten bildlicher Fiktionalitäten, die natürlich in Verbindungen mit Sprache eingehen kann und regelmäßig eingeht."[11]

---

[7]   Ernst, Mein Gesicht, S. 289.
[8]   Ebd.
[9]   Vgl. Autenrieth, Ulla, Die Theatralisierung der Freundschaft. Zum Einfluss von Bildern und bildbasierter Kommunikation auf Social Network Sites auf die Freundschaftsbeziehungen von Jugendlichen und jungen Erwachsenen, in: Lobinger, Katharina / Geise, Stephanie (Hg.), Visualisierung – Mediatisierung. Bildliche Kommunikation und bildliches Handeln in mediatisierten Gesellschaften, Köln 2015, S. 108–124, hier: S. 108.
[10]   Willems, Herbert, Zur Einführung: Theatralität als Ansatz, (Ent-)Theatralisierung als These, in: ders. (Hg.), Theatralisierung der Gesellschaft, Bd. 1, Soziologische Theorie und Zeitdiagnose, Wiesbaden 2009, S. 13–55, hier S. 48.
[11]   Willems, Einführung: Theatralität, S. 48.

Durch die Entwicklung und Integration leistungsstarker digitaler Kameras in mobile Geräte ist eine zunehmende Präsenz und Relevanz visueller Kommunikationen auf den medialen Bühnen zu beobachten. Fotografien gemeinsamer Erlebnisse oder allein Erlebtes, das (mit-)geteilt werden will, sind für soziale Interaktionen von großer und wohl sich steigernder Relevanz: „Mediatisierung ist Theatralisierung wesentlich im Sinne von *Visualisierung*"[12], so Willems. Autenrieth beobachtet für das heute nicht mehr existierende Netzwerk SchülerVZ im Anschluss an das Willemsche Konzept von Medientheatralität die „Theatralisierung der Freundschaft" und meint damit, „dass freundschaftliche Beziehungen unter Jugendlichen inzwischen in großem Maß visuell, d. h. bildzentriert, über (Online-)Medien, vor einem ungewissen Publikum unter Berücksichtigung der Rahmenbedingungen des medialen Bühnensettings performativ inszeniert werden (müssen) und sich hierbei ritualisierte sowie strategische (d. h. theatrale Handlungsweisen etabliert haben."[13] Diese Beschreibung ist aufgrund der ähnlichen Funktions- und Rezeptionslogik auf mediatisierte Freundschaftsbeziehungen übertragbar, wie sie auf und durch das Soziale Netzwerk Facebook initiiert und gepflegt werden. Das Phänomen der Theatralisierung zeigt sich vor allem in der bildbasierten Darstellung von Beziehungsverhältnissen und deren Inszenierung auf den medialen Bühnen der vernetzten Timelines, um möglichst positive Anschlusskommunikationen sowie soziale Anerkennung zu generieren. Die Kommunikationsstrategien sind darum auf Reziprozität ausgerichtet. Geteilte Fotografien sowie Verlinkungen in Postings provozieren Antworten, mindestens Likes. Nur wenn jemand selbst aktiv an den sozialen Interaktionen teilnimmt, wird er oder sie regelmäßig in den Timelines der befreundeten Facebook-Kontakte sichtbar. Facebook forciert also die Reziprozität der Kommunikationszusammenhänge – z. B. auch durch Hinweise auf besondere Ereignisse, die ansonsten längst von aktuelleren Postings überlagert wären, wie z. B.: *Vor einem Jahr warst Du zusammen mit XY auf einem Konzert*; das Erlebnis mit dem damals geteilten Foto wird erneut in der Timeline und im Profil der User abgebildet.

In dieser Perspektive erscheinen die Chroniken der Facebook-Profile als bild-biografische Archive, die Lebensereignisse von der Geburt bis zum Tod speichern und für ausgewählte, vernetzte Facebook-Kontakte zugänglich machen. Welche Lebensereignisse, Erlebnisse oder Einstellungen erinnernswert sind, bestimmen nicht allein die Nutzerinnen und Nutzer, sondern auch die Menschen, mit denen sie auf Facebook vernetzt sind. Vernetzten Kontakten ist es unter Umständen gestattet, befreundete Kontakte in ihren Beiträgen zu verlinken und auf Fotos zu markieren. Das Verlinken von Ereignissen bzw. Statusmeldungen mit weiteren Facebook-Profilen wird von Facebook insofern gefördert, als dass beim Erstellen jedes Eintrags stets die Möglichkeit

---

12   Willems, Zur Einführung: Theatralität, S. 48.
13   Autenrieth, Die Theatralisierung der Freundschaft, S. 112f.

gegeben ist, Fotos und Personen zum Beitrag hinzuzufügen. Somit räumen Facebooknutzerinnen und -nutzer ihren befreundeten Kontakten das Recht ein, mitzuentscheiden, welche Ereignisse als erinnernswert im online-Archiv gespeichert werden.

Thorsten Benkel weist im Zusammenhang des (digitalen) Totengedenkens auf die Bedeutung von Bildern für Erinnerungsleistungen hin und deutet dabei an, dass digitale Kommunikationsformen federführend sind, die eigene „optische Performance durch bildhafte Selbstdarstellungen"[14] nicht nur zu erinnern, sondern auch zu verwalten. Strategien, die eigene erinnernswerte Biografie bildbasiert zu inszenieren, seien jedoch durch die Beschränktheit des Bildmediums begrenzt: „Nicht alles ist/wird sichtbar, während das Gedächtnis auch Nicht-Abbildbares speichert."[15] Benkel beschreibt, wie Fotografie und Videografie zur Festschreibung vergangener Erlebnisse dienen und sie dadurch „besprechbar" und „sozial vermittelbar" machen. „Wenngleich in einer notwendig fragmentarischen Form, die den Kontext häufig ausblendet, geben Bilder Hinweise darauf, wie gelebte Vergangenheit kommuniziert, mitunter sogar rekonstruiert werden kann."[16] Bilder vermögen erzählte, individuelle Erinnerungen anzuleiten und zu aktivieren, indem sie auf in der Vergangenheit liegende Erlebnisse verweisen. Sowohl versprachlichte als auch bildhafte Fixierungen von Erlebnissen, Emotionen und Situationen werden auf Facebook dokumentiert, weswegen Facebook-Profile als Erinnerungsgenerator fungieren können.

3. Die soziale Dimension im Umgang mit Trauer nach einem Todesfall innerhalb des Netzwerks Facebook

Es ist deutlich geworden, wie Menschen im Sozialen Netzwerk Facebook eingeschrieben und verwoben sind. Darüber hinaus ist es offensichtlich, dass sich Profilinhaberinnen und Profilinhaber in reziproke Kommunikationsprozesse begeben müssen, sich mit anderen inszenieren oder in Beziehung setzen müssen, um sichtbarer Teil ihres Freundesnetzwerkes zu bleiben. Was aber passiert, wenn ein Mensch stirbt? Die Freundesnetzwerke sind im Todesfall in besonderer Weise zum Umgang mit den dokumentierten Erinnerungen herausgefordert.

---

[14]   Benkel, Thorsten, Bilder der Erinnerung. Vom Gedächtniswissen zur Festschreibung durch Fotografie, in: Lehmann, René u. a. (Hg.), Formen und Funktionen sozialen Erinnerns. Sozial- und kulturwissenschaftliche Analysen, Wiesbaden 2013, S. 131–152, hier S. 148.

[15]   Lehmann, Formen und Funktionen, S. 149.

[16]   Lehmann, Formen und Funktionen, S. 136.

Zum Zeitpunkt der Gründung von Facebook war nicht im Blick, was mit den Profilseiten verstorbener Menschen geschieht. Bis 2015 hat das Unternehmen auf die Bedürfnisse und Anfragen von Hinterbliebenen reagiert und neue Funktionen in das System integriert.

Jede Nutzerin und jeder Nutzer kann zu Lebzeiten entscheiden, wie im Fall des eigenen Todes mit dem Facebook-Profil umgegangen werden soll: Das Konto wird entweder gelöscht oder in ein Gedenkprofil umgewandelt.[17] Zusätzlich ist es möglich, einen Nachlassverwalter für das eigene Konto zu bestimmen, der oder die berechtigt ist, bestimmte Funktionen des Kontos zu bedienen, wenn das Konto in den Gedenkzustand versetzt wurde.[18] Der Nachlasskontakt darf laut Facebook „einen fixierten Beitrag für dein Profil verfassen (z. B. um eine letzte Meldung in deinem Namen zu teilen oder Informationen zu einem Gedenkgottesdienst bereitzustellen)", „auf neue Freundschaftsanfragen reagieren (z. B. alte Freunde oder Familienmitglieder, die Facebook bisher noch nicht genutzt haben)" sowie „dein Profilbild und dein Titelbild aktualisieren". Jeder User bestimmt außerdem, ob er oder sie zulassen möchte, dass von dem bestimmten Nachlasskontakt eine Kopie der geteilten Inhalte heruntergeladen werden kann. Verwehrt ist dem Nachlasskontakt dagegen, „sich bei deinem Konto an[zu]melden", „zuvor gepostete Beiträge, Fotos und andere Inhalte aus deiner Chronik [zu] entfernen oder [zu] ändern", „Nachrichten [zu] lesen, die du an andere Freunde gesendet hast" oder „einen deiner Freunde [zu] entfernen".

Hat der oder die Verstorbene keine Vorgehensweise festgelegt, wie mit dem Profil umgegangen werden soll, gibt es für die Hinterbliebenen die bereits skizzierten Möglichkeiten, mit dem digitalen Nachlass auf Facebook zu verfahren. Die Familienangehörigen können beantragen, das Konto des oder der Verstorbenen in einen Gedenkzustand versetzen oder löschen zu lassen. In beiden Fällen bedarf es der Übermittlung eines Dokumentes, das den Tod sowie die Familienzugehörigkeit nachweist.[19] Nach dem Versetzen eines Kontos in den Gedenkzustand wird neben dem Namen „In Erinnerung an" im Profil angezeigt. Des Weiteren können vernetzte Facebook-Kontakte „abhängig von den Privatsphäre-Einstellungen des Kontos in der in den Gedenkzustand versetzten Chronik Erinnerungen teilen"[20]. Die (mit-)geteilten Inhalte (z. B. Fotos) bleiben unter den Voraussetzungen, unter denen sie gepostet wurden,

---

[17] Vgl. https://www.facebook.com/help/103897939701143; zuletzt abgerufen am 24.08. 2015.

[18] Vgl. https://www.facebook.com/help/1568013990080948; zuletzt abgerufen am 24.08.2015. Der Nutzer/die Nutzerin muss 18 Jahre alt sein, um einen solchen Nachlasskontakt zu bestimmen. Die folgenden Zitate sind nach eben dieser Quelle zitiert.

[19] Vgl. https://www.facebook.com/help/contact/651319028315841; zuletzt abgerufen am 24.08.2015, bzw. https://www.facebook.com/help/contact/?id=228813257197480; jeweils zuletzt abgerufen am 24.08.2015.

[20] Dieses und die folgenden Zitate werden zitiert nach https://www.facebook.com/help/contact/?id=228813257197480; zuletzt abgerufen am 24.08.2015.

weiterhin sichtbar. Facebook erklärt weiter: „In den Gedenkzustand versetzte
Profile erscheinen nicht öffentlich, etwa als ‚Person, die du vielleicht kennst',
als Werbeanzeigen oder als Geburtstagserinnerung", „niemand kann sich bei
einem Konto im Gedenkzustand anmelden", „Konten im Gedenkzustand, die
nicht über einen Nachlasskontakt verfügen, können nicht geändert werden".
Neben dem Löschen oder Transformieren des Kontos eines oder einer verstorbenen Angehörigen empfiehlt Facebook Hinterbliebenen, eine Gruppe bzw.
Gemeinschaftsseite auf Facebook einzurichten, um gemeinsame Erinnerungen zu teilen.

      Innerhalb solcher Gedenkgruppen sowie auf den in den Gedenkstatus ver-
setzten Profilseiten haben trauerbezogene Kommunikationen ihren Ort. Die
Seiten oder Chroniken fungieren sowohl als Kondolenzliste – kondoliert wird
nicht auf den Seiten der Hinterbliebenen, sondern auf denen der Verstorbenen
– als auch als Ort für Erinnerungsarbeit. Da sich mediatisierte Kommunikationsformen wesentlich als visualisierte und bildbasierte Kommunikationen
ereignen, haben Bilder auf den Gedenkseiten große Relevanz. Für die Bedeutung von Bildern für das Totengedenken allgemein, erläutert Benkel, dass
ein „Bild, das einen Verstorbenen noch lebendig zeigt, […] *post mortem* zum
Erinnerungsgenerator [wird], wenn Angehörige ein entsprechendes Interesse
zeigen"[21]. Haben Bilder zu Lebzeiten besondere Erlebnishöhepunkte fixiert
und festgeschrieben, verändere sich nach einem Todesfall die Sinnzuschrei-
bung, die sich an den Bildern festmacht.

      Da Facebook auf Reziprozität in den sozialen Interaktionen ausgerichtet
ist und zahlreiche vernetzte Facebook-Kontakte daran teilhaben, was bild-bio-
grafisch zu Lebzeiten in einem Profil dokumentiert ist, ist in der Folge eines
Todesfalls nachvollziehbar, dass das Freundschafts- und Bekanntennetz wie
am Leben so am Trauerprozess teilhat, der soziale Praktiken der Trauerbekun-
dung und Erinnerungsstrategien nach sich zieht. Innerhalb des sozialen Netzes
ist mit dem Tod eines Freundes sichtbar eine Lücke entstanden, obgleich die
Profilseite den oder die Verstorbene weiterhin repräsentiert. Auf diesen Profilseiten zeigt sich nach einem nicht repräsentativen Blick ins Netzwerk Facebook, dass nicht nur Kondolenzen an Angehörige, sondern dass Anekdoten,
hoffnungsvolle Wünsche oder Abschiedsgesten an die Verstorbenen direkt adressiert werden. Es werden Fotos von gemeinsamen Erlebnissen gepostet und
mit einer Nachricht versehen. Außerdem werden digitale Postkarten mit Trau-
ergedichten und -sprüchen hochgeladen. Auch videografische Nachrichten
werden auf die Seite gestellt oder mit YouTube-Videos verlinkt. An zyklisch
wiederkehrenden Tagen wie Jahrestagen, Geburtstagen oder den Todestagen
gibt es vermehrt Postings auf den Gedenkseiten verstorbener Facebook-Nut-
zer. Darin erscheinen die trauerbezogenen Kommunikationen auf den Profilseiten vergleichbar mit Gedenkseiten digitaler Trauerportale, wie z. B. *www.*

---

[21]   Benkel, Bilder der Erinnerung, S. 139.

strassederbesten.de[22] oder *www.gedenkseiten.de*[23]. Zu untersuchen bleibt, ob engere oder evtl. eher weiter entfernte Bekannte und Freunde trauerbezogene Kommentare auf die Facebook-Timeline posten; hier gilt es, das Nutzungsverhalten weiter zu erforschen. Neben den individuellen Erinnerungspostings, die durch die technisch unterstützten Erinnerungsfunktionen des Facebooksystems noch weiter forciert werden (s. o.), nutzen Angehörige die Profilseiten genauso dazu, um über den Tod des Profilinhabers oder der Profilinhaberin zu informieren und gegebenenfalls zur Beerdigung oder zur Trauerfeier einzuladen.

Die trauerbezogenen Kommunikationen auf den Profilseiten sind analog zur Theatralisierung freundschaftlicher Beziehungen auf Sozialen Netzwerken zu deuten. Die Chronik des oder der Verstorbenen kann als Bühne interpretiert werden, auf der soziale Dimensionen von Trauerprozessen und Trauerkultur öffentlich verhandelt und verhandelbar werden. Vermutlich geht es auch hier um eine möglichst positive (Selbst-)Inszenierung vor dem Publikum des Freundesnetzwerkes, um soziale Anerkennung und um ein positives Image.

Gleichzeitig aber kann Facebook in seiner Funktion als Erinnerungsgenerator zu Trauerarbeit anleiten, indem hinterbliebene Freunde und Angehörige ins Erzählen und ins Erinnern gebracht werden. Die Bilder, die im digitalen Nachlass mit Sicherheit zu finden sind, zeigen die nun Verstorbenen lebendig und regen zu lebendigen Erinnerungen an. Zu den Bildern, die die Verstorbenen in ihrer Lebendigkeit bewahren wollen, ist auch der Trend zur Bebilderung der Grabsteine und Friedhöfe[24] in Bezug zu setzen. Während die Angehörigen sich für den Friedhof für *ein* Grabsteinbild entscheiden müssen, bietet die digitale Gedenkseite ihnen die Möglichkeit, viele unterschiedliche lebendige Erinnerungen miteinander zu teilen – und nicht nur den Familienangehörigen, sondern dem vernetzen Facebook-Freundeskreis, der auch zu Lebzeiten schon mitbestimmt hat, welche gemeinsamen Erlebnisse als erinnernswert dokumentiert werden und welche die Freundschaft nicht repräsentieren sollten.

---

[22] Vgl. hier z. B. die Analyse von Chatforen auf www.strassederbesten.de von Offerhaus, Anke u. a. Trauerbewältigung online – Praktiken und Motive der Nutzung von Trauerforen, in: SWS-Rundschau, 53, 3 (2013), S. 275–297.

[23] Vgl. hier z. B. den Artikel von Nord, Ilona / Luthe, Swantje, Räume, die Selbstvergewisserung ermöglichen. Virtuelle Bestattungs- und Gedenkräume und ihre Bedeutung für die Diskussion um den Wandel in der Friedhofskultur, in: Klie, Thomas u. a. (Hg.), Praktische Theologie der Bestattung, (Praktische Theologie im Wissenschaftsdiskurs Bd. 17), Berlin u. a. 2015, S. 307–328.

[24] Vgl. hierzu Benkel, Thorsten / Meitzler, Matthias, Sinnbilder und Abschiedsgesten. Soziale Elemente der Bestattungskultur (Schriften zur Kulturwissenschaft 97), Hamburg 2013, v. a. S. 94ff.

4.   Theologische Herausforderungen

In digitalen Netzwerken werden zum einen permanent begehbare Kommunikationsräume zur Selbstvergewisserung geschaffen.[25] Darin übernehmen sie
religionsanaloge Funktionen. In Situationen des Übergangs können sie u. a.
helfen, Emotionen zu kanalisieren. Weiter nachzugehen wäre hier dem Vorschlag von Ilona Nord, einerseits Dimensionen von Seelsorge als Selbstsorge
und andererseits die virtuelle Dimension der Seelsorge zu reflektieren.[26]

Zum anderen weisen digitale Gedenkkommunikationen auf eine Tendenz
zur Community-Bildung von Trauernden hin. Diese Beobachtung regt dazu
an, innerhalb der Seelsorgetheorie und -praxis verstärkt über transindividuelle
Formen der Begleitung von Trauernden nachzudenken. Trauergruppen haben
in vielen Kirchengemeinden und auch jenseits von ihnen Hochkonjunktur.
Diese Community-Bildungen nehmen gerade nicht nur die Kernfamilie, sondern die weiteren sozialen Netzwerke verstorbener Personen in den Blick.

Trauer sucht sich Orte und troststiftende Rituale. Das zeigen ritualisierte
Verhaltensformen an Straßenkreuzen, die Tendenz zu neuen Gedenkorten an-
onym oder seebestatteter Menschen und nicht zuletzt die Kommunikationsformen in trauerbezogenen online-Gemeinschaften. Digitale Gedenkseiten oder
im Gedenkstatus befindliche Facebook-Profile können als neuer Kommuni-
kationskanal bewertet werden, der Emotionen öffentlich verhandelbar macht.

Für Pastorinnen und Pastoren sowie für alle anderen Menschen, die im
Feld von Trauerkultur und -begleitung arbeiten, gilt es, dieses Bedürfnis nach
Trauerartikulationen wahrzunehmen und im jeweiligen Kontext zu reflektieren. Kasualtheoretisch wird tendenziell die Begleitung der Lebenswege nach
der Kasualfeier bedeutsam. Außerdem könnten (Kommunikations-)Räume
wichtig werden, in denen auf der Ebene des subjektiven Erlebens über die
Grenze des Todes hinweg kommuniziert werden kann, sowie es in medialen
Ritualisierungen auf digitalen Gedenkseiten private Praxis ist. Die Medienrituale helfen den Nutzerinnen und Nutzern, einen neuen Platz im eigenen
emotionalen Leben für den Verstorbenen zu finden. Sie machen es möglich,
der eigenen Trauer einen Ort und eine Zeit zu geben, einen symbolischen Ort
der sinnhaft und bewusst aufgesucht werden kann und an dem Trauer und Erinnern öffentlich verhandelt wird und öffentlich zur Darstellung kommt.

Zu erweitern ist der poimenische Diskurs in zwei Richtungen. Zum einen können die Phänomene der mediatisierten Trauerkultur neben der Integration medizinisch-psychologischer Betrachtungen von Trauerprozessen, wie
geschehen in der Auseinandersetzung mit Phasenmodellen und Traueraufga-
ben, zu einer Diskussion emotionssoziologischer Betrachtungen von Trauer

---

[25]   Vgl. Nord / Luthe, Selbstvergewisserung.
[26]   Vgl. Nord, Ilona, Die virtuelle Dimension der Seelsorge, in: Wege zum Menschen 61
        (2009), S. 353–366.

herausfordern. Hier gilt es die Perspektive für die seelsorgerliche Theorie und Ausbildung zu erweitern. Mithilfe digitaler Gedenkseiten betten Menschen sich in soziale Beziehungsstrukturen ein und halten diese symbolisch präsent. Hier vorschnell von Vergötzung der Verstorbenen oder Pathologisierung der Trauer zu sprechen, wird den komplexen menschlichen Bindungen und Beziehungen nicht gerecht. Theologisch zu reflektieren bleiben die Repräsentationen der Verstorbenen und die Generierung von virtuellen Beziehungsräumen, in den mit den Verstorbenen kommuniziert wird und mit deren Hilfe die Beziehung zu den Verstorbenen nicht losgelassen oder aufgegeben werden muss, sondern transformiert werden kann hin zu einem Weiterleben mit den Toten. Trotz physischer Abwesenheit spielen Verstorbene eine soziale Rolle im Leben der Hinterbliebenen, sie werden in imaginierten Dialogen um Rat gefragt, Erbstücke, Orte oder Fotos bekommen besondere Bedeutung und werden emotional aufgeladen. So können transformierte Beziehungen zu Verstorbenen, die sich teilweise auch an materiale Dinge binden, die Deutungsmöglichkeiten der eigenen Biografie aufzeigen. Die Auseinandersetzung mit den Erinnerungsstücken beinhaltet eine Positionierung zu Vergangenheit, Gegenwart und Zukunft. In Online-Trauerkultur wird letztlich für die Betrachter greifbar, dass Erinnerungen immer fragmentarische Deutungen aus den verschiedenen Perspektiven der Hinterbliebenen Angehörigen und Freunden sind. So spannungsvoll das „Nebeneinander verschiedener Selbstdarstellungen und ambivalenter Handlungsorientierungen"[27] in dem Profil lebendiger Nutzerinnen und Nutzer erschien, so spannungsvoll können die individuellen, subjektiven Erinnerungen und Erinnerungsstücke sein, die auf der Gedenkseite verstorbener Facebooknutzerinnen und -nutzer nebeneinander stehen. Auch in dieser Perspektive könnten sich theologisch-anthropologische Fragestellungen und Reflexionen anschließen.

Literatur

Autenrieth, Ulla, Die Theatralisierung der Freundschaft. Zum Einfluss von Bildern und bildbasierter Kommunikation auf Social Network Sites auf die Freundschaftsbeziehungen von Jugendlichen und jungen Erwachsenen, in: Lobinger, Katharina / Geise, Stephanie (Hg.), Visualisierung – Mediatisierung. Bildliche Kommunikation und bildliches Handeln in mediatisierten Gesellschaften, Köln 2015, S. 108–124.

Benkel, Thorsten, Bilder der Erinnerung. Vom Gedächtniswissen zur Festschreibung durch Fotografie, in: Lehmann, René / Öchsner, Florian / Se-

---

27 Christina Ernst, Mein Gesicht, S. 289.

bald, Gerd (Hg.), Formen und Funktionen sozialen Erinnerns. Sozial- und kulturwissenschaftliche Analysen, Wiesbaden 2013, S. 131–152.

Benkel, Thorsten / Meitzler, Matthias, Sinnbilder und Abschiedsgesten. Soziale Elemente der Bestattungskultur (Schriften zur Kulturwissenschaft 97), Hamburg 2013.

Ernst, Christina, Mein Gesicht zeig ich nicht auf Facebook. Social Media als Herausforderung theologischer Anthropologie (Edition Ethik, Band 15 herausgegeben von Reiner Anselm und Ulrich H. J. Körtner), Göttingen 2015.

Nord, Ilona / Luthe, Swantje, Räume, die Selbstvergewisserung ermöglichen. Virtuelle Bestattungs- und Gedenkräume und ihre Bedeutung für die Diskussion um den Wandel in der Friedhofskultur, in: Klie, Thomas / Kumlehn, Martina / Kunz, Ralph / Schlag, Thomas (Hg.), Praktische Theologie der Bestattung, (Praktische Theologie im Wissenschaftsdiskurs Bd. 17), Berlin/München/Boston 2015, S. 307–328.

Nord, Ilona, Die virtuelle Dimension der Seelsorge, in: Wege zum Menschen 61 (2009), S. 353–366.

Offerhaus, Anke u. a. Trauerbewältigung online – Praktiken und Motive der Nutzung von Trauerforen, in: SWS-Rundschau, 53, 3 (2013), S. 275–297.

Willems, Herbert, Zur Einführung: Theatralität als Ansatz, (Ent)Theatralisierung als These, in: ders. (Hg.), Theatralisierung der Gesellschaft, Bd. 1, Soziologische Theorie und Zeitdiagnose, Wiesbaden 2009, S. 13–55.

Internet

http://allfacebook.de/zahlen_fakten/facebook-nutzerzahlen-2015.

http://de.statista.com/statistik/daten/studie/70189/umfrage/nutzer-von-facebook-in-deutschland-seit-2009/.

http://de.statista.com/statistik/daten/studie/70217/umfrage/altersverteilung-der-facebook-nutzer/.

http://www.facebook.com.

https://www.facebook.com/help/103897939701143.

https://www.facebook.com/help/1568013990080948.

https://www.facebook.com/help/contact/651319028315841.

https://www.facebook.com/help/contact/?id=228813257197480.

Tod, Sterben und Bestattungen im Computerspiel

Jens Palkowitsch-Kühl

die and retry

Ihr Flugzeug stürzt über dem Atlantik ab. Um Sie herum befinden sich überall brennende Wrackteile – Sie können sich nur schwer über Wasser halten. Da sehen Sie vor sich eine kleine Insel im Wasser auf der ein Leuchtturm steht. Sie retten sich auf die Insel, betreten den Leuchtturm und finden darin eine Tauchkugel. Nachdem Sie eingestiegen sind, betätigen Sie den Tauchhebel und sinken hinab – in die Welt von Rapture, einer sich selbst überlassenen Stadt unter dem Wasser. In Rapture leben andere Kreaturen als über der Meeresoberfläche – die nicht immer Ihr Bestes wollen. Sie finden schnell eine Rohrzange, um sich vor den zwielichtigen Gestalten zu verteidigen. Doch das gelingt Ihnen nicht immer, sodass Sie schnell von einer Herde Splicern, traurige, verwahrloste und ADAM[1]-abhängige Gestalten, die durch die Stadt streifen und auf der Suche nach neuem ADAM alles und jeden angreifen, überwältigt werden. Die Welt um Sie herum dreht sich, sie wird blass und der Bildschirm färbt sich in grellem weiß. Kurze Zeit später erwachen Sie in einer Vita Chamber – körperlich wiederhergestellt und wiederbelebt –, um von dort das Spiel fortzusetzen.

Diese Szene beschreibt eine typische Szene des Computerspiels *BioShock* von 2K Games. Der Tod ist in *Rapture* zuhause: ob dies nun den Spielenden selbst, verbündete Spieler oder die Gegner in der Spielewelt betrifft. Der Weg, den der oder die Spielende hier zurücklegt, ist meist von Leichen übersät und die Welt von *Rapture* gleicht oftmals einem Friedhof.

Doch nicht in jedem Computerspiel werden der Tod und der Prozess des Sterbens gleichermaßen dargestellt. Es können Computergegner, Mitspieler, der Spielende selbst und seine Verbündeten töten und getötet werden. Der Fokus liegt hier nicht auf dem bereits zur Genüge thematisierten Töten durch Spielende und der damit transportierten Gewalteinflüsse auf Heranwachsende, sondern vielmehr auf dem Tod der Spielenden selbst und deren Verbündeten. Dabei wird insbesondere auch der Blick auf den in die virtuelle Spielwelt hineingetragenen Tod gerichtet werden.

---

[1] ADAM kann als eine Form von Stammzellen, gewonnen aus einer Seeschnecke beschrieben werden, welches Zellstrukturen erneuern und verändern kann. So sind genetische Modifikationen von Lebewesen möglich um sie beispielsweise stärker zu machen oder mit übermenschlichen Fähigkeiten, wie die der Telekinese zu versehen. Einmal verwendet, benötigt der Körper regelmäßig neues ADAM um die Zellen zu stabilisieren.

Folgend wird ein systematischer Einblick in die Thematik Tod, Sterben und Bestattungskultur(en) in Computerspielen gegeben. Dabei wird aufgezeigt, wie Kinder und Jugendliche diese medial inszenierten Todes-, Trauer- und Bestattungsdarstellungen in ihrer Kindheit und Jugend erleben. Sie werden dazu eingeladen, sich kritisch mit dem gewaltvollen und einseitig stigmatisierenden Eindruck und massenmedialen Darstellungen von Ballerspielen und Metzelorgien in der Thematik des Todes in Computerspielen auseinanderzusetzen. Ferner wird beleuchtet, in welchen Situationen Sterbeszenen eine Rolle spielen und inwiefern die Bestattung ein wesentliches Element in Computerspielen darstellen kann.

Diese Fragestellung wird in drei Schritten genauer betrachtet: Wahrnehmen, Interpretieren und Handeln. Im ersten Schritt werden die vielseitigen Facetten von Tod, Sterben und Bestattung in Computerspielen systematisch wahrgenommen: Was ist ein Computerspiel? Wo begegnen Kinder und Jugendliche Computerspielen im Alltag? Wie wird der Tod inszeniert? Ist mit dem Tod Schluss? In einem zweiten Schritt folgt die Interpretation: Was für Bilder werden hier vermittelt? Wie funktioniert der Tod? Welche theologische Dimension eröffnen diese medial inszenierten Bilder? Im letzten Schritt werden mögliche religionspädagogische Handlungsoptionen aufgezeigt: Wie kann ich Lernende bei ihren medial geprägten Erfahrungen im Umgang mit Tod und Sterben begleiten? Welche Bedeutung kann dies für die (religiöse) Sozialisation Jugendlicher haben?

1.   Wahrnehmen – Begegnungen mit dem Tod

Als Computerspiele werden im Folgenden Spiele bezeichnet, die an stationären Computern, Laptops und Tablets, an stationären und tragbaren Spielekonsolen[2], aber auch als Spiele-App auf Smartphones, sowohl off- als auch online, gespielt werden. Es gilt zu beachten, dass obgleich es nicht *das* Computerspiel gibt, Computerspiele hier als eine eigenständige Medienform – als *die Computerspiele* – dargestellt werden. Die Vielfalt dieser Medienform ist enorm und unterscheidet sich vor allem im Inhalt (dem Thema eines Spiels), den technischen Voraussetzungen (Konsum- bzw. Darbietungsform) und der Spielmechanik (wie wird das Spiel gespielt?). Das einführende Spielebeispiel ist vom Genre ein *First-Person-Shooter* mit *Rollenspiel-* und *Survival Hor-*

---

[2]   Beispielsweise die Sony Playstation 3, Sony Vita, Microsoft XBOX 360/One, Nintendo Wii/Wii U und der Nintendo (3)DS.

ror-[3] Elementen, bei der die Spielfigur Echtzeit gespielt wird. Es existieren Spieleadaptionen für die Playstation 3, Xbox 360 und für Smartphones.

Die beschriebene Vielfalt im Computerspielesektor wächst mit den zunehmenden technischen Möglichkeiten (z. B. neue Eingabesysteme, wie die Gestensteuerung bei der *XBOX-Kinect* oder Brillen, die das Eintauchen in virtuelle Realitäten ermöglichen), und / oder innovativen bzw. kreativen Ideen der Spieleentwickler. Eine Katalogisierung und Kategorisierung der Spiele in ihrer Gesamtheit ist so kaum möglich, da einzelne wichtige Aspekte bei bestimmten Filterungen unterzugehen drohen. Dennoch lässt sich bestimmen, dass alle Computerspiele gemein haben, dass sie zu den sogenannten *Neuen Medien* zählen, die sich besonders durch ihre Fähigkeit, den Zuschauer zum Teil des Spieles zu machen, auszeichnen. Der Zuschauer wird Mitgestalter und interagiert mit der Spielewelt auf vielfältige Art und Weise. Anders als im Buch, dem Fernsehen und Spielfilmen kann er aktiv in das Spielgeschehen eingreifen und wird somit bei Entscheidungsprozessen, welche die weitere Handlung beeinflussen, miteinbezogen:

> „A game is a frame in which we see things differently. Literature can make us focus on the words themselves. In the game, we can seek the beauty of the activity itself"[4].

Diese Handlungsmöglichkeit schafft eine besondere Nähe und Betroffenheit zum Spiel, die sich vom Charakter des Buchlesens oder Filmschauens durch die Interaktion wesentlich unterscheidet.

1.1   Mario stirbt – Sozialisation durch Computerspiele

Viele Kinder und Jugendliche begegnen dem Thema Sterben erst einmal medial. Neben Vorlesegeschichten[5] spielen dabei auch Film, Fernsehen und Computerspiele eine Rolle. Bezogen auf Computerspiele könnte man behaupten: Der erste Tod, mit dem ein Kind in Kontakt kommt, ist meist der, wenn

---

[3] Ein *First Person Shooter* (FPS), im deutschsprachigen Raum auch als Ego-Shooter bekannt, hat zum Inhalt, dass die Spielenden sich in der Rolle der Spielfigur befinden, d. h. die Welt aus deren Perspektive wahrnehmen und mit Waffen meist andere Spielende bekämpfen. Beim *Survival Horror* steht insbesondere das Überleben in einer düsteren Umgebung und das Lösen von Rätsel im Mittelpunkt. Als Rollenspielelemente werden oft Talentbäume bezeichnet, mit denen man die Eigenschaften der Spielfigur beeinflussen kann. Sammelt man etwa durch das Töten von Spielgegnern Erfahrungspunkte, so kann man diese hier in die Verbesserung verschiedener Attribute der Spielfigur, wie etwa der Widerstandsfähigkeit gegenüber Feuer investieren.

[4] Juul, Jesper, Half Real. Video Games between Real Rules and Fictional Worlds, Cambridge 2005, S. 201.

[5] Wie etwa Märchen und die Kinderbücher, welche gezielt das Thema Tod und Sterben behandeln (Pele und das neue Leben: Eine Geschichte von Tod und Leben von Regine Schindler oder Abschied von Rune von Marit Kaldhol und Wenke Oyen).

Mario in den Abgrund stürzt. Super Mario ist die populärste Videospielfigur von Nintendo und kaum ein Kind kennt nicht eine der zahlreichen Adaptionen in denen Mario eine Rolle spielt: von Super Mario Bros, über Super Mario World bis hin zu Super Mario Galaxy und Super Mario Kart. Die Relevanz von Computerspielen für den Erfahrungsraum von Kindern und Jugendlichen soll anhand zweier Studien kurz aufgezeigt werden.

Ein kleiner Ausschnitt aus der *KIM-Studie 2012*, einer Basisuntersuchung zum Medienumgang 6- bis 13-Jähriger in Deutschland des Medienpädagogischen Forschungsverbunds Südwest zeigt, dass 66 Prozent der 6- bis 13-Jährigen mindestens einmal pro Woche Computerspiele konsumieren – davon 22 Prozent täglich. In drei von vier Haushalten ist mindestens eine Spielkonsole vorhanden.[6] Computerspiele stellen somit einen wichtigen Teil der Lebenswelt von Kindern und somit auch ihrer Sozialisation dar. Dabei führt die Liste der beliebtesten Spiele *Super Mario* an. Etwa zwölf Prozent der Spieler zählen ein Spiel dieser Jump'n'Run-Reihe zu ihren drei liebsten Spielen. Mit neun Prozent folgt das Fußballspiel *FIFA*, danach kommt *Mariokart* und die *Sims* mit jeweils sieben Prozent.[7]

Die Zunahme der Nutzungshäufigkeit von Computerspielen im Laufe der Lebensjahre zeigt die Basisuntersuchung *JIM–Studie 2013,* bei der 12- bis 19-Jährige zum Umgang mit Medien und Information befragt werden. Dort gaben 45 Prozent der Jugendlichen an, Videospiele regelmäßig zu nutzen. 17 Prozent spielen solche Spiele einmal pro Woche bis einmal in 14 Tagen und 21 Prozent einmal pro Monat oder seltener. Etwa 16 Prozent aller Jugendlichen nutzt sie nie.[8] Dabei gibt es bezogen auf das Geschlecht erhebliche Unterschiede im Nutzungsverhalten. Wo sieben von zehn Jungen Computerspiele nutzen, sind es bei den Mädchen nur zwei von zehn. Ist klassisches Computerspielen, also das Spielen an Konsolen und Computern, als Phänomen hauptsächlich bei Jungen anzutreffen, so ist bei der Nutzung von digitalen Spielen über Handy oder Smartphone der Anteil an regelmäßigen Spielern bei Jungen und Mädchen fast ausgeglichen (Mädchen: 41 %, Jungen: 48 %).[9]

Aus dem Rezeptionsverhalten digitaler Medien durch Kinder- und Jugendliche lässt sich für diese eine gewisse Bedeutung der transportierten Inhalte herauslesen. So haben Medien als Sozialisationsinstanz auch einen Einfluss auf die Wahrnehmung des Todes bei Kindern und Jugendlichen. Zur kollektiven Erinnerung einer Generation gehören immer auch mediale Erfahrungen, die für ihr Aufwachsen prägend oder wichtig sind. Waren dies einst

---

6   Medienpädagogischer Forschungsverbund Südwest, KIM-Studie 2013, Kinder und Medien, Computer und Internet, Baden-Baden 2012, S. 46.

7   Bei der täglichen Nutzung ist das Fernsehen Spitzenreiter. Etwa 79 Prozent der Kinder schauen täglich fern (vgl. MFPS, KIM 2012, S. 46f.).

8   Vgl. Medienpädagogischer Forschungsverbund Südwest, JIM 2013, Jugend, Information, (Multi-)Media, Baden-Baden 2013, S. 47.

9   Vgl. MFPS, JIM 2013, S. 45.

eher Bücher oder Filme, so sind dies zurzeit mediale Erfahrungen in Form von Computerspielen.

Mario stürzt ab, ein *Leben* geht verloren, und er setzt am Beginn des Levels neu an. Doch wird der Tod hier als Tod wahrgenommen? In Computerspielen ist der Tod eben nicht immer als der Tod wahrnehmbar, wie er uns in unserer Alltagswelt begegnet, sondern vielmehr etwas ganz Gewöhnliches. So kommen nur wenige Spiele ohne eine Form des Sterbens überhaupt aus, da der Tod oft Teil der Spielmechanik ist. Er ist ein wichtiges Element, ohne welches das Spiel keinen Spannungsbogen, keine Herausforderung und keine Wendung bekäme. Doch gibt es *den* Tod, wie er im realen Leben auf uns wartet oder Analogien dazu auch in Computerspielen? Folgende Überlegungen zur Mechanik von Computerspielen, wie sie Jason Tocci, (2008) in „You Are Dead. Continue?"[10] vorgenommen hat, sollen bei der Beantwortung der Frage helfen.

1.2   Das Wesen des Computerspiels

Im theoretischen Diskurs über das Wesen von Computerspielen herrscht eine große Unstimmigkeit. In einer Definition vom Charakter eines Computerspiels benennt Jesper Juul (2005), ein dänischer Gamedesigner und Forscher, dass „if you cannot influence the game state in anyway (as opposed to being unable to influence the game state in the right way), you are not playing a game." Dabei betont er die eingangs erwähnte Interaktionsmöglichkeit eines Spiels. Aber sind Computerspiele *Spiele*, wie z. B. Brettspiele? Sind sie *Geschichten*, wie in Büchern? Juul zeigt eine Perspektive auf, in der es ihm bei Computerspielen um zwei Aspekte geht: *rules* und *fiction*. Rules und fiction sind dabei nicht zwangsläufig getrennt zu betrachten, sondern beeinflussen sich in Computerspielen gegenseitig: „Rules and fiction interact, compete, and complement another."[11]

Rules, bezeichnet Juuls wie folgt:

> „... while the rules themselves are generally definite, unambiguous, and easy to use, the enjoyment of a game depends on these easy-to-use rules presenting challenges that cannot be easily overcome."[12]

Die Regeln limitieren die Handlungsmöglichkeiten des Spielers[13], aber sie ermöglichen auch sinnvolle Handlungen, die der Spielende so wahrscheinlich

---

[10]   Tocci, Jason, „You Are Dead. Continue?". Conflicts and Complements in Game Rules and Fiction, in: Eludamos, Journal for Computer Game Culture 2 (2008), S. 187–201, hier S. 188.

[11]   Juul, Half-Real, S. 163

[12]   Juul, Half-Real, S. 55.

[13]   Vgl. Salen, Katie / Zimmermann, Eric, Rules of play. Game design fudamentals, Cambridge 2004, S. 122.

nicht von alleine erkannt hätte. Ein Beispiel findet sich im Klassiker unter den Brettspielen, dem Schach. Hier wäre ohne die festgelegten Regeln ein Schachmatt schlichtweg unmöglich.[14]

Weiter skizziert Juuls zwei Typen von Spielen, bei denen Regeln unterschiedlich zum Tragen kommen: *Emergence games* und *Progression games*. *Progression games* sind Spiele, bei denen Schritt für Schritt, sequenziell, ein Fortschritt im Sinne des Spieledesigners erbracht werden muss. Dabei ist die Konsequenz des Nichteinhaltens dieser Schritte oftmals der Tod der Spielfigur oder eines Verbündeten. Ein klassisches Beispiel hierfür ist das Adventure Game *Monkey Island* von LucasArts.

Dementgegen ermöglichen *emergence games* dem Spieler einen gewissen Handlungsfreiraum, der aber immer noch, meist kleineren, Regeln untersteht. Das Spiel kann nicht mehr vollends vom Spielemacher Schritt für Schritt kontrolliert werden, dennoch muss sich der Spieler an einige vorgegebene Regeln halten. Hier käme wieder Schach als ein Beispiel solcher Spiele zum Tragen.

Auch gibt es Spiele, die beide Regelstile miteinander verbinden. So zum Beispiel das populäre Spiel *Grand Theft Auto* (GTA) von Rockstar Games. Hier erlebt der Spieler eine offene Spielwelt, in der er frei interagieren kann, aber bestimmten Regeln, oftmals in Form von Missionen, zum Vorankommen im Spielverlauf unterworfen ist.

Der zweite Aspekt eines Computerspiels, den Juuls aufgreift, stellt die *fiction* dar:

> „The fictional world of a game is projected in a variety of ways – using graphics, sound, text, advertising, the game manual, and the game rules."[15]

Die Spielewelt[16] wird durch die im Zitat beschriebenen Einflussfaktoren (z. B. Bilder, Töne, Geräusche, Texte, Werbung, die Spielbeschreibung und die Spielregeln) erschaffen. Dabei sind die Regeln, neben der Grafik, dem Sound, der Werbung usw., ein Teil dieser fingierten Welt.[17] Fiction ist demnach kein bloßes Geschichtenerzählen, sondern umfasst mehr. Fiction bezeichnet „any kind of imagined world".[18]

Anhand des Nintendo Spieleklassikers für den Gameboy *Tetris* zeigt Juuls die Beziehung zwischen rules und fiction und die Unterscheidung dieser auf: Die Art des Aufsetzens der verschiedenen Steine zu Reihen ergeben die *rules*.

---

[14]   Vgl. Juul, Half-Real, S. 58.

[15]   Juul, Half-Real, S. 121.

[16]   Für Juuls Begriff *fiction* verwende ich den deutschen Begriff *Spielewelt*. Dabei soll dieser sich aber nicht nur auf die virtuelle Welt begrenzen, sondern im Sinne von Juuls sich auch auf die Aspekte, z. B. Werbung, der Spielewelt außerhalb des eigentlichen Spiels beziehen.

[17]   Juul, Half-Real, S. 121.

[18]   Juul, Half-Real, S. 122.

Die *fiction* hingegen bezeichnet das Design, die Musik und die Geschichte in welcher das Spielprinzip eingefasst ist. [19]

Beim Betrachten des Todes in Computerspielen erweist sich diese differenzierte Perspektive von *rules* und *fiction* als sehr hilfreich, um sein Wesen und insbesondere seine Funktion zu verstehen.

2. Interpretation – Der Tod im Computerspiel und seine Funktionen im Verhältnis von rules und fiction

Im Folgenden wird eine Kategorisierung des Todes in Computerspielen vorgenommen und zugleich dem Tod eine Bedeutung zugeschrieben. Bei der Darstellung wird maßgeblich auf die von Jason Tocci (2008)[20] und Michael Thomson (2010)[21] vorgenommenen Kategorisierungen Bezug genommen. Die Zusammenschlüsse sind in Abbildung 1 systematisiert geordnet und werden folgend dargestellt.

Eine wichtige Beobachtung an dieser Stelle ist, dass die Rolle und somit die Funktion des Todes im Spiel selbst oftmals darüber entscheidet, inwiefern Trauer oder Bestattung überhaupt in Computerspielen Raum finden können.

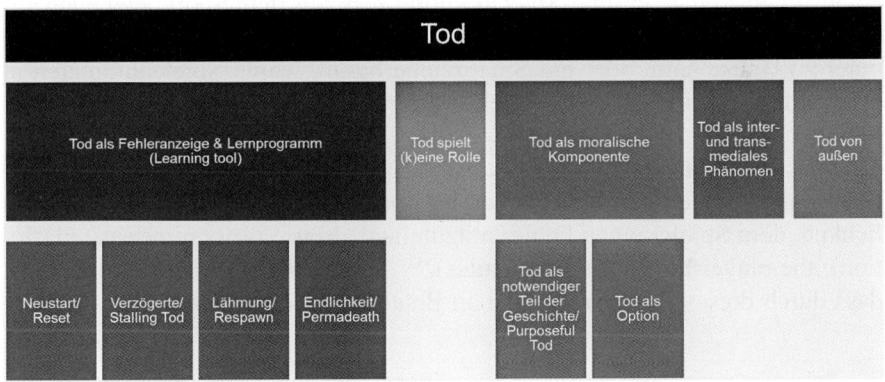

Abb. 1: Darstellungstypen von Tod und ihre Funktionen.

[19]   Juul, Half-Real, 122f.
[20]   Tocci, „You Are Dead. Continue", S. 187– 201.
[21]   Thomson, Michael, Dealing With Death in Videogames. What Modern Warfare 2, BioShock 2, and Mario tell us about the eternal footman, in: IGNus 2010. Abgerufen unter: http://www.ign.com/articles/2010/04/06/dealing-with-death-in-videogames; zuletzt abgerufen am 23.04.2015.

2.1   Tod als Fehleranzeige (false state) und Lernprogramm (learning tool)

Der Tod als *false state* ist ein Mechanismus im Spiel, welcher Lernprozesse eröffnen soll. Dies geschieht durch *trial-and-error* bzw. *die-and-retry*. In *Super Mario* sieht man vor sich einen Abgrund und läuft darauf zu – kurz darauf fällt man hinein und stirbt. Beim nächsten Mal springt man über den Abgrund und überlebt. Man hat gelernt, über den Abgrund zu springen, um das Spiel weiterspielen zu können. Dieses einfache Prinzip wird mit zunehmender Komplexität des Spiels und der zunehmenden Rolle von Strategie fortgeführt. Dabei führt es zu komplexeren Lernprozessen.[22]

Bei der Funktion false state lassen sich vier verschiedene Todesformate unterschieden: Neustart bzw. reset, Verzögerung bzw. stalling death, Unterbrechung bzw. respawn und Endlichkeit bzw. permadeath.

2.1.1   Tod als reset

Der Tod als *reset*[23] ist wohl die älteste und bekannteste Funktion von Tod und wird bereits in den ersten Computerspielen genutzt: *Pac-Man, Space-Invaders* oder auch *Super Mario*. Der Spielende hat zumeist drei Leben – stirbt er, so beginnt das Level von vorne; sind alle drei Leben aufgebraucht, muss er das ganze Spiel von vorne beginnen. Zurückzuführen ist diese Art des Todes zum einen auf eine lange Offline-Spieletradition z. B. aus dem Sport, aber auch auf wirtschaftliche Aspekte der Spieleindustrie. Als noch nicht jeder einen Computer zu Hause hatte oder ein Smartphone besaß, waren Spieleautomaten in Spielhallen die einzige Möglichkeit, Computerspiele zu konsumieren und zu monetarisieren.

Diese Art von Tod lässt sich kaum auf eine religiöse Dimension zurückführen und hat weniger mit dem Tod im Realen zu tun, sondern ist eine Möglichkeit, dem Spieler einen Fehler mitzuteilen: „Mario is not reincarnated (fiction); the player hast three lives (rules).“[24] Man könnte aber auch behaupten, dass durch dieses Schema der Tod an Belanglosigkeit gewinnt, dass ihm der

---

[22]   Spielen nun verschiedene Spieler mit, z. B. bei beim Ego-Shooter *Counter Strike*, so finden gemeinschaftliche Lernprozesse statt – das Team muss eine Strategie entwickeln und zusammen agieren. Bei Multiplayerspielen spielt dann die Kommunikation eine wesentliche Rolle und ist ebenfalls Teil des Lernprozesses. Spielende, die die ganze Zeit schweigen, keinen Gegnerkontakt schildern, helfen dem Team wenig.

[23]   Diese Funktion des Todes kann mit der von Tocci, dem *purposeful death* gleichgesetzt werden. Er ist mehr zweckmäßig, kann aber je nach Designer grafisch und erzählerisch unterschiedlich dargestellt werden, vgl. Tocci, „You Are Dead. Continue?", S. 194.

[24]   Juuls bezeichnet die Abhängigkeit der Spielewelt von den Spieleregeln treffend durch, „… there are many events in the fictional world we cannot explain without discussing the game rules" Juul, Half-Real, S. 130.

Stachel gezogen wird und dies eine Art Kontingenzbewältigung darstellt. Im Spielen muss sich der Spieler keine echten Gedanken um den wahren Tod machen, sondern der Tod im Spiel wird emotional oftmals als eine negative Emotion (z. B. Frust, Versagen) erlebt.

2.1.2 Der verzögerte Tod (stalling death[25])

Viele aktuelle Computerspiele haben eine Art *verzögerten Tod*, bei dem der Spieler die Möglichkeit hat, Fehler wieder richtigzustellen. Der Spieler hat dabei meist einen Lebensbalken, kann oft auch mehrmals *verwundet* werden und sich anschließend wieder regenerieren.[26] Beispielsweise geschieht dies durch Lebensbrunnen wie in *Diablo 3*, durch Erste-Hilfe-Päckchen in *Call of Duty* oder das Aufsammeln von Lebensenergie beispielsweise in *Dantes Inferno*. Der Spieler stirbt nach einem begangenen Fehler so meist nicht sofort, sondern kann weiterspielen. Das Weiterspielen gestaltet sich aber meist schwieriger, da der Spieler bei vielen Treffern eingeschränkt wird, indem er langsamer geht (z. B. humpelt) oder der Bildschirm sich rot verfärbt. In Spielen wie *Call of Duty* kommt bei einem hohen Verletzungsgrad eine akustische Untermalung in Form eines Pfeiftons hinzu.

Diese Art des Todes stellt eine Entschärfung des *reset*-Schemas dar und dient dazu, den Spielfluss nicht gänzlich zu unterbrechen und den Spielenden aus der *fiction* zu reißen. Moderne Spiele werden immer komplexer, Level immer größer und so nimmt man dem Spieler die Frustration des kompletten Neubeginns. Der Tod kommt so auch dem *realen Tod* näher, da es bei Verwundungen auch Heilungen gibt.

Dies auf eine religiöse Ebene zu übertragen könnte, z. B. im Sinne eines *do ut des*-Verständnisses bedeuten: „Ich gebe, damit du gibst" und umgekehrt. Meistere ich eine Herausforderung, so werde ich belohnt, z. B. verschafft bei *Dantes Inferno* das Töten großer Gegnerscharen mehr Lebensenergie. Verfehlt der Spielende jedoch, so wird er durch Lähmung oder dergleichen bestraft, bis er wieder etwas gut macht. Das Spiel belohnt hierbei meine guten Werke.

2.1.3 Tod als Lähmung (respawn)

Ähnlich dem *stalling death* gestaltet sich der *Tod als Lähmung*. Hierbei stirbt der Spielende, wird aber wieder an einem bestimmten Ort in der virtuellen Welt, zum Beispiel einem Friedhof, wie bei *World of Warcraft* oder in einer Stadt, wie in *Diablo*, wiederbelebt.[27] Nach der Wiederbelebung ist der Spielende aber oft geschwächt – er musste einen Preis bezahlen. Das kann beispiels-

---

25 Vgl. Tocci, „You Are Dead. Continue?", S. 193.
26 Vgl. Ebd.
27 Vgl. Thomson, Dealing With Death in Videogames, S. 2.

weise, wie in *Diablo 2 sein*, dass er beim Tod all seine Ausrüstungsgegenstände verloren hat, wie in *World of Warcraft* seine Rüstung Schaden genommen hat und er diese beim Schmied erneuern lassen muss oder er Einheiten der Spielewährung verloren hat. In vielen Spielen hat der Spielende die Wahl, entweder mit Zeit oder mit Geld zu bezahlen. Besonders oft findet sich diese Art des Umgangs mit dem Tod in Rollenspielen oder Actionspielen mit Rollenspielelementen wie BioShock. Ahn nennt dieses Todesverhalten „Multimortality" und „Multivitality".[28]

Angelehnt an Juuls Ansatz bewegt sich der *Tod* im Spiel zwischen *rules* und *fiction*. Der Tod unterbricht und zerstört in diesen Beispielen oftmals die erdachte Spielewelt und holt den Spielenden aus der *fiction*. Als Beispiel, für ein Spiel, bei dem die Gamedesigner um ein flüssiges Erleben trotz Tod bemüht waren, benennt Jasson Tocci (2005) BioShock und seine Vita Chambers:

> „When the protagonist dies in BioShock, he immediately awakens in a ‚Vita Chamber' built to bring people back to life. Why it is that the protagonist is the only person in the game who awakens in such devices becomes a major plot point late in the story. Nevertheless, one developer explained that this technique ‚keeps you in the game' (Gametrailers.com, 2007), suggesting that the goal was at least as much to make challenge seem manageable as to make the story coherent".[29]

Diesem Konzept von Tod ähneln der Gedanke der Wiederauferstehung aus dem Christentum oder auch der Reinkarnationgedanke aus dem Buddhismus oder Hinduismus.[30] Hier wäre es spannend zu erfahren, ob Spielende darin eine Ähnlichkeit feststellen und dies als religiöses Moment wahrnehmen. Es zeigt aber auch, dass der Diskurs über das Leben nach dem Tod auch in Computerspiele übertragen wird und so zu einem Spiegel der Kultur der Spieleentwickler wird.[31]

---

[28]   Vgl. Ahn, Gregor. Multimortalität – Multivitalität. Konstruktionen von Tod und Postmortalität in den Computerspielen The Void und Venetica, in: Ahn, Gregor u. a. (Hg.), Diesseits, Jenseits und Dazwischen? Die Transformation und Konstruktion von Sterben, Tod und Postmortalität, Bielefeld 2011, S. 127. „In accordance to the fact, that most computer games enable the player to ‚revive' a character after its (virtual) death, the general in-game conception of death, dying and the ability for the avatar to be ‚revived' can be termed as ‚multimortality' and ‚multivitality'", Ahn, Multimortalität – Mulitvitalität, S. 127.

[29]   Tocci, „You Are Dead. Continue?", S. 193f.

[30]   Vgl. Ahn, Multimortalität – Mulitvitalität, S. 126.

[31]   Knoll, Tobias, Theorizing Religion in Digital Games. Perspectives and Approaches, in: Heidbrink, Simone u. a. (Hg.), Online – Heidelberg Journal of Religions on the Internet 5 (2014), S. 5–50. Verfügbar unter: http://journals.ub.uni-heidelberg.de/index.php/religions/article/view/12156/5992; zuletzt abgerufen am 23.04.2015.

2.1.4   Tod als Endlichkeit (permadeath)

Um den Spielwert eines Computerspiels zu steigern, setzen immer mehr, meist Independent Studios, auf provokante Spielekonzepte, so zum Beispiel dem ewigen Tod des Spielenden. Hierbei soll einer Entwertung der spielrelevanten Entscheidungen entgegengewirkt werden. Weg vom „Ich kann es ja sowieso noch einmal anders versuchen" hin zum überlegten „Wie gehe ich da ran? Jede Entscheidung kann meine Letzte sein." Die Entwickler wollen dadurch das Spielerlebnis intensivieren, um meist das Glücksgefühl über die bestandene Passage zu erhöhen. In einigen Spielen verschärft dieser Tod lediglich den Schwierigkeitsgrad, wie in *Diablo 2* der hardcore modus,[32] in anderen ist er das zentrale Spielelement, so etwa in *Realm of the mad god*[33]. Besonders Medienkünstler üben durch den permadeath Medienkritik daran, wie lebensfremd mit Themen wie Tod, Trauer und Bestattung in Computerspielen umgegangen wird.

Diese Art von Tod macht Kontingenzerfahrungen spielerisch greifbar. Der Tod ist nicht mehr nur ein Fehler anzeigendes Element, sondern auch als Ende selbst wahrnehmbar. Die Verbindung zu dem *einen* Charakter, den man spielt oder dem Avatar, den man erschaffen hat, wird enger und inniger. Es entsteht eine Emotionalität abseits von Frustration. Hier entsteht auch Raum für erlebte Trauer und Bestattungskultur.[34]

Ein ganz besonderes Spiel, das auf den *permadeath* setzt, ist *Chain World*, welches bei der Game Design Challenge 2011: *Bigger than Jesus* vom Indie-Spieleentwickler Jason Rohrer vorgestellt wurde und gewann. Es ist ein Spiel, dass auf einem USB-Speicherstick von Spieler zu Spieler gereicht wird und dessen Inhalt und Spielfluss nur diesen Spielern bekannt ist. Wer im Spiel stirbt, muss den Stick weitergeben, darüber schweigen und darf es nie wieder spielen. Von dem Spiel existiert nur eine Kopie auf einem USB-Stick.[35] „So könnte eine Religion entstehen, glaubt Rohrer. Religion und Tod sind schließlich eng verbunden, auch in Videospielen."[36]

---

32   Vgl. Thomson, Dealing With Death in Videogames, S. 3.
33   Das Spiel ist frei spielbar unter http://www.realmofthemadgod.com/; zuletzt abgerufen am 23.04.2015.
34   Ein Beispiel für die Beziehung zu seinem Charakter bzw. Avatar ist das Tamagotchi. Im Jahr 1996 waren sie weltweit populär und fast jede/r Jugendliche hatte eines. Vom Spielprinzip her musste man sich um die Bedürfnisse (Schlafen, Essen, Trinken etc.) eines Kükens kümmern. Dazu meldete es sich in unregelmäßigen Abständen. Kam man der Pflege nicht nach, so starb es. Das Tamagotchi ist ein Paradebeispiel für die emotionale Verbindung zwischen Spielendem und Spiel.
35   Vgl. Fagone, Jason, Chain World Was Supposed to be a Religion, Not a Holy War, in: Wired, August 2011. Abgerufen unter: http://www.wired.com/2011/07/mf_chain-world/all/1; zuletzt abgerufen am 23.04.2105
36   Vgl. http://www.spiegel.de/netzwelt/games/permadeath-spieleentwickler-setzen-auf-den-ewigen-tod-der-spielfigur-a-873051-7.html; zuletzt abgerufen am 23.06.2015.

2.2   Tod spielt (k)eine Rolle

Spiele abseits des Mainstreams von Jump'n'Run, Actionshootern und Adventures bestreiten oft andere Wege, den Tod zu thematisieren – oder eben nicht zum zentralen Gegenstand oder Mechanismus des Spiels zu machen. Entweder sind die Spielenden niemals wirklich in *Lebensgefahr* oder dem Tod wird *keine* Funktion zugeschrieben.[37] So zum Beispiel *Flowers*, *Nintendogs* und *Journey*.

Abb. 2: Thatgamecompany (2012). Journey.

Folgend soll *Journey* vom Entwicklerstudio *Thatgamecompany* genauer beschrieben werden. Die Spielenden werden hier nicht während des Spielverlaufs mit dem Tod konfrontiert – erst das Spielende lässt dahingehend Interpretationsspielraum.

„Journey has no weapons or words, but it is full of emotion."[38], so der Entwickler des Spiels Jenova Chen. In Journey übernimmt der Spielende die Rolle einer mit Robe bekleideten Figur in einer Wüste. Das Spiel hat keine Karte oder Anweisungen, sondern nur einen großen Berg in der Ferne, zu dem der Spielende reist. Während der Reise kann der Spielende bei bestehender Internetverbindung auf andere Spielende treffen, jedoch nur einen gleichzeitig. Sie können nicht miteinander reden, aber sich gegenseitig auf der Reise helfen. Nach Aussagen vom Entwickler des Spiels, Jenova Chen, handelt das Spiel, von zwei Fremden, die nicht wissen, wer der andere ist, die sich online treffen. Sie wissen nur, dass es ein anderer Mensch ist. Die einzige Möglichkeit zu

---

[37]   Siehe hierzu auch die *Non-fatal Scenarios* in Tocci, „You Are Dead. Continue?", S. 194f.

[38]   http://venturebeat.com/2013/02/08/an-interview-with-jenova-chen-how-journeys-creator-went-bankrupt-and-won-game-of-the-year/; zuletzt abgerufen am 23.04.2015.

kommunizieren, ist mit wortlosen Rufen. Zur Identifikation der Spielenden sind ihre Roben mit Runen bedruckt.[39]

> „The goal was to create a game where people felt they are connected with each other, to show the positive side of humanity in them. A lot of games today have a list of quests, places to go, items to collect and rewards to receive ... We just ignore each other. So in order to make players care about each other, we have to remove their power, and remove their tasks."[40]

Dieses Computerspiel ähnelt stark einer Pilgerreise, bei der man Fremde, aber auch alte Bekannte treffen kann. Die Interaktion miteinander beschränkt sich auf das gemeinsame Beschreiten des Weges und das gegenseitige Zurufen. Stürzten die Spielenden ab, so bewegt sich der Spieler unbeschadet vom Ort des Aufkommens fort. Der Spielprozess selbst ist frei von jeglicher Todesbegegnung. Erst gegen Ende des Spiels – einem hohen Berg (vgl. Abbildung 2), den die Spielenden von weitem während des Spielverlaufs sehen – taucht man durch einen Pass, den letzten Schritten im Spiel auf dem Weg zum Ziel, in gleißendes weißes Licht ein und sieht sich anschließend vielen Gräbern gegenüber. Man selbst wird darauf zu einer Art Sternschnuppe und fliegt noch einmal durch alle durchreisten Gebiete. Am Ende des Epilogs startet man wieder von vorne – als neuer Reisender. Hier bietet es sich an, über Parallelen zum Buddhismus nachzudenken.

2.3 Tod als moralische und soziale Komponente

In diesem Abschnitt wird der Tod als moralische und soziale Komponente in Computerspielen betrachtet. Der Tod fungiert hier oftmals um Spannung und Dramatik ins Spiel zu bringen, ist demnach ein dramaturgisches Element, um die Spielenden tiefer in die Spielwelt und die Geschichte der Spielcharaktere einzubeziehen. Wenn der Tod in dieser Funktion auftritt, dann dient es, dem Konzept von Juuls folgend, dem Aufbau der *fictional world*. Im Folgenden wird zwischen dem Tod als Teil der Geschichte, dem Tod als Option, dem Tod als inter- und transmedialem Phänomen und dem Tod von außen unterschieden.

2.3.1 Tod als Teil der Geschichte (purposeful death)

In vielen Spielen ist der Tod ein Teil der Geschichte. Dabei wird in Spielesequenzen, die cineastisch ablaufen und in denen der Spieler selbst nicht handeln kann oder den Tod durch eigene Interaktionen nicht verhindern kann, ein

---

[39] Vgl. http://thatgamecompany.com/games/journey/; zuletzt abgerufen am 23.04.2015.
[40] http://www.gamasutra.com/view/feature/170547/a_personal_journey_jenova_chens_.php?print=1; zuletzt abgerufen am 23.04.2015.

Verbündeter oder er selbst sterben.[41] Die Funktion solcher Szenen ist oft ein theatralisches Element, eine Dramatisierung, die den Spieler für die Geschichte empfänglicher machen soll.[42] In *Final Fantasy VII* ist es der emotional tief ergreifende Tod von *Aeris* und in *Call of Duty 4* sehen sich die Spielenden machtlos einer nuklearen Explosion gegenüber, der sie sich nicht entziehen und entkommen können.

Nicht nur der Akt des Sterbens wird als ein solches Element verwendet, sondern auch Trauer und Bestattungsszenen. So findet beispielsweise im Prolog von *GTA V* eine Beerdigung[43] statt und in *Beyond two souls* erlebt man im Kapitel *Navajo* die Beerdigung der Großmutter Shimasani, die einem zuvor noch vor bösen Geister gerettet hat.

In diesen Erzählelementen finden sich unterschiedliche religiöse Bestattungskulturen und Nach-Tod-Vorstellungen. Von der Indianerbeerdigung bis hin zu einem „Auffahren in den Himmel" – vom spurlosen sich Auflösen des Leichnams bis hin zum Wiederkehren als Geistbegleiter.

2.3.2   Der Tod als Option

Anders gestaltet sich ein Spiel, wenn man den Tod in die Hand der Spielenden legt. Das heißt Spiele, bei denen es die Handlungsstränge ermöglichen, den Tod größtenteils zu vermeiden. Diese Funktion, mit Tod als Option beschrieben, soll kurz dargestellt werden.

Wie bereits zuvor dargestellt, wird der Tod in vielen Spielearten so genutzt, den Handlungsverlauf des Spieles zu beeinflussen. Geht man links, stirbt man – geht man rechts, überlebt man – also geht man rechts. Hier ist der Tod ein Hindernis im Spielfluss. Er hat die *story* und die *fiction* unterbrochen. Der Tod wird auch dazu genutzt, eine Dramatik in das Spiel zu bringen und den Spieler zu fesseln. Dadurch ist der Tod ein wesentlicher Bestandteil des Spieles, der *zielgerichtet* und *unvermeidlich* stattfand – Aeris musste in Final Fantasy VII sterben – der Spieler in Call of Duty stirbt unweigerlich an der atomaren Explosion.

Anders verhält es sich in Spielen, bei denen dem Spieler die Wahl über Leben und Tod gegeben wird. Diese Wahl findet sich vorzugsweise bei Spielen, die nach Juuls ein *emergence gameplay* zulassen. Beispiele für solche Spiele sind *GTA V*, *Heavy Rain*, *Beyond: Two Souls* und *The Walking Dead*.

---

[41]   Vgl. Tocci, „You Are Dead. Continue?", S. 195.

[42]   In „Can a computer game make you cry?", einem Zeitschriftenartikel von 1983 des Spieleherstellers Electronic Arts, in dem er um neue Mitarbeiter warb, spricht der Hersteller von einer neuen Ära von Computerspielen, die stärkeren Bezug zum Spielenden herstellen sollen.

[43]   Unter http://de.gta.wikia.com/wiki/Prolog; zuletzt abgerufen am 23.04.2015, ist es möglich, die Beerdigungsszene transkribiert nachzulesen.

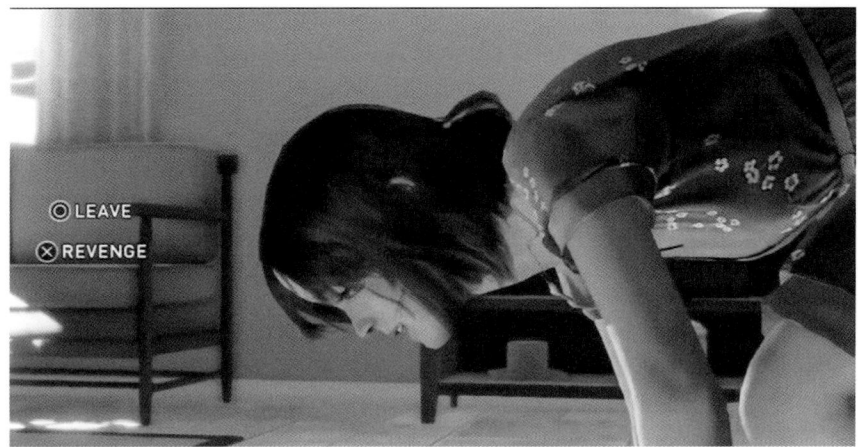

Abb. 3: Quantic Dream (2013). Beyond: Two Souls.

Diese Spiele distanzieren sich größtenteils vom *trial-and-error*-Schema und eröffnen unterschiedliche Handlungsstränge, die nicht revidierbar sind. Wenn jemand darin stirbt, dann ist dies keine *false-state*, sondern eine moralische oder soziale Entscheidung, die die Spielenden treffen. Die Entscheidung kann dann eine große Tragweite für den Verlauf der Geschichte haben. Wer etwa in *Mass Effect 2* einen NPC-[44] Mitspieler sterben lässt, kann ihm im dritten Teil und den Add-Ons der Spieleserie nicht mehr begegnen. *The Walking Dead* inszeniert diesen Umgang mit dem Tod ganz besonders, indem der Spielende sich ihm selbst gegenüberstehen sieht.

All diese Computerspiele, die den Tod als moralisches Element aufgreifen, fokussieren die spielerische Atmosphäre. Eine perfekte Inszenierung der Spielewelt auf hohem grafischem, künstlerischem und musikalischem Niveau möchte den Spielenden emotional in das Spiel einbinden.

Der Tod als Option ermöglicht es, den Spielemachern eine neue Interaktionsebene einzufügen, die die Spielenden zur einer Entscheidung zwingen: Sie müssen sich mit ihren eigenen Wertevorstellungen auseinandersetzen. Dies bietet die Chance, sich virtuell ausprobieren zu können und auch einmal dem eigentlichen persönlichen Charakter konträre Handlungsmöglichkeiten auszutesten – ohne reale zwischenmenschliche Beziehungen zu belasten.

2.3.3   Tod als intermedial Phänomen

Eine weitere Spielart stellt den Tod als intermediales Phänomen dar. Dabei werden bei Spielereihen Erzählanteile der ihnen zu Grunde liegenden Spielfilme, Bücher und Comics vorausgesetzt und fortgeführt; z. B. bei den *Star Wars*- und *Batman Arkham City*-Spielen. Man spricht hierbei von medienkon-

---

44   Engl. non-player character – Nicht-Spieler-Charakter.

vergenten Aspekten. In *Batman Arkham City* ist man sich beispielsweise durch filmische Umsetzung von Batman immer der Trauer um seine getöteten Eltern bewusst. Die Storygrenzen zwischen den unterschiedlichen Medienformaten TV, Buch, Plakaten usw. werden dabei zunehmend unschärfer:

> „Computerspiele sind dabei selten für sich alleinstehende Produkte, sondern oft eingebettet in einen Kontext anderer Medien. Das betrifft sowohl ihre Form, wenn etwa Spiele mit gefilmten Zwischensequenzen ausgestattet oder Spielfiguren von bekannten Schauspielern synchronisiert werden, aber auch die Vermarktung, in der die Spiele einen einzelnen Medienbaustein darstellen, der mit anderen verknüpft werden kann. So gab es schon lange das Spiel zum Film, aber inzwischen genauso den Film zum Spiel, wie es die erfolgreichen Tomb Raider-Verfilmungen zeigten."[45]

2.4   Tod von außen

In Computerspielen wird nicht nur der Tod durch die Spieleentwickler thematisiert und / oder inszeniert, sondern Tod und Trauer werden zudem von außen hineingebracht. Drei kurze Gestaltungsbeispiele sollen dies veranschaulichen: Fan-Art, Dev-Art und Tod als Inszenierung der Spielenden.

Als Fan-Art bezeichnet man die Werke, die Fans anfertigen. Darunter zählen Machinimas[46] und Fan-Storys:

> „Machinimas sind von Fans erstellte Filme, die auf aufgenommenen Szenen eines Spiels beruhen. [… Es gibt] aber auch Machinimas, die einen eher künstlerischen Anspruch haben. Sie haben eigene Dramaturgien, werden mit Musik oder Dialogen unterlegt und bilden eigenständige, manchmal satirische Filme. Andere SpielerInnen modifizieren ihre Lieblingsspiele nur im Kopf, indem sie die Geschichten weiter schreiben, oder neue Abenteuer ihrer Helden entwerfen. Diese so genannten Fan-Stories, zum Beispiel über die Tomb Raider-Heldin Lara Croft, werden auf eigenen Websites gesammelt und veröffentlicht."[47]

Erzählinhalte solcher Machinimas und Fan-Storys können auch Tod, Trauer und Bestattungen sein. So lassen sich in DIE SIMS Beisetzungsszenen durchspielen und filmisch festhalten.

Mit Dev-Art kann man künstlerische Werke von Spieleentwicklern innerhalb von Computerspielen bezeichnen. Es finden sich in Spielen oftmals Missionen, Charaktere, Orte oder Gegenstände, die in Anerkennung oder als Erinnerung, sogenannte *In-Game Memorials,* an eine geliebte Person ins Spiel integriert wurden. Viele In-Game-Memorials lassen sich in *World of Warcraft*

---

[45]   Fileccia, Marco / Fromme, Johannes / Wiemken, Jens, Best-Practice-Kompass. Computerspiele im Unterricht, Lehrerhandbuch, Düsseldorf 2010, S. 9.

[46]   Unter www.machinima.com finden sich mehr Informationen und eine Community, die sich mit dem Phänomen auseinandersetzt.

[47]   Fileccia u. a., Computerspiele im Unterricht, S. 21.

ausfindig machen, so etwa auch das von Brad Bridenbecker dem Bruder eines Mitarbeiters der Spieleschmiede von World of Warcraft:

> „Brad Bridenbecker was an avid WoW player and the city manager of La Habra, California since 2002. He grew up in Orange County and had a master's degree in public administration from the University of Southern California. He was diagnosed with cancer at age 31 and passed away in 2007 at age 35 after a four year battle with the disease, and is survived by his wife and two daughters (…) His brother, Robert Bridenbecker, was a Blizzard employee and asked Blizzard if there was anything they could do in his honor. Chris Metzen gave Robert the choice of having Brad be a part of the Lich King main story line or giving him a quest series, and Robert opted for the latter. Crusader Bridenbrad's quest chain starts with A Tale of Valor, and is symbolic of his battle with cancer".[48]

Als eine dritte Möglichkeit des Todes von außen, die oftmals entgegen die Bestimmung des Entwicklers ist, kann man den Fall betrachten, wenn das Spiel Ort einer Todes- oder Bestattungsinszenierung genutzt wird. Ein zumindest in der Gamerszene bekanntestes Beispiel ist die Beerdigungsfeier anlässlich einer Spielerin, die im realen Leben verstarb. Deren Gedenkfeier fand im Computerspiel *World of Warcraft* auf einem sogenannten PvP-Server[49] statt. Das Besondere an dieser Trauerfeier war, dass die Teilnehmenden während der Feierlichkeiten von anderen Spielenden angegriffen wurden. Dies löste eine hitzige Debatte über Real-Life Inhalte in virtuellen Spielewelten aus.[50] Noch heute lassen sich Einladungen zu Gedenk- und Trauerfeiern in virtuellen Spielwelten in Foren ausfindig machen.

Zusammengefasst stellen die von außen in das Spiel getragenen Todeserfahrungen und -thematisierungen eine Auseinandersetzung mit der Thematik Tod, Sterben und Trauer der Spielenden in Computerspielen dar und können auch im Sinne einer Trauerbewältigung als eine hilfreiche Ressource der Trauernden dienen. Weiterführend wäre eine Untersuchung dieser Inszenierungen auf ihren spezifisch religiösen Inhalt sicherlich gewinnbringend, spielen doch Spielende unterschiedlicher religiöser und sozialer Herkunft miteinander. Die Analyse einer solchen virtuellen interreligiösen Gedenkfeier könnte Anregungen für reale Begegnungen bereithalten.

---

[48] Abgerufen von: http://www.wowhead.com/guides/miscellaneous/a-guide-to-in-game-memorials; zuletzt abgerufen am 23.04.2015. Auf dieser Seite befindet sich eine Sammlung von Ingame-Memorials im Computerspiel *World of Warcraft*.

[49] Ein PvP-Server ist ein Spieleserver auf dem die Spielenden gegeneinander antreten und sich gegenseitig Schaden zufügen können.

[50] http://eu.battle.net/wow/en/forum/topic/2151755227; zuletzt abgerufen am 23.04.2015 und http://www.wartower.de/forum/showthread.php?419541-Beerdigung-im-WOW; zuletzt abgerufen am 23.04.2015.

3.   Handeln – religionspädagogische Ansätze

„Heute hätten zwar schon 14-jährige Jugendliche in Computerspielen und
Fernsehen durchschnittlich bereits mehr als 10.000 Tote gesehen, das wirkliche
Sterben und der Tod seien allerdings aus unserer Wahrnehmung verschwunden
und damit auch die Möglichkeit, bewusst mit dem Lebensende umzugehen." Holt
Sterben und Tod wieder als Teil des Lebens in unsere Gesellschaft", appellierte
Käßmann an die Zuhörer, „damit Menschen Lebenszeit wieder als wertvoll
erfahren".[51]

Kein anderes digitales Medium kann Sterben und Tod so nahe bringen wie
Computerspiele, in denen man ihm sozusagen selbst gegenübersteht. Durch
die Möglichkeit zu interagieren, Beziehungen zu den (Neben-)Charakteren
aufzubauen und ganz in die Spielewelt mit ihren Farben und Klängen ein-
zutauchen, können Computerspiele die Themen Tod, Trauer und Bestattung
besonders stark besetzen. In der JIM-Studie 2013 bejahen 21 Prozent der Nutzer von Computer-, Konsolen-, Online- und Handyspielen die Aussage „Wenn
ich spiele, kann ich in fremde Welten eintauchen und den Alltag vergessen".[52]
Computerspiele bergen das Potential in sich, es dem Spielenden zu Ermöglichen sich von den Alltagsbelastungen und -einflüssen zu lösen und in der
Spielwelt offen gegenüber neuen Erfahrungen zu werden. Bleibt der virtuell
erlebte Tod emotional konsequenzlos und eine Massenware oder bietet der
Tod im Spiel vielmehr neue Erfahrungen, und wie können diese thematisiert
werden?

Zunächst gibt das Wissen um die verschiedenen Facetten des Todes in
Computerspielen uns einen Einblick in die mediale Lebenswelt der Heran-
wachsenden, mit welchen Emotionen und Nicht-Emotionen sie heute in Computerspielen konfrontiert werden. Computerspiele bauen schon lange nicht
mehr nur auf brachiale Splatterszenen, sondern sind dabei, sich zu verändern.
Sie appellieren an die emotionale Intelligenz der Spielenden. So erschienen
in den letzten vier Jahren immer mehr Spiele nach dem *emergence gameplay*-Konzept, also immer mehr Spiele, die Spielende berühren möchten und
dies auch tun: durch Beziehungen und eigene Entscheidungen. Tod, Sterben
und Bestattungen sind Themen, die darin – nicht nur von den Spieleentwicklern – bewusst aufgegriffen werden. Es zeigt sich so aber auch, dass Computerspiele das jugendliche Denken beeinflussen[53] können und durch jene Handlungsmöglichkeiten und Interpretationsräume, die Computerspiele bieten, auf

---

51   Abgerufen   unter: http://www.presseportal.de/pm/112743/2693827/25-deutscher-
      interdisziplinaerer-schmerz-und-palliativtag-schmerz-und-tod-gehoeren-zum-leben;
      zuletzt abgerufen am 23.04.2015.
52   Vgl. MFPS, JIM 2013, S. 47.
53   Winklmann, Michael, „Gott spielt Counterstrike am PC", Computerspiele und reli-
      giöse Bildung, in: Bischoff u. a. (Hg.), Was wird hier gespielt? Computerspiele in
      Familie 2020, Berlin/Toronto 2015, S. 135 – 146, hier: S. 135.

die Welt außerhalb der Spielwelt übertragen werden können. So zum Beispiel bestimmte Nachtodvorstellungen, die Jugendliche in virtuellen Welten für sich entdecken. In Spielen, welche moralische Entscheidungen von den Spielenden fordern, wird einer Art *ethische Urteilskompetenz*[54] ausgebildet, die Inhalt des Religionsunterrichts darstellen kann.

Obwohl das Sterben in Computerspielen oft nur ein Mechanismus ist, gibt es Spiele und Spielende, die diesem Mechanismus entgegenwirken. Durch Machinimas werden Beerdigungsszenen gestaltet, durch Ideen der Spielenden werden Situationen geschaffen, die nicht unbedingt vom Spieledesigner so erdacht wurden (z. B. Beerdigung von Spielern in Computerspielen). Spielende werden mit Kontingenzerfahrungen konfrontiert, mit Rache und Entscheidungen und Emotionen, wie Trauer und Wut. Sie können sich darin ausprobieren und davon lernen: „Revenge or Leave?"

Es lohnt sich, Computerspiele mit Schülerinnen und Schülern anzuschauen und über deren Perspektive zu sprechen. Die Lehrkraft muss sich dabei aber bewusst sein, dass der Einsatz von Computerspielen im Religionsunterricht Offenheit und Spontanität erfordert. Computerspiele sollten nicht *nur* als Sprungbrett für eine bestimmte Thematik genutzt werden oder dafür, dass Schülerinnen und Schüler *nur* nach religiösen Symbolen und Strukturen Ausschau halten. Vielmehr sollten Jugendliche die Chance haben, Aspekte ihrer Lebenswelt im Unterricht mitzuteilen – woraus die Lehrkraft die religiöse Deutungswelt aus Sicht der Jugendlichen verstehen lernen kann. Gemeinsam könnte man dann zu dem Schluss kommen, dass Beerdigungen in *World of Warcraft* Fragmente gelebter Religion in Computerspielern sind.

Literatur

Ahn, Gregor. Multimortalität – Multivitalität. Konstruktionen von Tod und Postmortalität in den Computerspielen The Void und Venetica, in: Ahn, Gregor / Miczek, Nadja / Rakow, Katja (Hg.), Diesseits, Jenseits und Dazwischen? Die Transformation und Konstruktion von Sterben, Tod und Postmortalität, Bielefeld 2011, S. 121–150.

Fagone, Jason, Chain World Was Supposed to be a Religion, Not a Holy War, in: Wired, August 2011. Abgerufen unter: http://www.wired.com/2011/07/mf_chainworld/all/1.

Fileccia, Marco / Fromme, Johannes / Wiemken, Jens, Best-Practice-Kompass. Computerspiele im Unterricht. Lehrerhandbuch, Düsseldorf 2010.

Juul, Jesper, Half-Real. Video Games between Real Rules and Fictional Worlds, Cambridge 2005.

---

[54] Winklmann, „Gott spielt Counterstrike am PC", S. 142.

Knoll, Tobias, Theorizing Religion in Digital Games. Perspectives and Approaches, in: Heidbrink, Simone / Knoll, Tobias / Wysocki, Jan (Hg.), Online – Heidelberg Journal of Religions on the Internet 5 (2014), S. 5–50. Verfügbar unter: http://journals.ub.uni-heidelberg.de/index.php/religions/article/view/12156/5992.

Medienpädagogischer Forschungsverbund Südwest, JIM 2013. Jugend, Information, (Multi-)Media, Baden-Baden 2013.

Medienpädagogischer Forschungsverbund Südwest, KIM-Studie 2013. Kinder und Medien, Computer und Internet, Baden-Baden 2013.

Salen, Katie / Zimmermann Eric, Rules of play. Game design fudamentals, Cambridge 2004.

Thomson, Michael, Dealing With Death in Videogames. What Modern Warfare 2, BioShock 2, and Mario tell us about the eternal footman, in: IGNus 2010. Abgerufen unter: http://www.ign.com/articles/2010/04/06/dealing-with-death-in-videogames.

Tocci, Jason, „You Are Dead. Continue?“. Conflicts and Complements in Game Rules and Fiction, in: Eludamos, Journal for Computer Game Culture, 2 (2008), S. 187–201.

Winklmann, Michael, „Gott spielt Counterstrike am PC“, Computerspiele und religiöse Bildung, in: Bischoff, Sandra / Büsch, Andreas / Geiger, Gunter / Harles, Lothar / Holnick, Peter (Hg.), Was wird hier gespielt? Computerspiele in Familie 2020, Berlin/Toronto 2015, S. 135–146.

Internet

http://eu.battle.net/wow/en/forum/topic/2151755227.

http://www.gamasutra.com/view/feature/170547/a_personal_journey_jenova_chens_.php?print=1.

www.machinima.com.

http://www.presseportal.de/pm/112743/2693827/25-deutscher-interdisziplinaerer-schmerz-und-palliativtag-schmerz-und-tod-gehoeren-zum-leben

http://thatgamecompany.com/games/journey/.

http://www.spiegel.de/netzwelt/games/permadeath-spieleentwickler-setzen-auf-den-ewigen-tod-der-spielfigur-a-873051-7.html.

http://venturebeat.com/2013/02/08/an-interview-with-jenova-chen-how-journeys-creator-went-bankrupt-and-won-game-of-the-year/.

http://www.wartower.de/forum/showthread.php?419541-Beerdigung-im-WOW.

http://de.gta.wikia.com/wiki/Prolog.

http://www.wired.com/2011/07/mf_chainworld/all/1.

http://www.wowhead.com/guides/miscellaneous/a-guide-to-in-game-memo-
rials.

Abbildungen

Abb. 1: Darstellungstypen von Tod und ihre Funktionen; © Eigene Darstel-
lung.
Abb. 2: Thatgamecompany (2012). Journey; © Tokio: Sony Computer Enter-
tainment.
Abb. 3: Quantic Dream (2013). Beyond: Two Souls; © Tokio: Sony Computer
Entertainment.

Bilder des Todes zerstören.
Caravaggio, Kierkegaard und Marin über Selbst-Vorstellungen und Destruktion

Marius Timmann Mjaaland

Welche Wahrheit über den Tod liegt im Bild verborgen? Welche Wahrheit über das Selbst verbirgt sich im Tod? Und wie verhalten sich, wie verschieben sich diese Wahrheiten ineinander, durch die Wahrnehmung? Stimmung und Ernst, Augenblick und Entscheidung sind Aspekte der Erfahrung mit dem Tod, die bei Søren Kierkegaard (1813–55) gegeneinander ausgespielt werden. Es gibt eine ikonoklastische Tendenz in seinen Schriften, als ob er jedes Bild des Todes zerstören würde.

In Caravaggios Bildern gibt es eine ähnliche Tendenz, das Subjekt gerade im Augenblick seiner Zerstörung durch den Tod darzustellen. Ihm wurde auch vorgeworfen, dass er die Malerei zerstören würde, vor allem durch die Darstellung und Vorstellung des Subjekts im Augenblick des Todes. Der Kunsttheoretiker Louis Marin hat die Bilder von Michelangelo Merisi da Caravaggio (1573–1610) phänomenologisch analysiert und mit den Bildern seines Schülers, Nicolas Poussin (1594–1665), verglichen. Er untersucht die Darstellung des Todes bei den beiden Künstlern und will herausfinden, ob Poussin etwas Wesentliches mit seiner Kritik an dem alten Meister getroffen hat: Kann Caravaggio eigentlich keine Geschichte erzählen, weil alles in einem festgehaltenen Augenblick erstarrt? Das berühmte Bild von Medusa ist das Beispiel *par excellence* für diese brutale Darstellung des Subjekts im Augenblick des Todes. Das Blut spritzt von den Blutadern, während ihr Blick im Spiegel erstarrt. Medusa ist auf diesem Bild als Junge dargestellt, bietet also einen androgynen Eindruck. Und während die mythische Gorgone Menschen durch ihren Blick getötet hat, sieht sie/er in Caravaggios Darstellung sich selbst im Spiegel – und entdeckt sozusagen *sich selbst* in dem dramatischen Augen-Blick, als sie/er durch Perseus enthauptet wird. Was sagt ein solches Bild über den Menschen und seine Selbstreflexion? Welcher Mensch spiegelt sich dort im Bild und im Todesschrecken?

Anhand von Kierkegaards Rede *An einem Grab* (1845) und einigen Bildern Caravaggios werde ich das Verhältnis von Subjektivität und Tod analysieren bzw. die Destruktion des *Subjekts* durch den Tod und damit auch die Zerstörung des *Bildes*, verstanden als Vorstellung und Darstellung des Lebens. Die Destruktion scheint fast unausweichlich, wenn man die entscheidende

Wahrheit des *Gedankens* über den Tod erkennen will: Um die vielen Simulakra des Todes zu entlarven, bleibt nur die ikonoklastische Zerstörung übrig.

Das Bild des Todes erhält andererseits durch Caravaggios Pinselstriche
eine fast unheimliche und offenbarende Klarheit, als wenn man in einem einzigen Augenblick das ganze Leben durchblicken würde. Durch die Darstellung dieses einmaligen Augenblicks versucht er den tieferen Charakter an der
Oberfläche des Antlitzes hervorzubringen in den Zügen, in den Augen, im
fließenden Blut. Es ist diese plötzlich abgebrochene Situation, die uns auf einmal die Züge des *modernen* Subjekts erkennen lässt. Die Frage ist, ob dieses
Subjekt sich überhaupt mehr als ein Augenblick festhalten lässt oder schon
im nächsten Augenblick zerfließt und von anderen Geschichten und Schriften
eingeholt wird. Vor allem in der Kunst von Poussin kommt dieser Zweifel zum
Vorschein. Dadurch meldet sich aber auch die Frage nach der *Dekonstruktion*
des Subjekts durch den Tod, eine Frage, die wir mit Louis Marin am Ende
wieder aufnehmen werden.

1.   Die Rede *An einem Grab*

„So ist es nun vorbei!" Mit diesen Worten fängt Søren Kierkegaards dritte
und letzte Rede an gedachten Gelegenheiten von 1845 an, die Rede *An einem
Grab*.[1] Und sobald dieser Eindruck vom endgültigen Abschied sich gesetzt
hat, fährt er fort:

> „Und wenn derjenige, der als erster zum Grab hingetreten ist, weil er am nächsten
> ist, nach dem kurzen Augenblick der Rede der Letzte geworden ist, ach, weil er
> am nächsten ist: dann ist es vorbei. Wenn er da draußen bleiben würde, erfährt
> er doch nicht, was der Tote sich vornimmt, weil der Tote ein stiller Mann ist.
> Wenn er, in seiner Sorge, seinen Namen rufen würde, wenn er, in seiner Trauer,
> lauschend sitzen geblieben wäre, erfährt er doch nichts, weil im Grab gibt es nur
> Stille, und der Tote ist ein stiller Mann; und wenn er jeden Tag erinnernd zum
> Grab gegangen wäre, der Tote erinnert sich nicht an ihn -. Denn im Grab gibt es
> keine Erinnerung, nicht einmal von Gott."[2]

Das Bild ist ziemlich eindrücklich. Jeder kann es wiedererkennen, der an einem Grab gestanden hat. Es gibt keinen Weg zurück und dadurch entsteht dieses Gefühl der Endgültigkeit: „Es ist vorbei!" Das Bild ist realistisch, aber die
Rede ist *gedacht*, oder auf Englisch: *imagined. Three Discourses on Imagined*

---

[1]   Zitate von Søren Kierkegaard aus der letzten kritischen Edition: Cappelørn, Niels Jørgen u. a. (Hg.), Søren Kierkegaards Skrifter [SKS], Bd. 1–55, Kopenhagen 1998–2013
– hier aus dem fünften Band: SKS 5, S. 442. Deutsche Übersetzung aus der Ausgabe
von Emmanuel Hirsch, wenn nichts anderes angegeben ist.

[2]   Kierkegaard, Skifter, S. 442.

Occasions. Vielleicht ist jede schriftliche Rede in diesem Sinne eine *gedachte* Gelegenheit und trotzdem wird hier unterstrichen, dass das Grab vor allem eine Gelegenheit zum Nachdenken ist: Es geht um das Nachdenken über den Tod und über die Sprache des Todes, inklusive dieser Grenze zwischen Sprache und Nicht-Sprache: Die Stille. Es ist aber auch eine Gelegenheit, über Bilder des Todes nachzudenken, weil die Gelegenheit *an einem Grab* eine Menge Bilder und Vorstellungen ins Bewusstsein ruft. Der Tod wird hier eindrücklich, gerade *weil* er vorgestellt wird; weil er Bilder des Todes – und des Lebens – hervorruft. Gleichzeitig ist aber der Tod ein Zerstörer des Lebens und wird im Laufe der Rede zum Zerstörer von allen Bildern des Todes gemacht.[3] Durch Kierkegaards Rede an einem Grab werden Bilder des Todes überhaupt zum Problem gemacht, und die *Erkenntnis* des Todes durch Bilder, durch Zeichen, durch Gedanken und Sprache werden grundlegend problematisiert.

Durch diese Zerstörung der Bilder trifft Kierkegaards *Rede an einem Grab* die Bildertheorie von Louis Marin. Der französische Philosoph und Kunsttheoretiker hat 1977 das Buch *Détruire la peinture* veröffentlich: Der Versuch einer Semiotik der Malerei anhand von Bildern und Kunsttheorien von Caravaggio und seinem Schüler Poussin.[4] Es gibt keine direkte Verbindung zwischen Kierkegaard und Marin, kein Verweis, nicht einmal eine Fußnote, dafür eine thematische, bildliche und sprachliche, sogar eine existentielle: Es geht um den Tod und um die Bilder des Todes. Es geht um Epitaphe und Simulakren des Todes, um Bilder, die von innen her zerbrechen oder ikonoklastisch zerschlagen werden. Es geht um die Interpretation der Bilder und um die Grenze der Interpretation überhaupt. Es geht um den Verfall des Sinns und die ständige Verschiebung des Sinns, letzten Endes auch um den Sinnesverlust angesichts des Todes. Zunächst folgt eine kurze Skizze von Marins Bildertheorie, dann der Versuch, das Hauptproblem in Kierkegaards Rede bildtheoretisch auszuarbeiten, bevor wir uns einigen Bildern von Caravaggio und Poussin widmen. Dort geht es vor allem um die Frage der Subjektivität und der Dar-Stellung des reflektierenden Subjekts. Am Ende geht es deshalb auch um das Leben und seinen zerbrechlichen Sinn angesichts des Todes.

---

[3]   Vgl. Theunissen, Michael, Das Erbauliche im Gedanken an den Tod. Traditionale Elemente, innovative Ideen und unausgeschöpfte Potentiale in Kierkegaards Rede An einem Grabe, in: Kierkegaard Studies Yearbook [KSYB] (2000), S. 40–73.

[4]   Ich verweise auf die englische Übersetzung: Marin, Louis, To Destroy Painting, (transl. Mette Hjort), Chicago 1995. Das Buch ist auch auf Deutsch erschienen: Marin, Louis, Die Malerei zerstören, Zürich 2003.

2.   Die Malerei zerstören

Louis Marin schreibt Folgendes über die Verbindung von Sprache, Malerei und Tod:

> „What is the relation between language and painting if in speaking of a painting we undermine the delight [*délectation*] or enjoyment [*jouissance*] that is its end, the deadly beauty of theory, death through representation? [...]
>
> Is a discourse on painting possible? More precisely, is a discourse *on* painting possible that would be different from a discourse *of* a given painting?" [5]

Die Frage ist vielleicht nicht *ob*, sondern eher *wie* ein solcher Diskurs *von* der Malerei möglich ist. Louis Marin schreibt ja ein ganzes Buch *über* die Malerei, aber nicht nur, um das Bild zu beschreiben. Es geht ihm eher um die Möglichkeit, die Malerei als Ausgangspunkt für eine Erkenntnistheorie zu machen. Das Bild ist ein *topos* des Selbst: Durch die Re-präsentation (oder Dar-Stellung) stellt ein Ich die Verbindung dar zwischen sich selbst und dem Re-präsentierten. [6] Laut Marin ist das sozusagen der Sinn des Diskurses über das Bild. Hier sieht er allerdings zwei sehr unterschiedliche Verständnisse des Bildes bei Poussin und seinem Lehrer Caravaggio: Poussin unternimmt eine Dekonstruktion der historischen Malerei durch Metarepräsentation – eine Art Negation des repräsentierenden Subjekts. [7] Das exemplarische Bild dafür ist die Malerei von den arkadischen Hirten (Illustration weiter Unten). Das Bild

Abb. 1: Michelangelo Merisi da Caravaggio,
Medusa, ca. 1598.

---

[5]   Marin, To Destroy Painting, S. 15.
[6]   Marin, To Destroy Painting, S. 39.
[7]   Marin, To Destroy Painting, S. 29.

ist gekennzeichnet durch die zentrale Rolle der Schrift, die Präsenz der arkadischen Vergangenheit, und die deiktische Bewegung der Zeigefinger, die auf die Schriftzeichen im Stein verweisen. Die Landschaft ist zweifellos eine vergangene, eine mythische und entzogene Wirklichkeit, die uns aber Spuren hinterlassen hat. Die Hirten versuchen, die Schriftzeichen auf dem Grab zu deuten, verstehen aber offensichtlich nicht ganz den Sinn der Worte. Das Subjekt verliert sich selbst in Verweise auf frühere Verweise, die in der Dämmerung der Zeit verwischen. Die Inschrift „Et in Arcadia Ego" auf dem Grabstein wird zum Zeichen des Subjekts, das vergeblich versucht, sich selbst zu repräsentieren, während sich das Ich in Simulakren verliert:

> „Poussin's painting, then, is a pastoral allegory and simulacrum in which the system of representation deconstructs itself by representing its own process. At the center of the representation is a tomb, and in the center of this center is an inscription engraved in marble. What we have here is a tomb bearing the inscription of the subject's proper name: *ego*."[8]

Bei Caravaggio hingegen findet Marin eine dramatische *Destruktion* der historischen Repräsentation überhaupt, durch die Darstellung des Auges, das sich selbst sieht und entsetzt.[9] Die Ent-setzung ist eine Art ekstatischen Augenblicks, vorsichtig und prüfend dargestellt durch Narziss, der von seinem eigenen Fetisch und Spiegelbild fasziniert wird – während es in der plötzlichen Entsetzung durch den Tod im Bild von Medusa exemplarisch zum Ausdruck kommt:

Abb. 2: Michelangelo Merisi da Caravaggio,
Narziss, 1594–1596.

---

8   Marin, To Destroy Painting, S. 28.
9   Marin, To Destroy Painting, S. 29.

Hier sehen wir in der Bruchlinie zwischen Medusa und Narziss den Kontrast zwischen Medusas Erstarren vor dem Tod und den vielen Simulakren des Todes von Narziss, die er selbstverliebt im Fluss entdeckt. Beide sind mythische Figuren, aber in der Darstellung des Mythos reflektieren sie meines Erachtens zwei verschiedene Formen von Subjektivität: Der eine ist durch das Bild im Fluss verzaubert, und die Rückwirkung auf ihn selbst ist eine romantische Stimmung im Spiegel des Todes. Das Bild ist ziemlich genau in zwei geteilt, wobei die Darstellung des Lebenden im Fluss als Antizipation seines Todes erscheint. Allerdings sind es gerade diese Verschönerungen des Todes, die romantischen Illusionen, die Caravaggio durch seine eher naturalistische Formsprache entschleiern kann.

Der Naturalismus ist aber kein Realismus im technischen Sinne: Es geht um die Schichten der Selbsttäuschung, die auch nicht vor dem Spiegel des Todes halt machen. Im Bild von Narziss geht es deshalb vor allem um das Subjekt: Das Subjekt des Malers, des Beobachters, das im Spiegel der Vergangenheit, des Mythos und der Malerei vor allem *sich selbst* sieht, sich *vor-stellt*, sich dadurch aber auch *ver-stellt* in der Selbstverliebtheit der Betrachtung. Stimmung zeigt uns das Bild, durch Simulakren hervorgebracht. Der Blick von Narziss bleibt uns verborgen, weil er ausschließlich mit sich selbst beschäftigt ist. Er bleibt rätselhaft, in sich verschlossen. Durch den Blick des Zuschauers wird aber dieses Rätsel des Todes in seiner hermetischen Selbstbezogenheit *gezeigt* und so erst entschleiert. Es gibt noch keine dramatische Destruktion, nur die Darstellung und so auch die Bloßstellung vom träumenden Menschen – der, in Stimmung versetzt, den Ernst des Todes verpasst.

Ganz anders und dramatischer kommt dieser Ernst zum Ausdruck durch den Blick von Medusa, den durchdringlichen, aufgeschreckten Blick. Auch dieses Bild verweist auf eine mythische Figur und bringt deshalb eine bekannte Geschichte ins Spiel. Weil aber Caravaggio die Geschichte, die das historische Bild erzählen will, durch einen einzigen aufstarrenden Augenblick zerbrechen lässt, wird er von seinem Schüler Poussin und von anderen Kunstkritikern seiner Zeit angeklagt, die Malerei zu zerstören.[10] Das Entsetzen ist eine gewaltige Geste, die den Betrachter durch Licht und Schatten erschüttern soll. In der Kunstgeschichte wird mit diesen Effekten die Epoche des Barocks eingeleitet. Dadurch interagiert aber das Bild ganz anders als früher mit dem beobachtenden Subjekt. Das Subjekt wird selbst zum Thema des Bildes, wird sozusagen in das Drama des Bildes hineingezogen, durch den Augenblick des Todes.[11] Es ist ein Augenblick, der sich nicht erzählen lässt. Jedes Narrativ wird abgebrochen, durch einen einzigen Blick zerschlagen.

---

[10]   Vgl. Marin, To Destroy Painting, S. 3–6.

[11]   So schreibt Marin über die Darstellung des Subjekts in Caravaggios Bild: „Here, I see a self-representation, in a mirror and/or on the painting's surface, of the very subject of painting, namely, the petrifying gaze and the petrified eye (but also the reverse). I see a figuration of the subject's divided nature (and its play in representation: I look without

In diesem Moment des Todes setzen wir Caravaggio der Rede Søren Kierkegaards über den Tod gegenüber. Der Tod ist für Kierkegaard ein Augenblick der Entscheidung. Es ist ein Augenblick, der jede Geschichte und jede Vorstellung des Selbst durch das Gefühl des unwiederholbaren Verlusts zerstört: *So ist es nun vorbei.*

Die Verbindung zwischen Kierkegaard und Caravaggio in der Darstellung des Todes ist deshalb ziemlich naheliegend, und wird noch interessanter, wenn wir versuchen, das Bildhafte von Kierkegaards Rede auszuarbeiten. Der Philosoph Michael Theunissen hat die Rede im Detail analysiert und behauptet, dass sie schlichtweg ikonoklastisch sei: Es gehe nicht um das Bild, sondern nur um den reinen Gedanken des Todes.[12] Ich will aber das Gegenteil behaupten: Die Rede ist ohne Zweifel ikonoklastisch, aber gerade deshalb geht es um die Bilder des Todes, um die Möglichkeit oder Unmöglichkeit, den Tod durch die Sprache – und durch geeignete Bilder – darzustellen.[13] Bei Marin finden wir also einen Diskurs über die Möglichkeit, eine Sprache der Bilder zu finden. Bei Kierkegaard finden wir einen Diskurs über die Möglichkeit oder Unmöglichkeit, den Tod und die Entscheidung des Todes in Bildern und Vorstellungen zu fassen – oder darauf zu verzichten. Zusammen geben die beiden Denker uns eine ständige Herausforderung, über Bilder und Simulakra des Todes nachzudenken. Ich teile das Anliegen Marins, gerade wenn es um Bilder des Todes geht. Besonders interessant finde ich die Frage, wie diese Bilder das Subjekt, das Selbst des Betrachters, zum Thema des Bildes – und des Diskurses über Bilder – machen.[14]

Allerdings möchte ich nicht zwischen den beiden Alternativen von Destruktion und Dekonstruktion des Bildes entscheiden, um das eine oder das andere auszuschließen. In der Analyse von Kierkegaards Todesrede – aber auch in der Analyse von heutigen Bildern des Todes auf dem Grab, Gottesacker oder im Simulakrum, in der Malerei sowie im Internet oder in der Literatur – lässt sich die Spannung zwischen Destruktion und Dekonstruktion produktiv nutzen. Wie schon bei Jacques Derrida kann man sagen, dass die Dekonstruktion von der Destruktion lebt, während Bilder und Schriftzeichen wieder ins Spiel gesetzt werden.[15] Also gehen wir zum Bild von Poussin über, dem Schüler Caravaggios, der irgendwie die Möglichkeit der Malerei, eine Geschichte zu erzählen, wiederherstellen will. Der erschreckte Medusa im Augenblick des

---

really looking; I [almost] do not look). I see the mirror's decapitation of self-referential representation, or in other words, the separation of the painting's head from its body." (Marin, To Destroy Painting, S. 133).

[12] Vgl. Theunissen, Das Erbauliche im Gedanken an den Tod, S. 64–67.

[13] Siehe dazu Mjaaland, Marius Timmann, Death and Aporia: Some Reflections on the Problem of Thinking Death in At a Graveside (1845), in: Kierkegaard Studies Yearbook (2003), S. 395–418; hier S. 399f.

[14] Vgl. Marin, To Destroy Painting, S. 120.

[15] Vgl. Derrida, Jacques, Différance, in: ders., Margins of Philosophy, (transl. Alan Bass), Chicago 1982, S. 3–27.

Todes wird dann durch die arkadischen Hirten ersetzt, die ein Wort auf dem Grab entdecken: *Et in Arcadia Ego.*

Abb. 3: Nicolas Poussin, Hirten in Arkadien (Et in Arcadia ego), 1637–1638.

Wenn die jungen Hirten auf dem Bild diese Worte auf dem Grabstein entdecken, ist es wie ein *memento mori*: Das Leben ist vergänglich. Auch das Ich, das in dieser Schrift auftaucht, gehört schon dem Tod an. Aber welchem Tod? Dem mythischen Tod der arkadischen Landschaft? Der Schönheit der Utopie? Oder der Zerstörung der Utopie? Poussin ist der Maler, der zugleich auch Erzähler und Denker sein will. Er ist derjenige Meister, der durch seine Bilder eine Geschichte *dem Subjekt gemäß* erzählen will.[16] Lässt sich aber der Tod – und die Erinnerung des Todes – überhaupt entsprechend der *Wirklichkeit* des Todes darstellen? Wird er nicht zwangsläufig durch die Bilder der Erinnerung verstellt? Man könnte sogar fragen, was überhaupt die Wirklichkeit des Todes im realistischen Sinne sei. Wie lässt sich eine ernsthafte oder scherzhafte, oberflächliche oder tiefergehende Darstellung davon machen, ohne das Subjekt zu verstellen? Was ist überhaupt Tiefe und Oberfläche im Verhältnis zum Tod? Liegt die Tiefe in den Pinselstrichen oder im Gedachten, in der Selbstdarstellung oder in der plötzlichen Entfremdung durch den Tod?

---

[16]   Siehe Marin, To Destroy Painting, S. 30.

3.   Die Entscheidung des Todes

Kierkegaard beschreibt vor allem zwei unterschiedliche Formen des Umgangs mit dem Tod in der *Rede an einem Grab*: Im Scherz oder im Ernst. Das erste wird als „Stimmung" bezeichnet. Das zweite ist die *Entscheidung* des Todes. Das erste ist „wie ein Traum" – das zweite beschreibt er als realistisch, ja, die Bedingung des Sich-selbst-Werdens schlechthin.[17] Kierkegaard geht es vor allem um die Entscheidung des Todes, was schon durch die Gliederung der Rede auffällt. Der ganze Hauptteil trägt die Überschrift „die Entscheidung des Todes" und drei Behauptungen leiten jeweils ein neues Thema ein:[18]
a)   die Entscheidung des Todes ist entscheidend,
b)   die Entscheidung des Todes ist unbestimmbar,
c)   die Entscheidung des Todes ist unerklärlich.

Wenn es Kierkegaard so wichtig ist mit dem Ernst und mit dem Gedanken, könnte man vielleicht erwarten, dass die Vorstellung und das Bild des Todes schnell zur Nebensache gemacht werden. So ist es aber nicht. Den Ernst des Todes, schreibt er, ist „[…] nicht die direkte Darstellung sondern die verarbeitete, das heißt, hier ist es wieder das Innerliche und der Gedanke, die Aneignung und die Verarbeitung, die den Ernst ausmachen."[19]
     Marin behauptet, dass der Diskurs über die Malerei das Selbst thematisiert, weil der Betrachter sich selbst in Verbindung mit dem Motiv setzt.[20] Das ist dann eine äußerliche Verbindung, die durch den Betrachter verinnerlicht werden kann. Bei Kierkegaard geht die Bewegung anders herum: Das Ich ist von Vorstellungen über den Tod umzingelt, macht sich auch selbst Vorstellungen über den Tod – man nennt ihn z.B. einen Schützen, der mit dem Pfeil des Todes sein Ziel trifft. Oder der Tod ist wie eine Krankheit, wie eine Schlinge, die den Gesunden fängt; der Tod ist wie ein Schlaf.[21] Es sind alles schöne und treffende Bilder, schreibt der Däne, aber damit hat man den Ernst des Todes noch lange nicht ergriffen. Der Ernst des Todes unterscheidet sich vom Ernst des Lebens, weil man sich selbst durch Vorstellungen so schnell betrügen kann. Deshalb müsste es Dir vor allem darum gehen, schreibt er, „[…] den Tod zu denken, und ihn dann denken als Dein eignes Lot, und dass Du dann tust, was der Tod nicht vermag, nämlich, dass Du bist und der Tod ist auch."[22]
     Man könnte es in der Tat als eine Vereinzelung durch das „Vorlaufen-zum-Tode" verstehen im Sinne Heideggers, und Theunissen behauptet,

---

[17]   Vgl. SKS 5, S. 446–447.
[18]   Siehe SKS 5, S. 448; S. 454; S. 463.
[19]   SKS 5, S. 445.
[20]   Marin, To Destroy Painting, S. 39.
[21]   Vgl. SKS 5, S. 451.
[22]   SKS 5, S. 446.

dass Heidegger diese Bewegung bei Kierkegaard entdeckt hat.[23] Das wäre dann ein zeitlicher Sprung in die Zukunft hinein, und das Da-Sein wäre in Wahrheit ergriffen als ein Sein-zum-Tode. Für Kierkegaard geht es ja auch um eine solche Vereinzelung im Angesicht des Todes, nicht durch Stimmung, nicht durch Tiefsinn, sondern durch den schlichten Gedanken des Todes, der sagt: „Ich bin da, wenn einer von mir lernen will, dann komme er zu mir."[24] Ihm geht es aber nicht so sehr um das Vor-laufen. Es geht um das *Vor-stellen*. Es geht darum, Zeuge des eignen Todes zu werden. Es geht darum, den *Unterschied* zu erkennen zwischen Tod und Tod, namentlich zwischen Simulakren oder Scheinbilder des Todes auf der einen Seite und Sinnbilder auf den anderen, die den Tod ins Leben hineinverschieben.[25] Dort wird der Tod zum Zeichen einer Differenz zwischen zwei Formen von Selbstsein: Die eine ist eine Illusion, die andere nimmt den Ernst des Todes wahr und lernt dadurch sich selbst zu werden. Aber wo liegt, genauer gesagt, der Unterschied?

Zwischenspiel: Die Aneignung

Hier müssen wir eine kurze Pause machen, um Atem zu holen, weil der entscheidende Unterschied für Kierkegaard nicht im Bild oder in der Vorstellung liegt, sondern in der *Aneignung*. Ihm geht es um die sogenannte indirekte Mitteilung, die den Leser zum Nachdenken lockt. Der Autor spielt bei dieser Mitteilung schon eine wichtige Rolle, weil indirekte Mitteilung eine Kunst ist: Die Kunst der Geburtshilfe, die Maieutik.[26] Diese Kunst ist allerdings vor allem dadurch gekennzeichnet, dass der Künstler eine Spur hinterlässt, die er wieder löscht. Der Leser soll sich nicht mit ihm, dem Autor, sondern mit sich selbst und der eigenen Existenz beschäftigen. Die *Rede an einem Grab* gibt jede Menge Anweisungen für eine solche Prozedur: Vorstellungen werden ins Leben gerufen, sie werden sozusagen vor dem Auge des Lesers ausgemalt, nur um dann wieder zurückgerufen, ausgelöscht, zu werden, mit einem Verweis auf den entscheidenden Unterschied zwischen Scherz und Ernst, Stimmung und Entscheidung. Ein Beispiel ist die Ruhe des Todes, „eine mildernde Vorstellung, wenn einer mit dem Tod kämpft und nicht schlafen kann". Die Vorstellung von der Ruhe ist aber eine Illusion, behauptet er; eine Flucht, nicht nur vom Tod, sondern vom Leben: „Aber, mein Zuhörer, das ist Stimmung, und

---

[23] Vgl. Theunissen, Das Erbauliche, S. 46–47. Siehe auch Heidegger, Martin, Sein und
      Zeit, Tübingen [17]1993, S. 235–267.
[24] SKS 5, S. 446.
[25] Vgl. den immer wieder vorkommenden Satz: „Der Ernst versteht wohl dasselbe über
      den Tod, versteht es aber anders." (SKS 5, S. 452 et passim)
[26] Vgl. Mjaaland, Marius Timmann, Giving Birth: Kierkegaard's Socratic Maieutics, in:
      Stewart, Jon / Nun, Katalin (Hg.), Kierkegaard and the Greek World, Tome I, Socrates
      and Plato, Aldershot 2010, S. 115–146.

den Tod so zu denken ist kein Ernst. Das ist die Ausflucht des Schwersinns aus dem Leben, wenn man den Tod so denkt." [27]

Was fehlt aber bei der Vorstellung des Todes als Ruhe, als Schlaf? Es fehlt *der Unterschied*: „Es gibt keinen Unterschied zwischen Leben und Tod, und der Lebende, der seinen eigenen Tod bedenkt, der denkt es anders."[28] Es geht also vor allem um den Unterschied; es geht darum, den Tod *anders* zu denken – damit man auch sich selbst *anders* verstehen kann. Um dieses Andere, um die Entfremdung, gar um den Unterschied selbst, geht es: Der Unterschied betrifft nicht so sehr das Was, sondern das *Wie*. Vorstellungen vom Tode, die durch Stimmung geprägt sind, können durch die Vernichtung, die *Zerstörung* des Bildes, in einer erneuten Reflexion über das Leben wieder aufgenommen werden. Deshalb schreibt Kierkegaard:

> „Der Ernst versteht wohl dasselbe über den Tod, versteht es aber anders. Er
> versteht, dass es vorbei ist. Ob es sich durch Stimmung so ausdrücken lässt,
> dass der Tod eine Nacht, ein Schlaf ist, beschäftigt ihn weniger. […] Er bedenkt
> nicht die kunstreiche Bildersprache, er abhandelt nicht, er handelt. Wenn gewiss
> ist, dass es den Tod gibt, was der Fall ist, wenn gewiss ist, dass es mit dessen
> Entscheidung vorbei ist; wenn gewiss ist, dass der Tod sich nie auf Erklärungen
> einlässt; nun wohl, dann gilt es, sich selbst zu verstehen, und das Verständnis des
> Ernstes ist, dass wenn der Tod die Nacht ist, dann ist das Leben der Tag, kann
> man in der Nacht nicht arbeiten, dann am Tag; und der kurze, aber drängende Ruf
> des Ernstes, wie der kurze Ruf des Todes, ist: Heute noch. Weil der Tod im Ernst
> Lebenskraft gibt wie sonst nichts, macht wachsam wie sonst nichts."[29]

Der existenzielle Impuls wird deutlich, wenn Kierkegaard davon schreibt, dass der Tod eine Teuerung mit sich bringt, eine Teuerung der Zeit [*Dyrtid paa Tid*], so dass der Gedanke des Todes jedem Jahr, jedem Tag, jeder Stunde, einen unendlichen Wert gibt. Mit dieser Fülle der Zeit erfolgt offensichtlich die einfache Konklusion: *Carpe diem* – nutze den Tag. Der Punkt ist allerdings nicht, dass man sofort zur nächsten Tat laufen soll, sondern dass man sich die Zeit nimmt, um Ruhe zu finden, damit die Zeit nicht nur hastig vorbeihuscht, sondern auch wirklich als wertvoll wahrgenommen werden kann.

4. Licht und Schatten: Oberfläche und Tiefe bei Caravaggio

Falls wir noch nicht so tief in den Gedanken des Todes eingesunken sind wie der Autor dieser Rede *An einem Grab,* sollten wir uns wieder einen Augenblick zurückziehen, um die Oberfläche zu betrachten. Es soll hier um die

---

[27] SKS 5, S. 451.
[28] Ebd.
[29] SKS 5, S. 452.

Oberfläche des Diskurses gehen, um die rhetorischen Mittel, die Kierkegaard verwendet, um einen Effekt zu erzielen: die Entscheidung des Todes. Hier spielt zweifellos der Kontrast eine wichtige Rolle: Leben und Tod. Schlaf und Wachsamkeit. Durch den Kontrast wird Einiges deutlicher, während andere Aspekte verschwinden. Eine gewisse Reduktion findet statt, ich verstehe es als *phänomenologische* Reduktion im weiten Sinne. Diese Reduktion ist eine ziemlich effektive Methode, um eine Pointe zu verdeutlichen, um etwas Bestimmtes zunächst anzudeuten, dann zu reduzieren, um endlich den Finger auf den entscheidenden Punkt zu setzen. Wenn es um den Tod geht, könnten auch Pfarrer und andere Grabredner einiges dadurch entdecken, wenn sie diese rhetorische Geste zur Perfektion einüben würden, um dann zu variieren. Es bedeutet, mit dem Finger, deiktisch, über sich hinauszuweisen.

Mit dieser Geste kehren wir aber zu Caravaggio zurück, zu der Grabrede ziemlich in der Mitte des Johannesevangeliums, die Kierkegaard später zum Eingangsthema seines Buches über die Krankheit zum Tode machen soll: Die Auferweckung von Lazarus.

Abb. 4: Michelangelo Merisi da Caravaggio,
Die Auferweckung des Lazarus, 1609.

Das Bild hat Caravaggio erst relativ spät (1609) gemacht und hat dabei sich selbst auf die Leinwand eingeprägt. Er steht links, ziemlich nah an Christus. Es ist ein Bild von Licht und Schatten, von Schwarz und Weiß. Weiß ist Raum, schreibt Marin, oder eher, das Weiße *gibt* den Raum.[30] Schwarz wiederum ist Nichtraum, Nichtfarbe, Nichtlicht. Negation. Deshalb wird aber die schwarze Fläche auf der Leinwand zum schon *erfüllten* Raum. Dieser Raum ist nicht offen, sondern geschlossen, wie der Himmel über der Szene. Hier soll aber der Tod gezeigt werden; dem Tod soll Raum gegeben werden. Deshalb ist der Tod weiß. Kreideweiß. Wir sehen die offene Hand von Lazarus, die gerade einen weißen Schädel fallen lässt. Sein Körper ist gemalt mit der Form eines Kreuzes. Die Linie seines Körpers läuft schräg von unten links nach oben rechts, es deutet eine doppelte Bewegung an. Einerseits wird sein Körper von vielen Händen getragen, sozusagen auf dem Weg ins Grab. Andererseits kennt der Zuschauer vermutlich die ganze Geschichte von Johannes 11, wo die Freunde über die Auferweckung von Lazarus staunen, und hier sehen wir, wie die Kraft der Auferweckung den weißen Körper sozusagen nach oben zieht. Allerdings ist das Bild so zweideutig, so sehr vom Tod geprägt, dass der Ausgang der Geschichte ganz offen bleibt, wenn nicht bei Lazarus, dann jedenfalls beim Subjekt des Betrachters.

Das Bild ist aber keineswegs ohne Hoffnung: Während die untere Hand den Todesschädel gerade losgelassen hat, wehrt sich die obere gegen das Licht, nimmt es aber vielleicht auch entgegen. Es ist ein gewaltiges Licht, zu stark für die schwachen Augen des sich rührenden Leichnams. Weil das Licht von oben links kommt, entsteht aber auch ein deutlicher Kontrast zum Gesicht Christi, das ziemlich im Dunkeln liegt. Aus dieser dunklen Quelle bricht das Licht hervor, die gewaltige Macht des Lebens (vgl. Joh. 1,5; 1,18).

Die Geste, die das ganze Bild prägt, geht aber vom Finger aus, vom Zeigefinger Jesu. Das ist der Finger der Macht über Leben und Tod: Der Tote wird ins Leben gerufen, wirkt aber wie ein Wiederkehrender, ein Gespenst. Er ist kreideweiß. Die Geste der Macht ist gleichzeitig eine Geste der Deutung. Hier wird vom Künstler ein Zeichen gesetzt: Du bist es. Du bist dieser Tote, der durch den Gekreuzigten ins Leben gerufen wird. Nicht im Jenseits, sondern im Diesseits, wo der Himmel noch dunkel und ungewiss bleibt. Es ist keine Geschichte, die hier erzählt wird, es ist ein Augenblick: Der Augenblick der Entscheidung. Wir erkennen hier noch einmal den Medusa-Effekt, das Erstarren vor dem Tod. Aber der Effekt ist hier noch einmal verstärkt: Der Tod wird ins Leben eingeschrieben und das Bild macht, was der Tod nicht vermag: Dass Du bist und der Tod auch ist. Es ist diese doppelte, kreuzweise Bewegung zwischen Leben und Tod, ein Chiasmus. Gerade dadurch, dass die Wirklichkeit des Todes so realistisch, so dramatisch, so kunstvoll und doch so nackt wie

---

[30]   Vgl. Marin, To Destroy Painting, S. 159 ff.

möglich dargestellt wird, schreckt er den Betrachter auf und ruft ihn ins Leben
zurück, ins Leben, das vom Tod gekennzeichnet ist.

5.   Das Da-Bild und die Bildung des Subjekts

Die ganze Darstellung des Bildes wird durch die Oberfläche vermittelt. Das
Licht trifft die Haut, es wird ein Licht reflektiert, dass das Auge trifft, es tut
fast weh, man wehrt sich, aber wie ein Blitz geht auch die Wahrheit auf. Der
Tod selbst ist hier unbestimmbar. Schweigend. Oder wie Kierkegaard schreibt:
„Die Entscheidung des Todes durch die Gleichheit ist wie der leere Raum oder
wie das Schweigen, worin Nichts lautet". Sehen wir uns das Bild noch einmal
an, versuchen wir es zu hören. Die Situation scheint unheimlich laut und chao-
tisch zu sein. Mitten im geschäftigen Bild vom Grab hört aber alles auf einmal
auf. Aufgebrochen wird das Geschehen durch einen Augenblick der absoluten
Stille. Es ist wie ein Augenblick außerhalb von Zeit und Raum. Es gibt keine
Zeit hier, es wirkt in dem Sinne a-temporal. Es gibt nur die plötzliche Stille,
wie im Grab. Das entspricht auch die Anklage gegen Caravaggio: Er kann
keine Geschichte erzählen. Er zerstört die Malerei.
    Gleichzeitig ist es aber eine Geschichte, eine wohlbekannte, die hier deut-
lich erkennbar wird. Sie wird aber nicht erzählt, sie wird eher im Kopf des
Betrachters abgespielt. Das Bild macht gleichzeitig etwas ganz anderes mit
dem Zuschauer. Es thematisiert ihn selbst, seinen Tod. Es gibt eine Reflexion
über die Repräsentation selbst: Was heißt es, das Leben zu re-präsentieren? Es
heißt vor allem, das Leben in seiner Einfachheit zu zeigen, durch den Kontrast
des Todes.[31] Weil das Bild nur auf den Tod im Leben mit dem Zeigefinger
deuten will, ist es *der Tod*, der Augenblick des Todes, *der das Bild zerstört*.
Durch diese chiastische Bewegung zwischen Leben und Tod macht es aber
einen unheimlichen Eindruck auf den Zuschauer. Das Bild bricht die Grenzen
der Rahmen, es steigt hinaus und interagiert mit dem Leben des Betrachtenden
und des Nachdenkenden. Das Licht fällt auf uns und zeigt ein Kadaver, den
lebenden Toten: Die weiße Oberfläche der Haut, wo der Tod schon eingezeichnet ist und ständig das Leben überwindet.
    Ein Kampf ist angesagt durch dieses Bild. Deshalb ist es auch ein bilden-
des Bild, eine Art Bildung im Augenblick, ein Da-Bild. Durch das bloße Anschauen wird die Welt verändert, ein Geheimnis wird dort eingeschrieben, vom
Verhältnis zwischen Leben und Tod. Es ist die Trennlinie. Der Unterschied.
Durch die realistisch-existentielle Destruktion des Bildes wird das Leben ins
Leben gerufen. Es geht um die Überwindung der schläfrigen Simulakra und

---

[31]   So auch Kierkegaard in Taten der Liebe: „So ist der Tod der kürzeste Inbegriff des
        Lebens, oder das Leben auf seine kürzeste Gestalt zurückgeführt." SKS 9, S. 339.

Illusionen durch die Auferweckung im realen, schon vom Tod geprägten Leib. Es geht um die Reduktion auf das Entscheidende. Das Bild wird physischer, es wird einfacher, und doch bleibt es zweideutig und ungewiss – wie der Tod.

6.   Die Entscheidung des Todes ist unerklärlich

Die Entscheidung des Todes ist das Hauptthema von Kierkegaards Rede. Aber wer trifft diese Entscheidung? Ist es eine Entscheidung des Menschen, sich zum Tod zu verhalten? Wohl nicht. Vielleicht kann es dort anfangen, aber diese Entscheidung gehört dem Einzelnen nicht. Die Entscheidung gehört dem Tod: Bei dieser Entscheidung ist das gerade das Beunruhigende. Die Entscheidung ist außerhalb meiner Kontrolle, die kann plötzlich und ohne Vorwarnung eintreffen. Die ist in diesem Sinne völlig kontingent. Nicht nur ist sie durchaus kontingent, sondern Ausdruck der Kontingenz schlechthin. Wenn es darum geht, nicht nur den Tod, sondern sich selbst im Verhältnis zum Tod zu erkennen, ist das ein entscheidendes Merkmal. Deshalb schreibt Kierkegaard: Die Entscheidung des Todes ist unbestimmbar – durch die Gleichheit (die trifft jeden), und durch die Ungleichheit (hier gibt es keine Gerechtigkeit).[32]

Gibt es denn keine Bilder dafür? Doch, aber kein Bild und keine Vorstellung, die als solche die Ungewissheit des Todes ausdrücken kann. Jedes Mal, wenn eine neue Vorstellung untersucht wird, geht es um die Reduktion dieser Vorstellung auf das Wesentliche, auf den Kontrast zwischen Leben und Tod, eine Reduktion auf die Differenz als solche. Und diese Differenz geht der Vorstellung des Todes voraus, als die Differenz zwischen Vorstellen und Vorgestelltes, zwischen Zeichen und Ding, oder präziser: zwischen der Bezeichnung des Todes und dem Bezeichneten.[33] Das gilt für den Tod ‚an sich‘. Es gilt aber auch für das vorstellende Selbst, das sich selbst neben dem Tod vorzustellen versucht. Durch die Differenz zwischen Vorstellung und Wirklichkeit, das heißt in diesem Fall zwischen Simulakrum und Sinnbild des Todes, wird die Vorstellung vom Selbst verschoben, entfremdet, erschrocken. In der Vorstellung des Todes wird das Selbst immer mitgedacht – und erkennt durch die Differenz diese Unbestimmbarkeit des Selbst.[34] Es wirft das Selbst als Frage auf, eine Frage, die den Fragenden trifft.

Gibt es auch dafür keine Bilder? Doch, hier gibt es ein Bild, eine Metapher, die den Gedankengang voranbringt: Die Metapher des Examens. Der Tod ist ein Meister, ein Lehrmeister, nicht aus Deutschland diesmal, sondern

---

[32]   SKS 5, S. 459.

[33]   Siehe dazu Derrida, Différance, S. 12.

[34]   Siehe Derrida, Jacques, Of Grammatology, Baltimore/London 1997, S. 112.

aus Dänemark.[35] Der Tod stellt die Frage und gibt die Prüfung. Die große Frage bei dieser Prüfung ist: Was bedeutet der Tod denn für mich, was heißt diese Entscheidung des Todes, was folgt darauf? Was ist überhaupt der Sinn der Geschichte?

In Kierkegaards kleiner Geschichte über den Tod als Examensprüfung wird der Examinand langsam unruhig, er weiß keine Antwort mehr, er fängt selber an, Fragen zu stellen. Er will endlich wissen, worum es hier geht: Was ist denn das Fazit, die Antwort? Und der Tod antwortet. ... Nichts. Er bleibt einfach still. In voller Ruhe sieht er den Fragenden an, weil die Entscheidung des Todes unerklärlich ist. Die Entscheidung lässt jede Erklärung an ihre Grenze stoßen, und der Meister sagt zunächst kein Wort. Denn der Tod ist auch in diesem Sinne die Vernichtung des Sinns und die Vernichtung der Bilder vom Tod, sogar vom Bild des Lehrmeisters.

Die Zerstörung der Bilder des Todes geht vom Tod selbst heraus und lässt keine Vorstellung übrig. Das ist die Destruktion des Bildes, der Sprache und des Sinns, die vom Tod herausgeht und die es auch bei der Rede über den Tod zu achten gilt. Die Entscheidung des Todes bedeutet die Vernichtung jedes bestimmten Sinns und jeder artikulierten Wahrheit über den Tod. Wenn der Fragende noch eifriger wird und zu drohen anfängt, hält der Tod noch einmal inne, bevor er antwortet: „Es ist möglich." Es ist nicht nur die Zerstörung des Sinns, sondern vor allem die Zerstörung der Gewissheit und der eingebildeten Kontrolle über den Tod – und das Leben. Kierkegaard schreibt deshalb lakonisch: „Der Tod ist das einzige Gewisse und das einzige, worum nichts gewiss ist."[36]

7.   Et in Arcadia ego

Was bleibt denn übrig von dieser Einübung im Gedanken des Todes? Nicht viel. Aber das Entscheidende haben wir noch nicht angesprochen. Um die Negativität der Bilanz auszuwerten, müssen wir zur indirekten Mitteilung zurückkehren. Die Rede am Grab ist ein beinahe exemplarischer Text, wenn es um indirekte Kommunikation geht. Dazu trägt das Rätsel des Todes bei, denn der Tod ist ein Gesprächspartner, der mit dem Finger auf den Betrachter zeigt und sagt: Du bist der Mann, Du bist die Frau. Um Dich geht es in diesem Diskurs, nicht um mich. Ich lasse mich nicht täuschen, aber Du allemal, von allen möglichen Illusionen und Rätseln. Das alles ist aber Stimmung und Scherz [*Stemning og Spøg*].

---

[35]   Vgl. SKS 5, S. 459.
[36]   SKS 5, S. 460.

Wenn der Tod sich erstmals als *topos* für das Gespräch etabliert hat, zieht er sich wieder zurück und löscht seine Spuren. Dadurch soll er auf eine andere Seite der Wahrheit aufmerksam machen. Der Tod kann ja *scheinbar* alles Mögliche sein, und dann wiederum gar nichts. Was hat man davon? Nichts? Dies wäre die Strategie der Gleichgültigkeit und Indifferenz, behauptet Kierkegaard. Bei der Zerstörung des Bildes geht es ihm in erster Reihe um diese Indifferenz, die das Entsetzen braucht, um aus dem Schlaf gerüttelt zu werden. Die Störung kommt zuerst. Hier möchte ich aber nicht nur an die entsetzenden Bildern von Caravaggio erinnern, sondern auch an das Bild von Poussin: Die friedlichen Hirten, die staunen; sie werden aber nicht gestört. Der Tod bleibt ein rätselhaftes Zeichen am Grabstein. Ist es „bloß" Stimmung oder doch etwas anderes?

Wenn man den Tod immer auf Abstand halten will, bleibt laut Kierkegaard nur die Indifferenz, und das ist der aufgeklärte und abgeklärt stoische „Sieg" des Denkens über den Tod. Kierkegaard zielt aber auf eine solche Störung dieser Indifferenz durch die rückwirkende Kraft des Todes: „Der Tod bekommt keine Macht, um ein solches Leben zu stören, bekommt Einfluss, aber keine rückwirkende Kraft, um ein solches Leben umzubilden."[37] Für Kierkegaard ist es aber gar kein Ziel, den Tod zu erklären, sondern die Unerklärbarkeit des Todes festzuhalten: „Siehe, diese Unerklärbarkeit braucht wohl eine Erklärung. Aber darin liegt gerade der Ernst, dass die Erklärung nicht den Tod erklärt, sondern offenbart, wie der Erklärende in seinem innersten Wesen ist."[38] Durch diesen Kontrast beschreibt Kierkegaard die zwei Seiten der Wahrheit: Man kann eine Meinung über dies oder jenes haben, auch über den Tod, und diese Meinung kann mehr oder weniger wahr sein, es bleibt aber letzten Endes egal. Die andere Seite der Wahrheit gilt die *Bedeutung* dieser Meinung für den Einzelnen."[39] Und so bleibt Kierkegaard bei der rückwirkenden Kraft des Todes stehen, er enthält sich jeglicher Meinung über den Tod, außer dieser:

„[Der Tod] ist unerklärlich. Die Unerklärlichkeit ist die Grenze und die Bedeutung der Aussage nur dem Tod eine rückwirkende Kraft zu geben, ihn antreibend im Leben zu machen, weil mit der Entscheidung des Todes ist es vorbei, und weil die Ungewissheit des Todes jeden Augenblick nachschaut."[40]

Nun, so ist es also vorbei: Die Rede geht zu Ende und der Artikel auch. Der Tod bleibt aber am Ende ins Leben eingeschrieben, als Differenz, als Störung, Lehrmeister und Maieutiker, als rückwirkende Kraft. Wir haben bei vielen Ge-

---

[37]   SKS 5, S. 465.

[38]   SKS 5, S. 464.

[39]   „Es ist so einfach, so sehr einfach, eine wahre Meinung zu bekommen, und doch ist es so schwierig, sehr schwierig, diese Meinung in Wahrheit zu haben. Wenn es um den Tod geht, sollte man sich lieber nicht so schnell mit einer festen Meinung halten. Die Ungewissheit des Todes nimmt sich immer die Freiheit, nachzuschauen, ob man diese Meinung hat, und ob man die in Wahrheit erkannt hat." SKS 5, S. 467.

[40]   SKS 5.

legenheiten auf die Verbindung zu den Bildern von Caravaggio hingewiesen: Die Erstarrung im Gesicht, das plötzliche Staunen, die Ungewissheit, das Entsetzen. Ist es eine ikonoklastische Geste, diese Störung, diese *Zer*störung des Bildes und des Gedankens über den Tod? Ja und nein. Er ist zunächst ikonoklastisch, weil alle Ikonen, alle Bilder und Grabsteine, alle Namen für den Tod erstmals zunichte gemacht werden. So bleiben sie auch rätselhaft. Wie ein Bild von Caravaggio wird die Vorstellung des Todes umgedreht, und der Finger zeigt zurück auf den Betrachter, der in Frage gestellt wird: Ist das Leben mehr als eine Variante des Tot-Seins? Der Tod ist dunkel, wie die schwarze Farbe auf der Leinwand. Aber wenn das Licht hereinbricht und die Leiche in ein grelles Licht stellt: Gibt es dann wieder eine Möglichkeit, das Leben *anders* zu erkennen, durch die Differenz zwischen Leben und Tod?

Allerdings wird aber diese Rede auch missverstanden, wenn man denkt, es gehe nur um den Gedanken und um die Verinnerlichung des Todes und nicht um die Vorstellung, nicht um das Äußere und die Oberfläche, nicht um die Geschichte des Einzelnen, die im Alltag weiter geht, ob mit oder ohne den Gedanken des Todes. Am Ende geht es Kierkegaard nicht nur um die Zerstörung des Bildes, sondern auch um die Wiedergewinnung des Bildes, um die Destruktion und um die Rekonstruktion, die im *Gedanken* über den Tod zu einer *Dekonstruktion* der *Vorstellung* über den Tod führt. Der Gedanke des Todes ist und bleibt eine bildhafte, in die Vorstellung eingeschrieben, wie der mehrfache Sinn einer alten Botschaft: *Et in Arcadia Ego.*

Wie der Grabstein in Arcadia wird die Schrift zur Erinnerung an die Unbestimmbarkeit und Ungewissheit des Todes. Die Entscheidung und die rückwirkende Kraft, die Deutungsmacht des Todes, bleiben aber der Destruktion verpflichtet, der störenden und zerstörenden Macht des Todes, die Unerklärbarkeit, die alle Bilder des Todes, die Simulakren wie der Inbegriff des Lebens auf einmal zerstören, in einem gewaltigen Augenblick der Entsetzung. Der Schlaf, die Ruhe, der Ausgang, sind aber alles gute und tröstende Bilder. Am Ende hängt es deshalb von der Aneignung ab: Von der Aneignung einer Zerstörung, eines Verfalls, einer Vernichtung. Erst durch diese Differenz, durch diesen Riss, quer durch das Bild, können auch Bilder des Todes ihre Wahrheit gewinnen. Dann werden aber die Zerstörung und die Differenz im Bild zum Ausgangspunkt eines weiteren Nachdenkens über den Tod.

Literatur

Cappelørn, Niels Jørgen / Garff, Joakim / Knudsen, Jette / Kondrup, Johnny / McKinnon, Alastair / Hauberg Mortensen, Finn (Hg.), Søren Kierkegaards Skrifter [SKS], Bd. 1–55, Kopenhagen 1998–2013.

Derrida, Jacques, Différance, in: ders., Margins of Philosophy, (transl. Alan Bass), Chicago 1982, S. 3–27.

Derrida, Jacques, Of Grammatology, Baltimore/London 1997.

Heidegger, Martin, Sein und Zeit, Tübingen [17]1993.

Marin, Louis, To Destroy Painting, (transl. Mette Hjort), Chicago 1995.

Marin, Louis, Die Malerei zerstören, Zürich 2003.

Mjaaland, Marius Timmann, Giving Birth: Kierkegaard's Socratic Maieutics, in: Stewart, Jon / Nun, Katalin (Hg.), Kierkegaard and the Greek World, Tome I, Socrates and Plato, Aldershot 2010, S. 115–146.

Mjaaland, Marius Timmann, Death and Aporia: Some Reflections on the Problem of Thinking Death in At a Graveside (1845), in: Kierkegaard Studies Yearbook (2003), S. 395–418.

Theunissen, Michael, Das Erbauliche im Gedanken an den Tod. Traditionale Elemente, innovative Ideen und unausgeschöpfte Potentiale in Kierkegaards Rede An einem Grabe, in: Kierkegaard Studies Yearbook [KSYB] (2000), S. 40–73.

Abbildungen

Abb. 1: Michelangelo Merisi da Caravaggio, Medusa, 1598–1599; Quelle: https://commons.wikimedia.org/wiki/File:Medusa-Caravaggio_(Uffizi). jpg?uselang=de; Download am 10.11.2015.

Abb. 2: Michelangelo Merisi da Caravaggio, Narziss, 1594–1596; Quelle: https:// commons.wikimedia.org/wiki/File:Narcissus-Caravaggio_(1594–96). jpg?uselang=de; Download am 10.11.2015.

Abb. 3: Nicolas Poussin, Hirten in Arkadien (Et in Arcadia ego), 1637–1638; Quelle: https://commons.wikimedia.org/wiki/File:Nicolas_Poussin_052. jpg?uselang=de; Download am 10.11.2015.

Abb. 4: Michelangelo Merisi da Caravaggio, Die Auferweckung des Lazarus, 1609; Quelle: https://commons.wikimedia.org/wiki/File:Michelangelo_ Caravaggio_006.jpg?uselang=de; Download am 10.11.2015.

Die Bildlichkeit des Lebensendes.
Zur Dialektik der Totenfotografie

Thorsten Benkel / Matthias Meitzler

> „Jede Fotografie ist eine Art memento mori.
> Fotografieren bedeutet Teilnehmen
> an der Sterblichkeit, Verletzlichkeit und
> Wandelbarkeit anderer Menschen (oder Dinge).
> Eben dadurch, daß sie diesen einen Moment herausgreifen
> und erstarren lassen, bezeugen Fotografien
> das unerbittliche Verfließen der Zeit."[1]

Die Beziehung zwischen Sterben, Tod und Trauer auf der einen und der Visualisierung in medialen Kontexten auf der anderen Seite blickt auf eine lange kulturhistorische Entwicklung zurück. Bildgebungen des Lebensendes, die diese scheinbar so fernen Diskursfelder verbinden, lassen sich tatsächlich bis zu den frühesten zivilisatorischen Zeugnissen der Menschheit zurückverfolgen. Nachfolgend steht mit der *Post-Mortem-Fotografie* ein Phänomen im Vordergrund, das die Künste und Leistungen der fotografischen Abbildung des Todes in den Zeiten weltweiter Internet-Kommunikationswege involviert.

1.   Ein Phänomen ohne Bilder?

Wie kann man sehen, was es nicht gibt? Ein Vorschlag wäre: Man betrachtet Fotografien. Und erhält so eine bildhafte Aktualisierung von etwas, das keinen Bestand (mehr) hat. Was das Foto zeigt, ist eine Konstellation der Vergangenheit; so ist es gewesen, sagt das Bild, und die Betrachter wissen (oder haben zumindest eine Ahnung), dass es jetzt anders ist. Vielleicht haben sich nur kleine Details verändert – etwa bei der Aufnahme eines Bauwerkes, vielleicht ist aber auch nichts mehr so, wie das Foto auf scheinbar unbestechliche Weise darlegt. Ist es vor diesem Hintergrund übertrieben, in der Fotografie ein mediales Genre der *Todesnähe* zu vermuten? Denn was die Fotos auch zeigen mögen – sie können alle Beteiligten, also: Fotografen, abgebildete Personen, Mitarbeiter von Fotogeschäften usw. überleben. Wenn niemand mehr lebt, lebt das Bild noch weiter. Jede Aufnahme ist somit implizit ein Zeichen für Ver-

---

[1]   Sontag, Susan, In Platos Höhle, in: Stiegler, Bernd (Hg.), Texte zur Theorie der Fotografie, Stuttgart 2012, S. 277–301, hier S. 291.

gänglichkeit und Sterblichkeit.[2] Indem Fotografien nicht altern, verlassen sie
den sozialen Verhandlungsspielraum von Personen, die über, durch und mit
Fotografie zueinander in Verbindung treten. Menschen verändern sich, altern
und sterben, und sie tun dies *im Angesicht zueinander*. Fotografien sind außerhalb dieser Prozesse lokalisiert, als ginge sie nicht an, was jenen Personen
widerfährt, wegen denen sie, potenziell auf ewig, existieren.

Die enge Verwandtschaft von Tod und Fotografie ist umfangreich unter-
sucht worden.[3] Diesem Diskurs stehen die Usancen des alltäglichen Umgangs
mit Bildherstellung und visuellen Augenblicksfestschreibungen gegenüber.
Kaum jemand betrachtet das Familienfoto, den Urlaubsschnappschuss oder
neuerdings das ‚Selfie‘ als visuelle Vergegenständlichung des eigenen Selbst.
Das Foto zeigt nicht: meinen Körper, sondern: mich. Das Ich, die personale
Identität, ist dabei aber schon zweifach abstrahiert worden: einmal durch die
Reduktion auf die sichtbare Körperpräsenz und sodann aufgrund der Reduktion zur visuellen ‚Sache‘, der es – auf den ersten Blick – an Ich-Evidenz
mangelt.[4]

Sozial- und insbesondere kulturwissenschaftliche Annäherungen an das
Verhältnis von Tod und Bild legen nahe, dass der Zauber der Fotografie sich
vielleicht dann am stärksten entfaltet, wenn die abgelichtete Person nicht mehr
lebendig ist. Denn von da an ist das Foto die ‚körpernächste‘ Repräsentation,
die den Hinterbliebenen noch bleibt. Der Körper, der einmal ein Mensch war,
ist im Moment des Todes in einen ambivalenten Status geraten. Weder ganz
Person, noch vollständig Ding, oszilliert er in einem Zwischenstadium, bis
die institutionalisierte Ausgliederung der Leiche dieser Uneindeutigkeit den
Boden entzieht, indem sie das *corpus delicti* aus der sozialen Gemeinschaft
entfernt. Die „Verwaltung des Todes“[5] besorgt, juristisch präzise definiert, eine
Exklusion der Leiche innerhalb vorgegebener Fristen und – wenigstens offiziell – ohne die Möglichkeit der aufschiebenden Intervention durch die Angehörigen. Beerdigung und gegebenenfalls Kremation vollenden den Prozess
des physischen Ausschlusses des „nur-noch-vorhandene[n] [...] Unlebendi-
ge[n]“.[6] Der Körper, der bis zum Todeszeitpunkt die soziale Adresse einer le-

---

[2]   Vgl. Barthes, Roland, Über Fotografie, in: Wolf, Herta (Hg.), Paradigma Fotografie.
      Fotokritik am Ende des fotografischen Zeitalters, Bd. 1, Frankfurt am Main 2002, S.
      82–88, hier S. 85.
[3]   Siehe nur Därmann, Iris, Tod und Bild. Eine phänomenologische Mediengeschichte,
      München 1995; Richard, Birgit, Todesbilder. Kunst, Subkultur, Medien, Paderborn/
      München 1995; Schulz, Martin, Die Sichtbarkeit des Todes in der Fotografie, in: Ma-
      cho, Thomas / Marek, Kristin (Hg.), Die neue Sichtbarkeit des Todes, Paderborn/Mün-
      chen 2007, S. 401–425.
[4]   Belting, Hans, Bild-Anthropologie. Entwürfe für eine Bildwissenschaft, München
      [2]2002, S. 87.
[5]   Benkel, Thorsten, Die Verwaltung des Todes. Annäherungen an eine Soziologie des
      Friedhofs, Berlin [2]2013a.
[6]   Heidegger, Martin, Sein und Zeit, Tübingen [17]1993, S. 238.

bendigen Person war – als Körper war sie sichtbar und präsent, als Körper wurde sie angesprochen –, spielt nun keine soziale Rolle mehr.

Abb. 1: Ein seltenes Beweisstück für die Visualisierung des Sterbeprozesses: die Abschiedsgeste auf dem Totenbett als Grabsteinfoto.

Mit dem Tod, und mitunter schon mit dem Sterbestadium, endet zumeist auch die Bilderkarriere des Körpers: Er wird nun nicht mehr abgelichtet, der Anblick soll nicht ins Familienalbum und auch nicht als Erinnerungsanker des sozialen Umfeldes dienen, er wird also auch von der Warte der bildhaften Darstellungsverfahren gemieden. Eine Ausnahme stellt die Aufbahrung dar, bei der die Visualisierung des potenziell Unanschaubaren, nämlich: der Leiche, im Zentrum steht. Kompensiert wird dieser ungewöhnliche Moment innerhalb der rituellen Einkleidung des Lebensabschiedes indes dadurch, dass er zur Inszenierung verbrämt wird. Der tote Körper wirkt dabei üblicherweise nicht tot, sondern wie *schlafend*; er gibt den optischen Eindruck, dass es ein lebendiges „Und-so-weiter" gibt.[7] Die künstliche Verwandlung des toten in einen schlafenden Körper basiert auf dem Trick, den durch den Todeseintritt entstandenen, zwiespältigen Status via fingierter Subjekthaftigkeit zu konterkarieren.[8]

---

[7]   Vgl. Schütz, Alfred / Luckmann, Thomas, Strukturen der Lebenswelt, Konstanz 2003, S. 627f.

[8]   Zum Problem des Changierens toter Körper zwischen Subjekt und Objekt vgl. Benkel, Thorsten, Der subjektive und der objektive Tod. Ein Beitrag zur Thanatosoziologie, in: Psychologie und Gesellschaftskritik 32 (2008), S. 131–153.

Die Aufbahrung des Leichnams hat, ebenso wie andere Todesrituale[9], mittlerweile an Verbindlichkeit verloren. Damit korrespondiert, dass die westliche Gegenwartskultur für eine legitime Ansichtnahme des toten Körpers fast keine weiteren Kontexte bereithält. Zwar ist hier und da die Rede von einer „neuen Sichtbarkeit des Todes"[10], und gewiss, mediale Repräsentationen von Tod und Sterben lassen sich zur Genüge finden; dies soll weiter unten rekonstruiert werden. Gleichwohl ist kaum zu bestreiten, dass ein gesamtgesellschaftlicher Paradigmenwechsel auf sich warten lässt. Eben dadurch, dass verstorbene und bisweilen sterbende Menschen zum Bild- und konkret zum Fotomotiv werden können, wird unterstrichen, wie unüblich und irritierend diese Sichtbarmachung ist – obwohl dabei in ‚technischer' Hinsicht die etablierten Routinen der Fotoherstellung nicht verlassen werden. Wohl niemand – außer vehemente Vertreter einer Art *First Amendment-Right* im Bereich der Bildpolitik – würde sich der Empörung enthalten, wenn beispielsweise einer Unfallleiche oder einem Schwerverletzten die Kamera ins Gesicht gehalten würde.[11] Jenseits der – wenigen – akzeptierten Formen der Visualisierung des toten (und noch seltener des sterbenden) Körpers ist das Lebensende ein Phänomen ohne Bilder. Vielmehr scheint Sterben im zentraleuropäischen Kulturraum für das Gegenteil zu stehen: für die gezielte *Unsichtbarmachung* jener Körper, die sozial nicht mehr von Gewicht sind. Der Umgang mit sterbenden und toten Menschen findet heute auf Hinterbühnen statt, verlagert in die professionellen Hände von Berufsexperten.[12]

Wir sprechen diesbezüglich vom Schicksal des *ersten Körpers*. Mit dem Tod spaltet sich der beseelte Leib in zwei Körperfigurationen auf, von denen der erste, der materielle Körper, aus der sozialen Umgebung der verstorbenen Person herausfällt. (Nur wenige dürften traurig darüber sein, dass der Sarg nicht, anstelle seiner Lagerung in 2 Metern Tiefe, als Glaskiste auf der Graboberfläche steht und den Blick freigibt auf die biochemischen Verwesungsprozesse.) Was nun aber ebenfalls entsteht und in die soziale Welt nicht nur unproblematisch integriert wird, sondern sogar ein wünschenswerter Bestandteil derselben ist, ist der *zweite Körper*. Damit ist der Körper gemeint, der in kognitiven Erinnerungsleistungen, aber auch in Fotografien, Videoaufnahmen und mithilfe von Gebrauchsgegenständen usw. für die Hinterbliebenen post

[9]   Vgl. Benkel, Thorsten, Todesrituale. Zur sozialen Dramaturgie am Ende des Lebens, in: Gugutzer, Robert / Staack, Michael (Hg.), Körper und Ritual. Sozial- und kulturwissenschaftliche Zugänge und Analysen, Wiesbaden 2015, S. 335–360.
[10] Macho, Thomas / Marek, Kristin (Hg.), Die neue Sichtbarkeit des Todes, Paderborn/München 2007.
[11] Vgl. Geimer, Peter, Fotos, die man nicht zeigt. Probleme mit Schockbildern, in: Sykora, Katharina (Hg.), Fotografische Leidenschaften, Marburg 2006, S. 245–257.
[12] Vgl. Meitzler, Matthias, Tot sind immer nur die anderen. Das eigene Lebensende zwischen Sterblichkeitswissen und Nicht-Erfahrbarkeit, in: Soziologie-Magazin 5 (2012), S. 22–38, hier S. 33.

mortem weiterhin im Raum steht und die verstorbene Person repräsentiert.[13] So erhält der tote Mensch, vermittelt über seinen ‚lebendigen' Körper, eben doch eine soziale Präsenz im Kreis der Hinterbliebenen. Mit den psycho-sozialen Bezugnahmen auf Verstorbene (Trauer, Erinnerungsleistungen, intensives Vermissen, innere Zwiesprache usw.) lässt sich der zweite, der bildhafte Körper offenkundig gut verbinden.

Empirische Arbeiten im Bereich der Sepulkralkultur zeigen mithilfe der Methoden der qualitativen Sozialforschung,[14] dass die Fotodichte in diesem Kontext seit Mitte der 1990er Jahre im deutschsprachigen Raum stark zunimmt. Aufschlussreich ist, dass Fotos an Gräbern – typischerweise als Ovalporträts – innerhalb der historischen Genese der Fototechnik (die um 1840 beginnt) schon recht früh auftauchten. Als so genannte Porzellanbilder fanden sich bereits gegen Ende des 19. Jahrhunderts Fotoaufnahmen der Verstorbenen an den Grabsteinen, die es den Angehörigen ermöglichten, ihnen symbolisch ‚auf Augenhöhe' zu begegnen. Während sich diese Tradition in anderen Ländern halten konnte (in Europa sind dies insbesondere die Mittelmeerstaaten), haben verschiedene Wandlungsvorgänge (wie etwa die Begrenzung der Liegefristen), juristische Regelungen, nicht zuletzt aber auch die Kollektivideologie im Dritten Reich, die das bildhafte Hervorstechen einzelner ablehnte, ein einstweiliges Verschwinden der Grabsteinfotos besorgt.

Die technischen Innovationen im Bereich der Fotografie wurden stets auch von sozialen Transformationsprozessen flankiert.[15] Wer wie wo und warum sich selbst und andere bildhaft festschrieb, arbeitete einer – wie kulturpessimistische Beobachter meinen – Bilderflut zu. Je alltagsüblicher das Anfertigen von Fotografien wurde, desto populärer wurden die Fotoabzüge als zweidimensionale Stellvertretung der sie zeigenden und auf sie ‚deutenden' Personen. (Auch so genannte ‚soziale Netzwerke' wie Facebook leben von dieser Bildvertretungslogik.[16]) Der zweite Körper der Toten ist, durch diese Linse betrachtet, auch eine Konzession an die Erfolgsgeschichte eines sozi-

---

[13] Dazu ausführlich Benkel, Thorsten, Das Schweigen des toten Körpers, in: ders. / Meitzler, Matthias, Sinnbilder und Abschiedsgesten. Soziale Elemente der Bestattungskultur, Hamburg 2013b, S. 15–92, hier S. 58ff.

[14] Siehe die empirischen Forschungsprojekte der Autoren (seit 2011) zum Wandel der Bestattungskultur bzw. zur Autonomie der Trauer. Vgl. u. a. Benkel, Die Verwaltung des Todes; Benkel / Meitzler, Matthias, Sinnbilder und Abschiedsgesten; Benkel, Thorsten / Meitzler, Matthias, Gestatten Sie, dass ich liegen bleibe. Ungewöhnliche Grabsteine – eine Reise über die Friedhöfe von heute, Köln ³2014a. Nähere Hinweise liefert die Projektdarstellung unter http://www.friedhofssoziologie.de; zuletzt abgerufen am 09.11.2015.

[15] Vgl. Bourdieu, Pierre u. a., Eine illegitime Kunst. Die sozialen Gebrauchsweisen der Photographie, Hamburg 2006.

[16] Vgl. Benkel, Thorsten, Die Strategie der Sichtbarmachung. Zur Selbstdarstellungslogik bei Facebook, in: kommunikation@gesellschaft 13 (2012). Online verfügbar unter: http://www.ssoar.info/ssoar/bitstream/handle/document/28270/B3_2012_Benkel.pdf; zuletzt abgerufen am 09.11.1015.

alen Bildmediums. Wo der tote Körper zwar materiell vorhanden, als Leiche
oder Ascherest aber nur mehr *gewusst*, jedoch nicht *sichtbar* vorhanden ist, da
positioniert das Foto die vermisste Person auf eine ‚lebendige' Weise, also just
so, wie man sie vom alltäglichen Anblick her kannte.

Abb. 2: Das Ovalporträt erfährt als Grabsteinelement im
deutschsprachigen Raum seit etwa 20 Jahren eine Renaissance.

2.   Das letzte Antlitz und seine virtuelle Aufzeichnung

Spätestens seit dem *visual* bzw. dem *pictorial turn*[17] ist gemeinhin anerkannt,
dass Bilder innerhalb spezifischer sozialer Rahmungen produziert und rezipiert werden. Als sinnhaftes Konstrukt gilt nicht das Bild ‚an sich', sondern
die Kombination aus materiellem Gegenstand, technischem Standard, subjek-
tiver Perspektive, situativen Gegebenheiten, usf. Bilder bewahren sich stets
blinde Flecken, die eben nicht hier und jetzt, sondern vielleicht später und
anderswo oder gar nicht erhellt werden. „In der Tat sind Worte lauter als Bilder", meint Susan Sontag;[18] aber Bilder produzieren selbst Worte, indem sie

---

[17]   Vgl. etwa Mitchell, William J. T., Pictorial Turn, in: Kravagna, Christian (Hg.), Privileg Blick. Kritik der visuellen Kultur, Berlin 1997, S. 15–40. Davon abzugrenzen
ist der „iconic turn", der die soziokulturellen Entstehungshintergründe von Bildern
im Sinne einer – stärker die Bildautonomie evozierenden – „ikonischen Differenz"
ausblendet. Vgl. Boehm, Gottfried (Hg.), Was ist ein Bild?, München 1995, sowie
generell Bachmann-Medick, Doris, Cultural Turns. Neuorientierungen in den Kultur-
wissenschaften, Reinbek 2006, S. 329ff.
[18]   Sontag, Susan, Über Fotografie, München 1978, S. 102.

ambivalente Beschreibungen gestatten. Das, was bildlich zu sehen ist, wird je nach Standpunkt, kulturellem Kontext und Zeitgeist verschiedenartig gelesen und steht somit keineswegs so ‚fest‘, wie es der technische Prozess der Wirklichkeitsabbildung zu implizieren scheint. Für den Diskurs über Fotografie und Tod bedeutet dies, dass es über diese Beziehung kein fest stehendes, gar lehrbuchhaftes Verständnis geben kann, sondern stets nur Annäherungen. Berühmte Zwischenstationen der Debatte sind beispielsweise die zeitweilig sehr intensiv diskutierte Fotogenität von Geistern[19] oder die von Roland Barthes angestoßene Diskussion über ein reales Jetzt in der so irrealen wie objektiv vorhandenen Wirklichkeit des Bildes.[20] Die oben angesprochene Kraft und Mitwirkung von Bildern vor allem bei der (Re-)Konstruktion der sozialen Relevanz von Verstorbenen spielt eine wichtige Rolle, sie fächert sich jedoch bei einer näheren Betrachtung in weitere Sinnzusammenhänge auf, zu deren bemerkenswertesten Facetten die *Leichenfotografie* gehört.

Leichenfotografie steht zunächst für die Herstellung eines Körperbildes, das keinen Menschen, sondern im strengen Sinne eine ehemalige Person zeigt, – denn weder ist der tote Körper eine bloße Sache, noch ist er weiterhin vollwertig sozial präsent.[21] Anders als jene Bilder, die ‚prae mortem‘ entstanden sind und post mortem somit den *zweiten Körper* festhalten, ist die Leichenfotografie kein Zeugnis lebendigen Daseins, sondern ein Dokument des vergangenen Lebens. So mag das Foto zwar noch als memento mori dienen, es bewahrt jedoch keinen Anblick, der an gemeinsame Erlebnisse mit der verstorbenen Person erinnert. Folglich ist die Vorstellung, dass hierbei ein „Überleben durch das Bild“[22] angedeutet werde, nur metaphorisch plausibel, schließlich bedeutet Leben Dynamik, während Fotos immerzu unbeweglich und gewissermaßen *materialimmanent tot* sind.[23] In diesem Sinne lassen sich Fotos von Leichen als doppelte Mortifikation begreifen, die den Ansatz, Fotos als Zeichen des Todes zu denken, auf die Spitze treibt.

19   Vgl. Krauss, Rolf H., Jenseits von Licht und Schatten. Die Rolle der Photographie bei bestimmten paranormalen Phänomenen – ein historischer Abriss, Marburg 1992; Jolly, Martyn, Faces of the living Dead. The Belief in Spirit Photography, London 2006; Kaplan, Louis, The strange Case of William Mumler, Spirit Photographer, Minneapolis 2008.
20   Vgl. Därmann, Tod und Bild; Barthes, Roland, Die helle Kammer. Bemerkungen zur Photographie, Frankfurt am Main 1989; Sontag, Susan, Das Leiden anderer betrachten, Frankfurt am Main 2005.
21   Thier, Markus, Rechtsstatus des lebendigen menschlichen Körpers, seiner Körperteile und der Leiche nach deutschem Recht, in: Knoblauch, Hubert u. a. (Hg.), Der Tod, der tote Körper und die klinische Sektion, Berlin 2010, S. 249–269.
22   Arndt, Christiane, Leiche und Geister. Fotografie und Tod im 19. Jahrhundert, in: Eiden, Patrick u. a. (Hg.), Totenkulte. Kulturelle und literarische Grenzgänge zwischen Leben und Tod, Frankfurt am Main / New York 2006, S. 147–170, hier S. 155.
23   Vgl. Meitzler, Matthias, Soziologie der Vergänglichkeit. Zeit, Altern, Tod und Erinnern im gesellschaftlichen Kontext, Hamburg 2011, S. 230ff.

Wie bereits angesprochen, sind die konventionellen Möglichkeiten, Leichenfotografien herzustellen, begrenzt. Es bietet sich insbesondere die Aufbahrung an mit der genannten Besonderheit, dass der Tod dabei wie aus dem Bild retuschiert wirkt.[24] Die Zeichen des Sterbeprozesses und Totseins sind buchstäblich überschminkt, nicht nur, um das Abschiedsritual zu erleichtern (und es de facto zu *verschieben* – denn es wirkt, als folgte der Tod erst später), sondern auch deshalb, weil gerade dieser ästhetische Eingriff es überhaupt erst möglich macht, ein adäquates, bewahrenswertes ‚letztes Antlitz' fotografisch festzuhalten. Der tote Körper, der bei seiner Aufbahrung in den Sucher einer Kamera gerät, ist also in dialektischer Verschränkung beides: physiologisch nicht mehr lebendig und optisch nicht ganz tot. Die Ambivalenz solcher Aufnahmen macht sie einerseits tradierbar. Sie können Teil eines innerfamiliären Bilderfundus' werden, weil sie eben nicht in erbarmungsloser Deutlichkeit

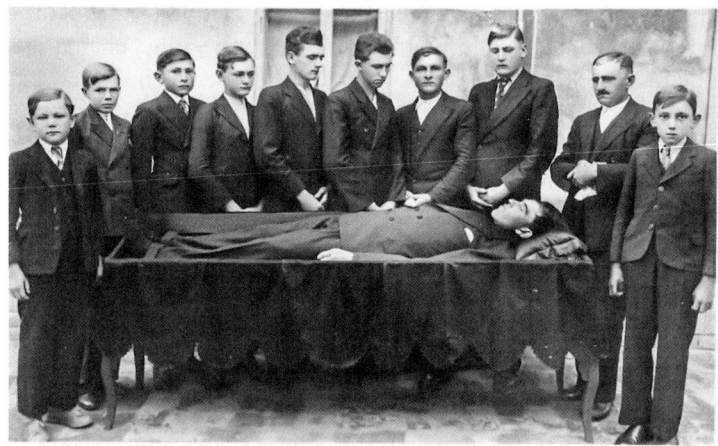

Abb. 3: Die fotografische Erfassung eines Aufbahrungsrituals
als Inszenierung für das Gedächtnis der Gemeinschaft.

zeigen, wie sehr sich eine Leiche von einem lebendigen Menschen(körper) unterscheidet. Wie steht es jedoch um Fotografien, die keine Camouflage vorschalten, die also Sterbezeichen nicht unterdrücken, sondern sogar betonen? Solche Bilddokumente sind keineswegs selten. Im Journalismus gehören sie zum weniger prominenten, weniger angenehmen, weniger ‚gezeigten' Fotomaterial, welches etwa im Kontext von Unfällen, bewaffneten Konflikten, Kriegshandlungen usw. erwirtschaftet wird. Die „Realität der Massenmedien"[25] besteht diesbezüglich aus einer notwendigen Balance aus nicht zu

---

[24]   Vgl. Berger, Peter L. / Lieban, Richard, Kulturelle Wertstruktur und Bestattungspraktiken in den Vereinigten Staaten, in: Kölner Zeitschrift für Soziologie und Sozialpsychologie 12 (1960), S. 224–236.

[25]   Vgl. Luhmann, Niklas, Die Realität der Massenmedien, Wiesbaden ⁴2009.

wenig, aber auch nicht zu viel (Bild-)Information: Weder soll die Wirklichkeit, ähnlich wie die Leiche bei der Aufbahrung, übertüncht werden, noch soll die Visualität des Nachrichtenmaterials zu drastisch wirken.[26] Gezielte Leichenfotografie um der Abbildung eines toten Körpers willen ist in der medialen Berichterstattung über regionales und überregionales Geschehen allerdings selten. Der tote Körper muss *als solcher* die Nachricht wert sein, um in der Folge als solcher im Fokus zu stehen. (Bekanntlich sind selbst die Leichen solcher Persönlichkeiten wie Prinzessin Diana, Ayrton Senna oder Michael Jackson nicht zum Inhalt des massenmedialen Mainstreams geworden.[27]) Leichen- oder Totenfotografie ist für den Journalismus also mehrheitlich ein Begleiteffekt der selbst gesteckten Dokumentationsaufgabe bzw. ein in sich aufschlussreicher Einzelmoment – Selbstzweck ist der tote Körper so gut wie nie.

Von einer „Todesjournalistik" lässt sich selbst dann nicht sprechen, wenn der Gegenstand der Berichterstattungen die Toten selbst sind. Dies unterstreicht schon die Distanzierung zum Tode im Zuge einer buchstäblich *mediatisierten*, also: über Drittinstanzen vermittelten und notwendig erfahrungsfernen Wirklichkeit. Die Todesfälle, über die Print-, Radio-, TV- und Internetmedien berichten, sind schon quantitativ von einem räumlichen Abstand zum Rezipientenkreis gekennzeichnet, welcher diese Tode zwar betrauern und bedauern kann, aber eben nicht *unmittelbar* als Problemlagen erfährt. Je stärker das betreffende Sterbegeschehen die eigene Lebenswelt beeinflusst, und je mehr seine Ursachen dominierende Ordnungsvorstellungen angreifen, desto mehr wird das Geschehen als erschütternd anerkannt. Die hier angesprochene Betroffenheit kann, wie etwa die Ereignisse um ‚9/11' zeigen, fraglos auch auf einer kulturellen Nähe beruhen.[28] Jene Körper, die sich in von Kameras eingefangenen Flugbahnen aus dem Türmen des World Trade Centers Richtung Boden bewegten, und das tun sie dank Youtube und anderen Portalen sichtbar immer und immer wieder, sind schon Opfer des Terrors gewesen, bevor sie als Leichen gezeigt wurden (was sukzessive auch kaum geschehen ist). Es braucht hier keine toten Körper in Form von in medialen Kanälen kursierenden Bildern, damit Verstörung und Beängstigung empfunden werden. Wo solche Fotografien vereinzelt in Erscheinung treten, geht ihnen der zeitdokumentarische, und allemal der ästhetische Wert ab: Sie gelten als ‚Schockfo-

---

[26] Es ist aufschlussreich, dem gegenüber der Tendenz zur immer detailgetreueren, immer deutlicheren Darstellung toter Körper in fiktionalen Formaten nachzuspüren: weil das Gezeigte ‚nicht echt' ist, darf es realistischer sein als die realistische Wiedergabe des Echten.

[27] Vgl. Benkel, Thorsten, Bilder der Erinnerung. Vom Gedächtniswissen zur Festschreibung durch Fotografie, in Lehmann, René u. a. (Hg.), Formen und Funktionen sozialen Erinnerns. Sozial- und kulturwissenschaftliche Analysen, Wiesbaden 2013c, S. 131–151, hier S. 141ff.

[28] Vgl. Lorenz, Matthias N. (Hg.), Narrative des Entsetzens. Künstlerische, mediale und intellektuelle Deutungen des 11. September 2001, Würzburg 2004; Baecker, Dirk u. a. (Hg.), Terror im System. Der 11. September und die Folgen, Heidelberg 2002.

tos'[29], und es ist nicht nötig, die auseinander gebrochenen Gliedmaßen dieser paradoxerweise ermordeten Selbstmörder zu betrachten, um zu verstehen, um was es eigentlich geht.

Das Internet gibt derartigen Bildaufzeichnungen Raum. Gemeinhin wird das World Wide Web dafür gelobt, eine demokratische Gegenöffentlichkeit etabliert zu haben, die – so plural und unübersichtlich sie auch ist – informationspolitische Alternativen für alle möglichen und auch manche vermeintlich unmöglichen Themen bietet. Die von Jürgen Habermas vor über einem halben Jahrhundert angemahnten neofeudalistischen Abhängigkeitsverhältnisse im Kontext medialer Welterklärung und -reflexion[30] werden durch das Internet auf eine Weise relativiert, die sich Alexander Kluge und Oskar Negt ein Jahrzehnt später auf der kritisch-kreativen Suche nach neuen Organisationsformen von *Öffentlichkeit und Erfahrung*[31] noch nicht vorstellen konnten. Zu jedem Bild, das veröffentlicht wird, können Zusatzbebilderungen, andere Perspektiven, alternative Sicht- und Lesarten usw. abgerufen werden, wenn es denn erforderlich scheint und ein gewisses Maß an Suchfreude und Aufmerksamkeit investiert wird. Bedenklich wird dieser Modus der Demokratisierung nun dadurch, dass die Konstellation aus Wissen, Visualität, Information und Reflexion von Nutzern des Internets nicht nur autonom erbastelt werden kann, sondern autonom erbastelt werden *muss*. Sinn ist im Internet eine Ressource, deren Konstitution mehr denn je von der Mitwirkung der Rezipienten abhängt. Der „sinnhafte Aufbau der sozialen Welt", ein Begriff, mit dem Alfred Schütz 1932 explizit den verengten Blick Rudolf Carnaps auf den lediglich „logischen Aufbau der Welt" erweitern wollte,[32] wirkt flüchtig und subjektiv in einer Umgebung, in der alles nicht nur anders sein könnte, sondern nach einigen Klicks und URLs auch anders ist. Für den vorliegenden Zusammenhang bedeutet dies, dass die dezenten Maßstäbe, die das mediale Verhältnis von Tod und Bild üblicherweise regeln, auf Gegenentwürfe treffen.

Die Zahl der Internet-Seiten, die Leichen um des Sensationseffektes willen abbilden, ist Legion. Ihre Existenzberechtigung verleihen sie sich zuvorderst aufgrund des Umstandes, dass sie Bilder von etwas liefern, das zwar prinzipiell sichtbar, aufgrund ethischer Codes jedoch mit dem Bann der Unsichtbarkeit belegt ist. Dieser Hintergrund gestattet es den Betreibern entsprechender Seiten, sich als Verteidiger der Rede- und folglich auch der Meinungsfreiheit zu inszenieren. Insbesondere in den Vereinigten Staaten, in denen der

---

[29] Vgl. Geimer, Fotos, die man nicht zeigt.

[30] Vgl. Habermas, Jürgen, Strukturwandel der Öffentlichkeit. Untersuchungen zu einer Kategorie der bürgerlichen Gesellschaft, Frankfurt am Main 1990.

[31] Kluge, Alexander / Negt, Oskar, Öffentlichkeit und Erfahrung, Frankfurt am Main ⁴1976.

[32] Vgl. Schütz, Alfred, Der sinnhafte Aufbau der sozialen Welt. Eine Einleitung in die verstehende Soziologie, Frankfurt am Main 1991; Carnap, Rudolf, Der logische Aufbau der Welt, Berlin u. a. 1979.

Erste Verfassungszusatz ein umfassendes Recht auf subjektive Positionen, Bewertungen und Aussagen garantiert, werden Abbildungen von Unfall- und Kriegsopfern bis hin zur Darstellung verstümmelter Leichen und Folterszenen oft mit dem (impliziten) Verweis auf höchstrichterliche Schutzbestimmungen platziert. Als sinnhafter Aufbau der virtuellen Präsentation betritt dabei also gewissermaßen ein ‚Verbraucherrecht' die virtuelle Bühne – das Recht der Internet-Nutzer, sich über die materiellen Tatsachen des Sterbens bzw. des Tötens und Getötet-Werdens in Wort wie in Bild zu informieren. So explizit verfassungskonform entsprechende Portale sich geben, so unmissverständlich fällt üblicherweise der Charakter der einschlägigen Bildergalerien als Horror Show aus.[33] Eine ominöse, in den letzten Jahren jedoch inhaltlich veränderte Webseite soll dafür als Beispiel dienen. Unter dem Namen *rotten.com* bietet sie, mit offiziellem Sitz in Kalifornien, seit 1996 als „Archive of Disturbing Illustration" visuelles Material an, das neben pornografischen Szenen und Kuriosa im Wesentlichen Leichen und außeralltägliche Sterbevorgänge zeigt. Vermutlich aufgrund zahlreicher juristischer Auseinandersetzungen mit Angehörigen abgebildeter Personen bzw. aufgrund von Urheberrechtsverstößen ist die Reputation des Portals im Laufe der Jahre gesunken; gegenwärtig finden offenkundig keine oder kaum mehr Updates statt. Gleichwohl darf das Konzept der Seite als Pioniermodell für viele andere, aus allen Teilen der Welt kommende Internetangebote gelten.

Rotten.com setzt hinsichtlich der Thematisierung des Todes da an, wo in den 1980er Jahren Video-Formate wie etwa „Faces of Death" (eine Reihe von VHS-Filmen ebenfalls US-amerikanischer Provenienz, die angeblich reale Sterbemomente aneinanderreihen) bereits begonnen hatten: das Tabu der Bilder dient als Motor der Enthüllung. Ein Mehrwert, der über die morbide Faszination, visuelle Schranken überwunden zu haben, hinaus reicht, ist nicht zu identifizieren, aber das ist wohl auch nicht notwendig. Die Grenzüberschreitung wirkt hier ‚dekonstruktivistisch', insofern das Zeigen von sonst tabuisierten, soziale Normen verletzenden Bildern letztendlich das Vorhandensein der Grenze zwischen legitimer und illegitimer Bildhaftigkeit bekräftigt. Auffällig ist, wie sehr der geschundene und bisweilen eben auch sterbende Körper in den Fotos von rotten.com zum ‚Übergangsobjekt' instrumentalisiert wird: Die intersubjektive „Mitgegenwärtigkeit"[34] der betroffenen Person steht nicht im Fokus, sie wird lediglich als ahistorischer Körper vorgestellt, zu dem die Rezipienten keine intersubjektive oder gar emotionale Haltung einnehmen müssen. In kompakten Bildnarrativen des Sterbens wird nüchtern und reportageartig der Prozess des Sterbens und/oder das Leichenprodukt dieses Prozesses gezeigt.

---

[33]   Vgl. Kerekes, David / Slater, David, Killing for Culture. An illustrated History of Death Film from Mondo to Snuff, London ²1998.

[34]   Vgl. Schütz, Der sinnhafte Aufbau, S. 313.

Selbst der Analogieschluss, der noch in klassischen memento mori-Darstellungen immerzu Bildbestandteil war – nämlich die Einsicht, dass der Betrachter des Todesfalles selbst einmal tot sein wird –, wird durch die implizite Distanzierung vom gezeigten Geschehen abgeblockt. Alles, was das visuelle Archiv dieser und anderer Webseiten zeigt, wird präsentiert als ein reizvoll-unheimlicher Bestandteil der objektiven Wirklichkeit, von dem sich die Betrachter mit ihrer subjektiven Lebenswelt losgelöst fühlen dürfen. Damit bedienen Internetangebote wie rotten.com ein voyeuristisches Interesse, das sich mit Hans Blumenbergs Metapher vom „Schiffbruch mit Zuschauern"[35] verbinden lässt. In sicherem Abstand zu einem realen (bei Blumenberg, angesichts des Theaters, durchaus auch fingierten) Geschehen lassen sich verschwiegene und bedrohliche Szenarien als Unterhaltungsinhalt goutieren. Mehr noch, „das Unheimliche", so bereits Sigmund Freud,[36] findet seinen Reiz gerade darin, dass zwischen dem Erfahrungshorizont der Betrachter und dem Atelier der schrecklichen Inszenierungen ein künstlicher Bruch für einen ‚sicheren Abstand' sorgt.

3. Gebrauchsweisen der Post-Mortem-Fotografie

Dem gegenüber muss die *Post-Mortem-Fotografie* als eine Bebilderung des Todes am Leitfaden ästhetischer Traditionen gelten. Schon in der Frühzeit der Fotografiegeschichte war das Sujet, Modelle wie Verstorbene herzurichten und abzubilden, nicht unüblich.[37] Bei der bloßen Maskerade blieb es aber nicht, umso mehr, als dass Fotografien echter Leichen pragmatische Zwecke zu erfüllen versprachen (dazu unten mehr). Die Distanz zum toten Körper ist, wie aus der *Geschichte des Todes* bekannt,[38] ohnehin erst im Zuge gesellschaftlicher Modernisierungsschübe angewachsen, wodurch ein (relativ) offener Umgang mit Sterben und Leichen vor allem in künstlerischen Kontexten möglich wurde.[39] Sensationslust war aber auch damals nicht fern. So zog die 210 Quadratmeter große Pariser *Morgue* alleine im Jahr 1892 über eine Millionen Besucher an (teilweise bis zu 40.000 an einem Tag), da dort die Leichen von Unbekannten (auch von Kindern) in Kostüme und Bühnenbilder gesteckt

---

35 Blumenberg, Hans, Schiffbruch mit Zuschauer. Paradigma einer Daseinsmetapher, Frankfurt am Main 1997.

36 Vgl. Freud, Sigmund, Das Unheimliche, in: ders., Studienausgabe, Bd. 4, Frankfurt am Main 1982, S. 241–275.

37 Brauchitsch, Boris von, Kleine Geschichte der Fotografie, Stuttgart 2002, S. 31.

38 Ariès, Philippe, Geschichte des Todes, München 2002.

39 Vgl. Jansen, Hans Helmut (Hg.), Der Tod in Dichtung, Philosophie und Kunst, Darmstadt ²1989.

und ausgestellt wurden.[40] Offiziell diente die Schau dem Zweck, die Identität der Namenlosen klären zu lassen (Besucher sollten sie wiedererkennen), während tatsächlich wohl vor allem der Anblick der Verstorbenen im Kontrast zu ihrer Einbindung in eine theaterhafte Dramaturgie für Aufsehen sorgte.

Die Post-Mortem-Fotografie setzte stiller an: Verstorbene wurden meist im Familienkreis so hergerichtet, dass sie wie schlafend, wie noch lebendig aussahen, wenn der Fotograf den Auslöser betätigte. Ähnlich wie bei der Aufbahrung wurde ein toter Körper bildhaft seiner Lebendigkeit gegenüber gestellt, nun allerdings mit dem Unterschied, dass die Aufnahme nicht mehr in einem institutionellen Rahmen stattfand und somit die Unterscheidung von tot und lebendig späteren Betrachtern der Fotografie schwerfiel. Warum wurden überhaupt Bilder von toten Körpern angefertigt? Es bieten sich mehrere Motive an. So wurde dadurch beispielsweise ein rituelles Moment transformiert. Für die materielle Festschreibung des ,letzten Antlitz' zum Zweck eines (auch historiografischen) ,Bewahrens' der physischen Realität, und sei es auch nur des Gesichts, bot sich die Leichenfotografie als technologisierte Fortführung der Totenmaske an. Genau wie diese operiert das Foto einer verstorbenen Person als „Symbol für Leben, wenngleich auch nicht für Lebendigkeit"[41]. Aber so konnte der Anblick einer Person, sowohl einer prominenten, wie auch einer innerfamiliär wertgeschätzten, geradezu naturalistisch aufbewahrt werden.

Damit ist ein weiteres Motiv verbunden, die Visualisierung des toten Körpers als Erinnerungsobjekt. Dies ist vor allem historisch zu betrachten: In den Anfangsjahren der Fotografie blieben deren technische Möglichkeiten noch vergleichsweise stark begrenzt. Anders als heute war das Anfertigen von Fotos eben noch keine ,Jedermannskunst', sondern eine Aufgabe professioneller Akteure, die nur zu besonderen Anlässen konsultiert wurden. Einer davon war die Aufnahme eines Familienportraits, das jedoch u. a. aufgrund des zeitlichen Aufwands (wegen langer Belichtungszeiten) mit hohen Kosten verbunden war. Folglich hielt sich die Zahl der verfügbaren Bilder in einem überschaubaren Rahmen. Weil die historische Frühphase der Fotografie zugleich von einer hohen Säuglings- und Kindersterblichkeit geprägt war, verwundert es nicht, dass gerade diese Altersgruppe in den Bilderwelten der Post-Mortem-Fotografie besonders stark vertreten war.

Das heute bisweilen befremdlich erscheinende Aufbewahren eines bildhaften Beweises für den Tod der eigenen Kinder wurde vor etwa einhundert Jahren anders bewertet. Anstelle einer Todesnähe-Evokation, die morbide und abschreckend wirkt, konnten Lobbyisten der Leichenfotografie erfolgreich auf den Erinnerungswert der Bilder verweisen. Neben Einzelportraits verstorbener Kinder wurden diese mithin mit (lebenden) Familienmitgliedern abgelichtet,

---

[40] Vgl. Denkel, Bilder der Erinnerung, S. 145; González-Crussí, Frank, Verbotene Blicke, schamloses Sehen. Das Auge und die Welt, Köln 2007, S. 67ff.

[41] Regener, Susanne, Totenmasken, in: Ethnologia Europaea 23 (1993), S. 153–170, hier S. 157.

etwa als vermeintlich schlafende ‚Engelchen' im Schoße der Mutter. Die symbolische Qualität des Verfahrens ist nicht zu unterschätzen, schließlich wurde damit eine Konstellation festgehalten, die realiter nur für kurze Zeit Bestand hatte. Zu berücksichtigen ist ferner, dass dies weitgehend noch vor den kulturpessimistischen Klagen über die Gewalt der technischen Reproduzierbarkeit[42] verhandelt wurde, also in einer Epoche, in der Visualität etwas Ephemeres, Sinnliches war und nur in Ausnahmefällen von einem technischen, in die Lebenswelt eindringenden Mechanismus begleitet wurde.

Auch als Objekt der Trauerarbeit können Post-Mortem-Fotografien Verwendung finden. Der Verlust eines nahen Angehörigen wird gerade in der unmittelbaren Konfrontation mit dessen Leichnam begreifbar und sukzessive ‚bewältigbar'. Dieser Lesart zufolge gelingt das psychologische Loslassen gerade durch das fotografische Festhalten des toten Körperzustandes. Weil dabei die Evidenz des Verstorbenseins in einem wohltemperierten Rahmen verbleiben muss, dienen ästhetische Elemente als Katalysator. Unfalleffekte, Leichenflecken, Fäulnisspuren usw. waren für die Inszenierung der Leiche und die Prozesse der Bildherstellung immer schon problematisch.

Abgesehen von den erwähnten Erfassungen des drapierten toten Körpers im Zuge der Aufbahrungsfeier hat die Post-Mortem-Fotografie über das 20. Jahrhundert hinweg an Nachfrage verloren – und an (durchaus produktivem, insbesondere ästhetisch eingesetztem) Irritationspotenzial gewonnen.[43] Mittlerweile lassen sich jedoch Gegentrends beobachten. Wenn jeder sein Erleben aufzeichnen kann und die Dauerbeobachtung durch ‚Kameraaugen' zur Alltagsnormalität wird,[44] gelangt auch der Tod wieder stärker in den Sucher.[45] Die Fotogenität des Todes in den erwähnten *Exploitation*-Kontexten gezielt provozierender Internetseiten stellt nur mehr eine Seite der Medaille dar. Das Abbilden von Sterbevorgängen ist längst in Dokumentarfilmen (etwa von Frederick Wiseman), ja sogar in der Werbung (bekannt sind die Arbeiten

[42]   Vgl. Benjamin, Walter, Das Kunstwerk im Zeitalter seiner technischen Reproduzierbarkeit, in: ders., Gesammelte Schriften, Bd I/2: Abhandlungen, Frankfurt am Main 1991, S. 471–508.

[43]   Vgl. Sykora, Katharina, Die Tode der Fotografie, Bd. 1: Totenfotografie und ihr sozialer Gebrauch, Paderborn/München 2009; Sykora, Katharina, Die Tode der Fotografie, Bd. 2: Tod, Theorie und Fotokunst, Paderborn/München 2015.

[44]   Vgl. Benkel, Thorsten, Augen ohne Gesicht. Videoüberwachung zwischen Kontrolltechnik und Ordnungsutopie, in: Zurawski, Nils (Hg.), Überwachungspraxen – Praktiken der Überwachung. Analysen zum Verhältnis von Alltag, Technik und Kontrolle, Opladen 2011, S. 102–116.

[45]   Dazu ausführlich Benkel, Thorsten / Meitzler, Matthias, Sterbende Blicke, lebende Bilder. Die Fotografie als Erinnerungsmedium im Todeskontext, in: Medien & Altern. Zeitschrift für Forschung und Praxis 5 (2014b), S. 41–56.

von Oliviero Toscani) thematisiert worden, mit bald mehr und bald weniger öffentlicher Resonanz.[46]

Und auch die Post-Mortem-Fotografie feiert eine Renaissance. Im deutschsprachigen Raum lassen sich vereinzelt, aber tendenziell zunehmend Grabsteinfotografien toter Körper finden. Es kommt vor, dass Eltern, die den Verlust eines Kindes (insbesondere eines Säuglings) zu beklagen haben, sich auf eine fotografische Inszenierung mit dem verstorbenen Familienmitglied einlassen. Die Fotografien werden in der Folge mitunter an Verwandte und Bekannte als ‚Abschiedsmitteilung‘, d. h. im Sinne einer quasi-offiziellen Bekanntmachung des Verlustes verschickt.[47] Sie werden außerdem als Erinnerungsfotos aufbewahrt und beispielsweise am Grab des Kindes befestigt oder vereinzelt auf Trauerportalen und vergleichbaren Internetseiten eingestellt. Nicht immer handelt es sich dabei um vollständige Abbildungen des toten Körpers – manchmal lässt die Einschränkung auf bestimmte Körperteile den Kontext erahnen –, nicht immer sind die Eltern mit auf dem Foto, und nicht immer ist auf den ersten Blick die Differenz zwischen Schlaf und Tod zu identifizieren. Im Zuge der empirischen Nachforschung haben sich sogar

Abb. 4: Im Bild zwischen Schlaf und Tod changierend, kann der erste Körper des toten Kindes als Fotomotiv Verwendung finden.

---

46   Nicht zuletzt ist das Abbilden toter Körper(teile) fester Bestandteil (rechts-)medizinischer Dokumentations- und Lehrkontexte (vgl. Dettmeyer, Reinhard u. a., Rechtsmedizin, Heidelberg ²2014).

47   Vgl. Christen, Matthias, Die letzten Bilder. Tod, Erinnerung und Fotografie in der Zentralschweiz, Baden 2010.

Post-Mortem-Fotografien verstorbener Heimtiere auffinden lassen, was sich
nahtlos mit der Erkenntnis verbinden lässt, dass der Tiertod in den letzten Jahren ebenfalls an sepulkraler Relevanz gewonnen hat.[48]
Der Fotoapparat ist eine Registriermaschine, ja beinahe ein Augenzeuge.[49] Im
Fall der Post-Mortem-Fotografie wird eine stille Situation, die für gewöhnlich
bilder- und zeugenlos ist, zum Gegenstand einer stillen Abbildung. Der Tod
wird aufbewahrt, wodurch die Fotografie nicht etwas raubt, wie man früher
meinte,[50] sondern eher etwas gibt – einen Einblick, den der übliche Lebensalltag verwehrt. Der Umgang mit dem Sterben wird durch das Fotografieren
toter Menschen und allemal durch das Darstellen und Zeigen entsprechender
Bilder in Ausstellungen, in Büchern, an Gräbern oder im Internet verändert
– wenn auch nicht pauschal in eine bestimmte Richtung. Im intimen, vorwiegend privaten Kontext wirken die Fotos mutmaßlich bereichernd. „Gerade
in der *Re*-präsentation des Todes ist die Macht der Bilder exemplarisch",[51]
schreibt Jacques Derrida, denn die Bilder heben das Problem der Unsichtbarmachung des Todes auf. Sie speichern den Anblick eines Körpers da, wo es
um einen zweifachen Verlust geht: sowohl den des Körpers, wie auch den des
Anblicks. Sie helfen vor diesem Hintergrund mit, zumindest ein klein wenig
das Gefühl des Verlierens zu suspendieren.

Literatur

Ariès, Philippe, Geschichte des Todes, München 2002.
Arndt, Christiane, Leiche und Geister. Fotografie und Tod im 19. Jahrhundert,
    in: Eiden, Patrick / Ghanbari, Ncim / Weber, Tobias / Zillinger, Martin
    (Hg.), Totenkulte. Kulturelle und literarische Grenzgänge zwischen Leben
    und Tod, Frankfurt am Main / New York 2006, S. 147–170.
Bachmann-Medick, Doris, Cultural Turns. Neuorientierungen in den Kultur-
    wissenschaften, Reinbek 2006.

---

[48]   Während neue Humanfriedhöfe in Deutschland kaum noch errichtet werden und die
       Zunahme ungenutzter Flächen evident ist, steigt die Zahl der Tierkremationen und
       Tierfriedhöfe kontinuierlich an. Vgl. Meitzler, Matthias, Bestattungskultur im Wandel,
       in: Benkel, Thorsten / ders., Sinnbilder und Abschiedsgesten. Soziale Elemente der
       Bestattungskultur, Hamburg 2013, S. 214–321, hier S. 268f.
[49]   Vgl. Golan, Tal, Sichtbarkeit und Macht. Maschinen als Augenzeugen, in: Geimer,
       Peter (Hg.), Ordnungen der Sichtbarkeit, Frankfurt am Main 2002, S. 171–210.
[50]   Vgl. Wiener, Michael, Ikonographie des Wilden. Menschen-Bilder in Ethnographie
       und Photographie zwischen 1850 und 1918, München 1990, S. 186ff.
[51]   Derrida, Jacques, Kraft der Trauer, in: Wetzel, Michael / Wolf, Herta (Hg.), Der Entzug
       der Bilder. Visuelle Realitäten, München 1994, S. 13–35, hier S. 19; Hervorhebung im
       Original.

Baecker, Dirk / Krieg, Peter / Simon, Fritz B. (Hg.), Terror im System. Der 11. September und die Folgen, Heidelberg 2002.

Barthes, Roland, Die helle Kammer. Bemerkungen zur Photographie, Frankfurt am Main 1989.

Barthes, Roland, Über Fotografie, in: Wolf, Herta (Hg.), Paradigma Fotografie. Fotokritik am Ende des fotografischen Zeitalters, Bd. 1, Frankfurt am Main 2002, S. 82–88.

Belting, Hans, Bild-Anthropologie. Entwürfe für eine Bildwissenschaft, München ²2002.

Benjamin, Walter, Das Kunstwerk im Zeitalter seiner technischen Reproduzierbarkeit, in: ders., Gesammelte Schriften, Bd I/2: Abhandlungen, Frankfurt am Main 1991, S. 471–508.

Benkel, Thorsten, Der subjektive und der objektive Tod. Ein Beitrag zur Thanatosoziologie, in: Psychologie und Gesellschaftskritik 32 (2008), S. 131–153.

Benkel, Thorsten, Augen ohne Gesicht. Videoüberwachung zwischen Kontrolltechnik und Ordnungsutopie, in: Zurawski, Nils (Hg.), Überwachungspraxen – Praktiken der Überwachung. Analysen zum Verhältnis von Alltag, Technik und Kontrolle, Opladen 2011, S. 102–116.

Benkel, Thorsten, Die Strategie der Sichtbarmachung. Zur Selbstdarstellungslogik bei Facebook, in: kommunikation@gesellschaft 13 (2012). Online verfügbar unter http://www.ssoar.info/ssoar/bitstream/handle/document/28270/B3_2012_Benkel.pdf.

Benkel, Thorsten, Die Verwaltung des Todes. Annäherungen an eine Soziologie des Friedhofs, Berlin ²2013a.

Benkel, Thorsten, Das Schweigen des toten Körpers, in: ders. / Meitzler, Matthias, Sinnbilder und Abschiedsgesten. Soziale Elemente der Bestattungskultur, Hamburg 2013b, S. 15–92.

Benkel, Thorsten, Bilder der Erinnerung. Vom Gedächtniswissen zur Festschreibung durch Fotografie, in: Lehmann, René / Öchsner, Florian / Sebald, Gerd (Hg.), Formen und Funktionen sozialen Erinnerns. Sozial- und kulturwissenschaftliche Analysen, Wiesbaden 2013c, S. 131–151.

Benkel, Thorsten, Todesrituale. Zur sozialen Dramaturgie am Ende des Lebens, in: Gugutzer, Robert / Staack, Michael (Hg.), Körper und Ritual. Sozial- und kulturwissenschaftliche Zugänge und Analysen, Wiesbaden 2015, S. 335–360.

Benkel, Thorsten / Meitzler, Matthias, Gestatten Sie, dass ich liegen bleibe. Ungewöhnliche Grabsteine – eine Reise über die Friedhöfe von heute, Köln ³2014a.

Benkel, Thorsten / Meitzler, Matthias, Sterbende Blicke, lebende Bilder. Die Fotografie als Erinnerungsmedium im Todeskontext, in: Medien & Altern. Zeitschrift für Forschung und Praxis 5 (2014b), S. 41–56.

Berger, Peter L. / Lieban, Richard, Kulturelle Wertstruktur und Bestattungs-
    praktiken in den Vereinigten Staaten, in: Kölner Zeitschrift für Soziologie
    und Sozialpsychologie 12 (1960), S. 224–236.
Blumenberg, Hans, Schiffbruch mit Zuschauer. Paradigma einer Daseins-
    metapher, Frankfurt am Main 1997.
Boehm, Gottfried (Hg.), Was ist ein Bild?, München 1995.
Bourdieu, Pierre / Boltanski, Luc / Castel, Robert, Eine illegitime Kunst. Die
    sozialen Gebrauchsweisen der Photographie, Hamburg 2006.
Brauchitsch, Boris von, Kleine Geschichte der Fotografie, Stuttgart 2002.
Carnap, Rudolf, Der logische Aufbau der Welt, Berlin / Frankfurt am Main /
    Wien 1979.
Christen, Matthias, Die letzten Bilder. Tod, Erinnerung und Fotografie in der
    Zentralschweiz, Baden 2010.
Därmann, Iris, Tod und Bild. Eine phänomenologische Mediengeschichte,
    München 1995.
Derrida, Jacques, Kraft der Trauer, in: Wetzel, Michael / Wolf, Herta (Hg.),
    Der Entzug der Bilder. Visuelle Realitäten, München 1994, S. 13–35.
Dettmeyer Reinhard / Schütz, Harald F. / Verhoff, Marcel, Rechtsmedizin,
    Heidelberg [2]2014.
Freud, Sigmund, Das Unheimliche, in: ders., Studienausgabe, Bd. 4, Frankfurt
    am Main 1982, S. 241–275.
Geimer, Peter, Fotos, die man nicht zeigt. Probleme mit Schockbildern, in:
    Sykora, Katharina (Hg.), Fotografische Leidenschaften, Marburg 2006, S.
    245–257.
Golan, Tal, Sichtbarkeit und Macht. Maschinen als Augenzeugen, in: Geimer,
    Peter (Hg.), Ordnungen der Sichtbarkeit, Frankfurt am Main 2002, S.
    171–210.
González-Crussí, Frank, Verbotene Blicke, schamloses Sehen. Das Auge und
    die Welt, Köln 2007.
Habermas, Jürgen, Strukturwandel der Öffentlichkeit. Untersuchungen zu ei-
    ner Kategorie der bürgerlichen Gesellschaft, Frankfurt am Main 1990.
Heidegger, Martin, Sein und Zeit, Tübingen [17]1993.
Jansen, Hans Helmut (Hg), Der Tod in Dichtung, Philosophie und Kunst,
    Darmstadt [2]1989.
Jolly, Martyn, Faces of the living Dead. The Belief in Spirit Photography, Lon-
    don 2006.
Kaplan, Louis, The strange Case of William Mumler, Spirit Photographer,
    Minneapolis 2008.
Kerekes, David / Slater, David, Killing for Culture. An illustrated History of
    Death Film from Mondo to Snuff, London [2]1998.
Kluge, Alexander / Negt, Oskar, Öffentlichkeit und Erfahrung, Frankfurt am
    Main [4]1976.

Krauss, Rolf H., Jenseits von Licht und Schatten. Die Rolle der Photographie bei bestimmten paranormalen Phänomenen – ein historischer Abriss, Marburg 1992.

Lorenz, Matthias N. (Hg.), Narrative des Entsetzens. Künstlerische, mediale und intellektuelle Deutungen des 11. September 2001, Würzburg 2004.

Luhmann, Niklas, Die Realität der Massenmedien, Wiesbaden [4]2009.

Macho, Thomas / Marek, Kristin, Die neue Sichtbarkeit des Todes, Paderborn/München 2007.

Meitzler, Matthias, Soziologie der Vergänglichkeit. Zeit, Altern, Tod und Erinnern im gesellschaftlichen Kontext, Hamburg 2011.

Meitzler, Matthias, Tot sind immer nur die anderen. Das eigene Lebensende zwischen Sterblichkeitswissen und Nicht-Erfahrbarkeit, in: Soziologie-Magazin 5 (2012), S. 22–38.

Meitzler, Matthias, Bestattungskultur im Wandel, in: Benkel, Thorsten / ders., Sinnbilder und Abschiedsgesten. Soziale Elemente der Bestattungskultur, Hamburg 2013, S. 214–321.

Mitchell, William J. T., Pictorial Turn, in: Kravagna, Christian (Hg.), Privileg Blick. Kritik der visuellen Kultur, Berlin 1997, S. 15–40.

Regener, Susanne, Totenmasken, in: Ethnologia Europaea 23 (1993), S. 153–170.

Richard, Birgit, Todesbilder. Kunst, Subkultur, Medien, Paderborn/München 1995.

Schulz, Martin, Die Sichtbarkeit des Todes in der Fotografie, in: Macho, Thomas / Marek, Kristin (Hg.), Die neue Sichtbarkeit des Todes, Paderborn/München 2007, S. 401–425.

Schütz, Alfred, Der sinnhafte Aufbau der sozialen Welt. Eine Einleitung in die verstehende Soziologie, Frankfurt am Main 1991.

Schütz, Alfred / Luckmann, Thomas, Strukturen der Lebenswelt, Konstanz 2003.

Sontag, Susan, Über Fotografie, München 1978.

Sontag, Susan, Das Leiden anderer betrachten, Frankfurt am Main 2005.

Sontag, Susan, In Platos Höhle, in: Stiegler, Bernd (Hg.), Texte zur Theorie der Fotografie, Stuttgart 2012, S. 277–301.

Sykora, Katharina, Die Tode der Fotografie, Bd. 1: Totenfotografie und ihr sozialer Gebrauch, Paderborn/München 2009.

Sykora, Katharina, Die Tode der Fotografie, Bd. 2: Tod, Theorie und Fotokunst, Paderborn/München 2015.

Thier, Markus, Rechtsstatus des lebendigen menschlichen Körpers, seiner Körperteile und der Leiche nach deutschem Recht, in: Knoblauch, Hubert / Esser, Andrea / Groß, Dominik / Tag, Brigitte / Kahl, Antje (Hg.), Der Tod, der tote Körper und die klinische Sektion, Berlin 2010, S. 249–269.

Wiener, Michael, Ikonographie des Wilden. Menschen-Bilder in Ethnographie und Photographie zwischen 1850 und 1918, München 1990.

Internet

http://www.ssoar.info/ssoar/bitstream/handle/document/28270/B3_2012_
    Benkel.pdf.
http://friedhofssoziologie.de.

Abbildungen

Abb. 1: Ein seltenes Beweisstück für die Visualisierung des Sterbeprozesses:
    die Abschiedsgeste auf dem Totenbett als Grabsteinfoto; © Thorsten Ben-
    kel/Matthias Meitzler.
Abb. 2: Das Ovalporträt erfährt als Grabsteinelement im deutschsprachigen
    Raum seit etwa 20 Jahren eine Renaissance; © Thorsten Benkel/Matthias
    Meitzler.
Abb. 3: Die fotografische Erfassung eines Aufbahrungsrituals als Inszenierung
    für das Gedächtnis der Gemeinschaft; © Privatbesitz.
Abb. 4: Im Bild zwischen Schlaf und Tod changierend, kann der erste Körper
    des toten Kindes als Fotomotiv Verwendung finden; © Thorsten Benkel/
    Matthias Meitzler.

„Sprengstoff" narrativer Identität: Trauerreden im Medium der Fiktion am Beispiel von Uwe Timms Roman „Rot"

Martina Kumlehn

„Ich schwebe. Von hier oben habe ich einen guten Überblick, kann die Kreuzung sehen, die Straße, die Bürgersteige. Unten liege ich. Der Verkehr steht. […] jemand hält meinen Kopf, sehr behutsam, eine Frau, sie kniet neben mir. […] Eine große Schaufensterscheibe, die wie eine glitzernde Wolke aufflog und jetzt am Boden liegt, bruchstückhaft spiegeln sich Häuser, Bäume, Wolken, Menschen, Himmel, von hier oben ein großes Puzzle, aber alles in Schwarzweiß. Seltsamerweise gibt es keine Farbe, seltsam auch das, der da unten spürt keinen Schmerz. Er hält die Augen offen. […] Ich höre Stimmen, […] während ich daliege, ruhig, kein Schmerz, sonderbar, aber die Gedanken flitzen hin und her, und alles, was ich denke, spricht eine innere Stimme deutlich aus. Das ist gut, denn das Reden gehört zu meinem Beruf. Meine Tasche liegt drei, vier Meter entfernt von mir auf der Straße, und natürlich ist sie aufgesprungen, eine alte Ledertasche. Das kleine Päckchen mit dem Sprengstoff ist herausgeflogen, auch die Zettel, Karteikarten, die Blätter mit den Notizen, niemand kümmert sich darum, sie wehen über die Fahrbahn. Und ich denke, hoffentlich sind sie vorsichtig. Will auch sagen: Vorsicht, das ist Sprengstoff. Aber es gelingt mir nicht. Das Sprechen macht mir Mühe, große Mühe, gerade dieses Wort, sonderbar, da ich es leicht denken und hören kann. Also nichts sagen. Schweigen. […] Wenn man jetzt die Augen schließen könnte, denke ich, es wäre der Frieden. Und noch etwas, ich höre Charlie Parker spielen, sehr deutlich, den Einsatz seines Solos in *Confirmation*."[1]

Auf die ersten Sätze kommt es an. Sie haben es in sich und lassen, wenn sie gelingen, wie in einem Kaleidoskop die verschiedenen Facetten der Erzählung aufscheinen. Uwe Timm gelingen solche ersten Sätze geradezu mustergültig. Sie deuten in Bildern und Metaphern intensiv an, worum es geht: um die Imagination des Sterbens, um das Erzählen vom Nullpunkt des Todes aus, um die Rekonstruktion der eigenen Lebensgeschichte im Angesicht des Todes, um die Konstruktion von narrativer Identität – eigener und fremder – in der Trauer- oder Totenrede, um das Fragmentarische, Zersplitternde, das Verwehende, Sich-Entziehende des eigenen Lebens, um die Krisen des Redens angesichts des Todes, um das Schweigen-Müssen, um die Suche nach Sinn angesichts des

---

[1]   Timm, Uwe, Rot, München, [8]2009, S. 7.

Unvorstellbaren und das Aushalten der Sinnlosigkeit angesichts der Brutalität des Todes, um Frieden im Konjunktiv und die Verheißungen der Musik. Und um den Sprengstoff, d. h. das Explosive und Gefährliche, das diesen Prozessen und Zumutungen innewohnt.

Uwe Timm entfaltet auf diese Weise im Medium der literarischen Fiktion Simulacren als imaginierte Pragmatik und spezifische Codierungen des Redens über den Tod und des Redens angesichts des Todes, die nicht nur einen Spiegel spätmoderner, metaphysischem Trost entsagender Trauerkultur darstellen, sondern die sich kulturanthropologisch und erzähltheoretisch unauflöslich mit der Frage verbinden, wie man überhaupt vom eigenen und fremden Leben sprechen kann bzw. wie sich im Angesicht des Todes narrative Identität verdichtet und neu zur Sprache bringt. Die Erhellungskraft dieser fiktionalen Simulacren soll im Folgenden ausgeleuchtet werden, um die vorfindliche Wirklichkeit in ihren Spiegelungen als eine andere sehen zu lernen.[2]

1.   Die Affinität von Tod und Erzählung im Medium der Literatur

„Die moderne Dichtung vor allem dürfte mehr und zuverlässiger Aufschluss gewähren über das seelische Verhalten des heutigen Menschen zum Tode als die meisten der vorliegenden statistischen Untersuchungen."[3] So hat schon Robert Leuenberger 1970 die besondere Sensibilität der Literatur auf den Punkt gebracht, die der Suche nach einer Sprache für die existentielle Erfahrung des Todes angesichts des Brüchigwerdens religiöser Traditionen Ausdruck verleiht. Über diese seismographische kulturelle Leistung hinaus kann jedoch noch viel grundsätzlicher nach dem Verhältnis von Dichtung und Tod gefragt werden. Denn „Literatur entsteht angesichts des Todes."[4] Und im Sinne einer Thanatopoetik verbinden beide eine paradoxe Affinität, denn die „Fiktion des Endes ist auch das Ende der Fiktion"[5] und die Nullsignifikanz

---

[2]   Vgl. dazu Klie, Thomas, Deutungsmachtkonflikte angesichts des Todes, in: Stoellger, Philipp (Hg.), Deutungsmacht, Tübingen 2014, S. 525–538, hier S. 526, der auch kurz auf Timms Roman rekurriert, sich jedoch relativ schnell von ihm abwendet, um sich „der sozialen Wirklichkeit" in empirischer Perspektive zuzuwenden.

[3]   Leuenberger, Robert, Der Tod. Schicksal und Aufgabe, Zürich 1970, S. 37f.

[4]   Jahraus, Oliver, Totenrede und Roman. Zu Medientheorie und Erzähltechnik in Uwe Timms Rot, in: Marx, Friedhelm (Hg.), Erinnern, Vergessen, Erzählen. Beiträge zum Werk Uwe Timms, Göttingen 2007, S. 173–188, hier S. 173.

[5]   Hansen-Löve, Aage A., Grundzüge einer Thanatopoetik. Russische Beispiele von Puskin bis Cechov, in: dies. (Hg.), Thanatologien, Thanatopoetik, Der Tod des Dichters, Dichter des Todes, (Wiener Slawistischer Almanach, Band 60), München 2007, S. 7–78, hier S. 7, Anm. 2.

des Todes, d. h. seine prinzipielle Nicht-Darstellbarkeit, setzt gerade die ganze Fülle der Imaginationskraft aus sich heraus. Dieses Todes-Paradoxon kann „vom Extrem- oder Marginalpunkt zum Angelpunkt von Dar- und Vorstellbarkeit überhaupt"[6] werden. Hier hat die Fiktion als „Schock des Möglichen, der nicht geringer ist als der Schock des Wirklichen"[7] ihre ureigene Dynamik zu bewähren und sie kann auf diese Weise den Grenzerfahrungen angesichts von Sterben und Tod als Laboratorium der Darstellung des Unvorstellbaren dienen. So führt die Grundaufgabe des Erzählens, die Erfahrungen des Menschen mit und in seiner Zeit als einer endlichen Zeit narrativ zu verarbeiten, zu einer „Polymorphie der Gestaltungen und dadurch vermittelt der Bewertungen der menschlichen Zeit, die mit der Vorstellung eines Jenseits der Zeit einhergehen [...] [D]as Unvorstellbare kann sich, scheint es, nur in fragmentarischen Vorstellungen verbildlichen, die sich abwechselnd in den Vordergrund drängen".[8] Im Ausloten der Grenzen von Narrativität kann etwas aufscheinen vom Ringen um den Zusammenhang von der Zeitlichkeit menschlichen Lebens und ihrer Transzendierung auf das hin, was wir Ewigkeit nennen.[9] In diesem Sinne trägt die Literatur dann nicht nur zur Ausbildung eines Möglichkeitssinnes bei, sondern hält vielmehr den „Unmöglichkeitssinn"[10] wach, weil der Tod einerseits immer eine unmögliche Möglichkeit bleibt und sich allen Formen der Antizipation – auch der literarischen – im Letzten entzieht und weil sich andererseits die Möglichkeiten, sich den Tod und ein Danach vorzustellen, zugleich als unmöglich und gerade darin als imaginativ unbedingt notwendig erweisen.

So setzt Uwe Timm mit Imaginationen des Sterbeprozesses seines Protagonisten, Thomas Linde, einem freien Bestattungsredner ein. Schweben, Sich-selbst-beobachten-Können, innere und äußere Stimmen hören, aber nicht sprechen können, Erlöschen der Farbwahrnehmung, Wechsel zwischen Subjekt- und Objektperspektive, zwischen Ich-Erzähler und auktorialer Erzählperspektive: „Er hält die Augen offen – ich höre Stimmen", bruchstückhafte Reflexionen der zersplitternden Wirklichkeit, Schmerzlosigkeit, Aussicht auf Frieden – dies sind einige der Aspekte, die das Unanschauliche veranschaulichen. Starke Szenen und Gesten, die mehrfach codiert sind, spielen dabei eine Rolle. So kann die kniende Frau, die den Kopf des Sterbenden hält, das

---

6   Hansen-Löve, Thanatopoetik, S. 8.

7   Ricœur, Paul, Zeit und Erzählung, Bd. I: Zeit und historische Erzählung, München 1988, S. 125.

8   Ricœur, Paul, Zeit und Erzählung, Bd. III: Die erzählte Zeit, München 1991, S. 422.

9   Vgl. Ricœur, Erzählung, Bd. III, S. 431. Vgl. Ricœur, Erzählung, Bd. I, S. 135: „Die bedeutungsschwerste Frage dieses Buches ist die, inwieweit eine philosophische Reflexion über Zeit und Narrativität dazu beitragen kann, Ewigkeit und Tod zusammenzudenken."

10   Vgl. zur Literatur und ihrem Zusammenhang mit dem Unmöglichkeitssinn nach Derrida: Stoellger, Philipp, Kardinäle des Nichtstuns. Literarische Figuren der Passivität: Ulrich, Bartleby und Oblomov, in: Hermeneutische Blätter 1/2 (2009), S. 68–78.

Bild einer Pieta aufrufen oder das Foto vom Sterben Benno Ohnesorgs, einem Freund des Autors, dem er eine spätere Erzählung gewidmet hat.[11]

Der Erzähler in diesem Roman „ist ein potentiell Toter. Er spricht und erzählt im Moment seines Todes, so dass er aus der Sicht der Lebenden als Toter gewertet werden kann. Der gesamte Roman ist die Rede eines Toten, der die eigene Biographie als Vorgeschichte des eigenen Todes rekonstruiert und erzählerisch wieder einholt. Damit imaginiert die Erzählsituation einen Prozess des Sterbens, der im Todeszeitpunkt das eigene Leben noch einmal Revue passieren lässt."[12] Die besondere erzählerische Raffinesse liegt dabei in einer mehrfachen fiktionalen Brechung bzw. in der fiktionalen Auffächerung der literarischen Gattung der Trauer- oder Leichenrede. Denn der freie Bestattungsredner gestaltet den eigenen inneren Monolog im Augenblick des Sterbens selbst als fiktionale Trauerrede, deren imaginiertes Publikum die Leserschaft ist, und er flicht in diese eine große Rahmentrauerrede die Erzählung von anderen selbst gehaltenen Trauerreden ein, die seine Identität auf spezifische Weise spiegeln. Und schließlich gewinnt die Rekonstruktion der eigenen Biographie gerade darin ihre innere Dramatik, dass sie aus dem Auftrag für eine Trauerrede erwächst, der ihn überraschend erreicht. So soll er eine Trauerrede auf einen aus den Augen verlorenen Freund halten, mit dem ihn die Agitation während der Umwälzungen rund um das Jahr 1968 verbindet. Nicht nur der eigene und der individuelle fremde Tod werden damit rhetorisch und narrativ verarbeitet, sondern auch das Vergehen einer Epoche, die die eigene Identität wesentlich mit geprägt hat. Es geht um die unterschiedlichen Formen, mit dem Vergehen bzw. dem Vermächtnis der eigenen Zeit umzugehen. Der Freund mit dem sprechenden Namen „Aschenberger" hinterlässt ihm den materiellen und immateriellen Sprengstoff, mit dem er narrativ und pragmatisch vorsichtig umgehen muss. Während der Freund den Gang durch die Institutionen verweigert hat und den Weg konsequenter Isolierung mit dem Wunsch gegangen ist, am Ende die Siegessäule in Berlin als häufig missbrauchtes Symbol des Nationalstaates in die Luft zu sprengen – freilich als ehemaliger Pazifist, ohne dass Menschen zu Schaden kommen –, beeindruckt der Protagonist Thomas Linde eine 21 Jahre jüngere Frau und ihre neoliberalen Freunde, die stark durch die Medien des Visuellen geprägt sind – die Freundin ist Lichtdesignerin und heißt Iris – mit seiner asketischen Lebensweise, seiner Bildung, seiner Wortmächtigkeit und seinen Werten, die Resonanzen über den Generationengraben hinweg in einem neuen linken Spektrum hervorrufen. Unmittelbar vor seinem Tod erfährt er von der Schwangerschaft der Freundin, die symbolisch andeutet, dass es ihm gelungen ist, „sein Erbe" weiter zu geben.

Dadurch, dass der Text sich der Gestalt nach als das generiert, worüber er inhaltlich spricht: nämlich als Trauerrede eines Trauerredners, der die Le-

---

[11]   Vgl. Timm, Uwe, Der Freund und der Fremde. Eine Erzählung, Köln 2005.
[12]   Jahraus, Totenrede, S. 180.

serschaft als „Verehrte Trauernde" anspricht, gewinnt er eine performative Dimension, der man sich bei der Lektüre nur schwer entziehen kann. Im Akt des Lesens wird mitvollzogen, wie sich der eigene und der fremde Tod als konstitutiv für den Text erweist. Er ist die Voraussetzung für die Entfaltung und das Erkennen „des oszillierenden Wechselverhältnisses von Politik und Erotik, von Verheißung und Resignation, von Reminiszenz und Abgesang, von Erinnerung und Vergegenwärtigung, von Leben und Tod."[13]

Auf diese Weise ergibt sich eine enge Verbindung zwischen „Geschichtsschreibung, Literatur und Funeralrhetorik": „Der Gestus des Nekrologs erschließt einem historischen Roman auf quasi natürliche Weise sein Gegenstandsfeld, seine Wahrnehmungsperspektive und Sprechhaltung, und so scheint es dem Beobachter [...] eigentlich nur verwunderlich, dass wir unter den Erzählerfiguren unserer Romane so wenige Leichenprediger finden."[14] Im Folgenden steht zwar auch die Haltung des Leichenredners und die Funktion der Leichenrede innerhalb der fiktionalen Erzählung im Zentrum, jedoch nicht im Sinne einer gattungstheoretischen Betrachtung, sondern im Sinne einer fiktionalen dichten Beschreibung bzw. Erhellung dessen, was es um die radikalisierte Situation der Konstruktion narrativer Identität ist, die sich in der Trauerrede heraus kristallisiert und die selbst ein unaufhebbares Moment des Fiktiven enthält, das die Metafiktion verstärkt bzw. etwas über die Kraft der Fiktion in der Rekonstruktion von Leben sagt.

2.   Leben konstruktiv anders erzählen: Trauerreden als Verdichtung narrativer Identität

„Es ist für mich jedes Mal wieder erstaunlich, wie aus den Erzählungen, den Fotos, den Zeugnissen langsam eine Person hervortritt, faßbarer wird und immer vertrauter, eine Person, die am Anfang meiner Recherchen so ist, wie man den idealen Menschen gern sehen würde, kaum ein moralischer Defekt, immer hilfreich und gut, doch dann, je mehr Fotos, Briefe und Dinge ich mir ansehe, je genauer ich bei Freunden und Verwandten nachfrage, erscheint auch das, was nicht sogleich erzählt wird. In einer Schachtel mit losen Fotos fanden sich auch andere Aufnahmen, eine zeigt die Verstorbene mit ihrem Freund in einem Gartenrestaurant, ihr trauriges Gesicht, halb abgewandt, sein aggressiver, auf

---

[13]   Jahraus, Totenrede, S. 187.

[14]   Ecker, Hans-Peter, „Die Heiligung des Diesseits". Die Leichenrede als Motiv und Strukturprinzip in Uwe Timms Roman Rot, in: Marx, Erinnern, S. 189–201, hier S. 190.

sie gerichteter Blick [...] Langsam, annäherungsweise machte ich mir mein Bild vom dem Leben dieser Frau."[15]

Der Trauerredner, der nicht nur einen Lebenslauf referieren, sondern eine Biographie in ihrer individuellen Besonderheit rekonstruieren, erinnern und vergegenwärtigen will, muss sich ein Bild machen und zwar ein Bild, das sich aus visuellen und narrativen Elementen speist. Dabei darf er sich nicht mit der Oberfläche zufrieden geben, sondern muss sich auf das Nicht-Gezeigte, Nicht-Gesagte, die Leerstellen der Erzählung, die Zwischentöne, das irritierende Detail konzentrieren. Denn diesen Spuren wird geradezu offenbarende Kraft für das Erkennen der individuellen Identität zugesprochen. Es geht um das Wahrnehmen mit allen Sinnen, das Aufnehmen aller Zeichenwelten: um „all die Gerüche, Geräusche, das Gespür für den Raum, für die Ordnung der Dinge, die Summe einer Welt, die sich nur schwer beschreiben, besser erfassen lässt, wenn man sie sieht, riecht, ertasten kann. Eine Welt, die sich nach dem Tod zu verändern beginnt, auch wenn der Zurückgebliebene sie zu erhalten sucht, so wie die Dinge, die einmal ihre sie bestimmende Bedeutung hatten, allmählich in Gleichgültigkeit zurückfallen."[16]

So kann beispielsweise die Wahrnehmung des Risses einer Marmorplatte in einem für das Zimmer völlig überdimensionierten Eichenschrank dazu führen, einen Rentner zu animieren, über die prägendste Erfahrung im Leben seiner verstorbenen Frau zu reden. Denn diese hatte den Schrank von einer Jüdin geschenkt bekommen und ihn im eigenen Keller aufgestellt, damit die Jüdin sich in ihm verstecken konnte. Die Verstorbene versorgte diese dann zusammen mit anderen, bis die Marmorplatte durch die Feuchtigkeit im Holz sprang und die Jüdin sich, um die anderen zu schützen, in einer eiskalten Winternacht das Leben nahm. Das nach außen hin völlig unauffällige Leben offenbart in dieser Detailwahrnehmung und ihrer narrativen Entfaltung das Außergewöhnliche, Außerordentliche, das erschütternde Schlüsselerlebnis, von dem her dieses Leben ganz anders und neu zu erzählen ist. Dabei muss der Trauerredner oft auch Deutungen wagen, die weit über das hinausgehen, was vor Augen liegt. Er rekonstruiert aus einer imaginierten Sinnmitte heraus das Ganze und ordnet die Details diesem Erschließungsmoment zu. Wie in einer Erzählung hängt dabei auch alles von *dem* einen Satz ab, „der alle anderen nach sich zieht, ein Anfang, der alles trägt."[17] Die Deutung verbindet sich dabei intensiv mit dem Gestus ‚etwas als etwas zu zeigen', d. h. mit dem Anliegen, andere eine Sache in einer bestimmten Weise sehen zu lassen.[18] So betont der fiktive Trauerredner, es komme alles darauf an, „in welchem Licht"

---

[15]   Timm, Rot, S. 18f.

[16]   Timm, Rot, S. 84f.

[17]   Timm, Rot, S. 8.

[18]   Vgl. Stoellger, Philipp, Deutungsmachtanalyse. Zur Einleitung in ein Konzept zwischen Hermeneutik und Diskursanalyse, in: ders. (Hg.), Deutungsmacht. Religion und belief systems in Deutungsmachtkonflikten, Tübingen 2014, S. 1–85.

man das zu erzählende Leben zeige.[19] Das Entscheidende kann dabei auch im Entzug präsent sein, als Grundierung, die den Ton angibt: „Man muß in diesem Beruf gut zuhören können, und ich weiß aus Erfahrung, bei diesen Geständnissen ist Vorsicht angesagt, man darf nicht sofort nachbohren, es sind meist die Erzählungen, die in die Beerdigungsreden kaum Eingang finden, die ich unterschlagen muß, die aber die eigentlich spannende Grundierung liefern, nein, man muß es konstruktiv sagen, sie, diese Geheimnisse, sind das Fundament, man sieht es nicht, und doch trägt es das ganze Gebäude einer Grabrede, die sich nicht anbiedert oder gar schlicht lügt."[20] Es geht um Blindstellen des Verstehens in der Erzählung vom Leben, die das Widersprüchliche aufscheinen lassen, die Brüche und das Nicht-Gelungene, ohne es bloßzustellen, denn es sind genau diese Stellen, die „die Trauergemeinde zum Nachdenken zwingen, sie unterbrechen meist den Tränenfluß."[21] Es geht um eine wertschätzende Würdigung des Ganzen durch das Fragmentarische hindurch, jedoch ohne zu „glätten" oder schön zu reden, denn auch das gibt es: das „Hinbiegen" des Lebens für die Hinterbliebenen[22] und die Angst vor der „gespaltenen Zunge"[23].

Die Erwartung, das vergangene Leben so zu erzählen, dass es gnädig hermeneutisch erschlossen wird, treibt wohl auch den Freund Aschenberger dazu, sich genau diesen Grabredner, von dem er sich sogar ein intimes Verstehen erhoffen kann, auszusuchen und ein hohes Honorar für ihn auszusetzen: „Ich denke, er will sein Leben noch einmal dargestellt haben, der will nicht einfach sang- und klanglos zugeschüttet werden, der will zum Schluss eine Demonstration, […]".[24]

Dabei ist der Rekonstrukteur der fremden Lebensgeschichte immer mit seiner eigenen Situiertheit in die Konstruktion verstrickt: „Es gibt Reden, die ich in kurzer Zeit schreibe – einen Abend, eine Nacht – und die gelingen und auf eine geheimnisvolle Weise stimmen. Ich sitze und schreibe und höre meine eigene Stimme, und dann, wenn ich merke, diese Stimme spricht nur zu mir, mit keinen Hintergedanken an andere, dann ist dieses Gelingen möglich. Und es gibt Reden, an denen ich eine Woche arbeite, intensiv, und immer wieder umschreibe, ebenfalls mit einer inneren Stimme, immer ihr folgend, aber gebremst durch ein Stocken, ein Zögern, und die Gründe liegen fast nie in dem Leben, das zu besprechen ist, sondern bei mir."[25] Was für die Rekonstruktion des fremden Lebens und seiner besonderen Identität gilt, gilt auch strukturanalog für das Erzählen des eigenen Lebens, den Entwurf der eigenen narrativen Identität, wie der Ich-Erzähler unterstreicht, indem er eben seine Rekonstruk-

---

[19]   Timm, Rot, S. 28.
[20]   Timm, Rot, S. 43.
[21]   Timm, Rot, S. 45f.
[22]   Timm, Rot, S. 141.
[23]   Timm, Rot, S. 81.
[24]   Timm, Rot, S. 69.
[25]   Timm, Rot, S. 81.

tion der eigenen Biographie im Augenblick des Sterbens selbst als eine solche Trauerrede stilisiert und von genau solchen Erschließungsmomenten bestimmt sein lässt. Sie halten die extrem fragmentarische Rekonstruktion, die immer wieder den chronologischen Fluss durchbricht, Episoden aufsprengt und neu sortiert, zusammen. Alles gruppiert sich um die Beziehungen zu Aschenberger und Iris und die geheimen Verbindungen, die zwischen ihnen bestehen. Denn diese werden nicht zuletzt durch spezifische Lektürebezüge und Lektüreerfahrungen hergestellt. Mit Blick auf Iris heißt es: „Ich kann behaupten, sehr geehrte Trauergemeinde, ich habe die Aufmerksamkeit, vielleicht sogar die Zuneigung dieser Frau durch zwei Zitate erworben, Shelley und Hegel, und allein damit hat sich das Studium gelohnt, wobei gesagt werden muß, beide Zitate verdanken sich einer freiwilligen Lektüre, haben nichts mit Prüfungen und Seminarscheinen zu tun. Vielleicht, wenn ich es positiv für mich wenden will, kann ich sagen, ich habe sie durch diese beiden Zitate gezwungen, über unseren Altersunterschied hinwegzusehen."[26] Der Akt des Wiedererkennens der Beziehung zu Aschenberger, der seinen Namen gewechselt hat, erfolgt über die Bücher in der Wohnung des Verstorbenen: „Auf einem größeren Tisch in der Mitte des Raumes, auf zwei Stühlen, auf dem Schreibtisch, auf dem Boden lagen Bücher, Marx, Marcuse, Benjamin, Adorno, Althusser, Bourdieu, Dirk Baecker, Bücher, Bücher, Zeitschriften, Zettel […] ich saß wie in meiner eigenen Lektürevergangenheit."[27] – „Ein Altpapierlager linker Literatur: Wie der darin gelebt hat. Glaubst du nicht. Ein Grottenolm der Revolution."[28] Und: „Ich saß in Aschenbergers Papiernachlaß und blätterte die Manuskripte und Fotokopien durch, auf der Suche nach Gemeinsamkeiten, auf der Suche nach mir."[29] Der verstorbene Grottenolm zwingt Linde dazu, sich mit seinem eigenen Verhältnis zu den alten Idealen auseinanderzusetzen und den eigenen Lebensentwurf zu überdenken. Nach dieser Konfrontation muss er sein Leben neu und anders erzählen.

Sowohl die verschiedenen kleinen Trauerreden als auch die eine große auf Aschenberger, die nicht mehr gehalten wird sowie die imaginierte auf das eigene Leben zeigen, was es mit der Rede von der narrativen Identität, die in Bewegung ist, auf sich hat. Sie wird nicht als eine substanzontologische Größe oder als ein einmalig zu erreichendes Ziel betrachtet, sondern eher als eine regulative Idee, deren faktische Referenz immer fragmentarisch und unvollendet bleibt. Der Identitätsbegriff greift stets auf etwas noch Ausstehendes aus, das aber doch immer schon dynamisch vorausgesetzt ist. Allerdings bleibt auch unter dieser Maßgabe die Herausforderung bestehen, innerhalb des Identitätsverständnisses die Pole der Dynamik bzw. der Veränderbarkeit und die Forderung nach Kohärenz und Kontinuität des Selbst auszubalan-

---

26 Timm, Rot, S. 55.
27 Timm, Rot, S. 42.
28 Timm, Rot, S. 52.
29 Timm, Rot, S. 62.

cieren. In Korrelation der Prinzipien „erkenne dich selbst" und „erzähle dich selbst",[30] werden anthropologische Bestimmungen hinsichtlich des Menschen als eines „homo narrans"[31] entfaltet, die auf das unauflösbare Verstricktsein der menschlichen Existenz und ihres Selbstverständnisses in lebensdeutende Geschichten, die niemals einen absoluten Anfangs- oder Endpunkt haben,[32] verweisen. Die narrative Grundverfasstheit des Lebens wird dabei mit der Erfahrung der Zeitlichkeit menschlichen Lebens genuin verbunden. Der Mensch verarbeitet im Vorgang des Erzählens die „Verzeitlichung des Selbst"[33], indem Erlebtes im Zeitfluss von Vergangenheit, Gegenwart und Zukunft in der permanenten Wechselwirkung von Erinnerung, Anschaulichkeit des Augenblicks und Erwartung geordnet und in einen sinnvollen Zusammenhang gestellt wird – wie es eben exemplarisch der Roman „Rot" vorführt.

Darüber hinaus kommt es jedoch noch zu einer anderen Verschränkung der Erzählung mit der Dimension der Zeitlichkeit, indem die jeweilige Art und Weise des Erzählens selbst historisch bedingt und damit veränderbar ist. Selbsterzählungen hängen demnach nicht zuletzt von Machtstrukturen sowie von akzeptierten Erzählstrukturen innerhalb einer Kultur inklusive des Einflusses medial verstärkter Metaerzählungen ab,[34] die in dem Roman „Rot" z. B. in den Erzählungen von den Idealen der Aufklärung und der 68er-Revolution Spuren hinterlassen. Die Ausbildung narrativer Identität zeigt sich also nicht als „singuläre Großtat, sondern als unablässige Positionierungsarbeit"[35], während der das Selbst seine Freiheitsgrade im symbolischen Raum des Er-

---

30 Vgl. Thomä, Dieter, Erzähle dich selbst. Lebensgeschichte als philosophisches Problem, Frankfurt am Main 2007, S. 10.

31 Lehmann, Albrecht, Homo narrans – Individuelle und kollektive Dimensionen des Erzählens, in: Brednich, Rolf Wilhelm, Erzählkultur. Beiträge zur kulturwissenschaftlichen Erzählforschung, Berlin / New York 2009, S. 59–70, insbes. hier S. 63.

32 Vgl. Schapp, Wilhelm, In Geschichten verstrickt: zum Sein von Mensch und Ding, Frankfurt am Main 42004.

33 Vgl. dazu die Erzähltheorie Ricœurs, Zeit und Erzählung, drei Bände, München 1988, 1989, 1991; und Schmidt-Lauber, Brigitta, Erzählen vom Anderssein und Anderswerden. Eine Einführung, in: dies. / Schwibbe, Gudrun, Alterität. Erzählen vom Anderssein, Göttingen 2010, S. 7–12, hier S. 8.

34 Vgl. Keupp, Heiner, u. a., Identitätskonstruktionen. Das Patchwork der Identitäten in der Spätmoderne, Reinbek 1999, S. 216.

35 Kraus, Wolfgang, Falsche Freunde. Radikale Pluralisierung und der Ansatz einer narrativen Identität, in: Straub, Jürgen / Renn, Joachim (Hg.), Transitorische Identität. Der Prozesscharakter des modernen Selbst, Frankfurt am Main 2002, S. 159–186, hier S. 182. Vgl. dazu auch Bamberg, Michael, Identity and Narration, in: Hühn, Peter u. a. (Hg.), Handbook of Narratology, Berlin / New York 2009, S. 132–143, hier S. 133f.: „the narrating subject must be regarded [...] in terms of membership positions vis-a-vis others that help to trace the narrators identity within the context of social relationships, groups and institutions; and [...] as the active and agentive locus of control, though simultanieously attributing agency to outside forces that are situated in a broader social-historical context."

zählens in Relation zu den Vorgaben seiner sozio-kulturellen Umwelt auslotet und gestaltet.

Erzählungen des eigenen Lebens ereignen sich zudem im Rahmen von Kontingenzbewältigungsstrategien, die Zufälliges in eine „nachträgliche narrative Kontrolle"[36] überführen, zugleich „enthüllen und verbergen"[37]. Diese Kontingenzbewältigungsstrategie radikalisiert sich dann freilich noch einmal im Erzählen des Lebens im Angesicht seines Endes, wie die Trauerredenfiktionen in „Rot" illustrieren.

Narrative Identität stellt nicht einfach das Leben selbst dar oder bildet es im Sinne der Wiedergabe von Faktizität ab, sondern sie schafft im Medium des Erzählens auf der einen Seite immer Distanz zum gelebten Leben und gewinnt auf der anderen Seite ihre Kraft trotz aller erzählerischen Freiheiten aus der bleibenden Rückbindung an geteilte Erfahrungs- und Deutungshorizonte. So ist der Begriff narrativer Identität immer als Form der hermeneutischen Auslegung und Bedeutungsstiftung zu verstehen. Denn es geht in allen narrativen Vollzügen um sinnstiftendes Handeln, um „meaning making"[38] mit Blick auf die eigene und fremde Existenz: „Sie sind stets standortgebundene, perspektivische, an Motive, Intentionen, Relevanzsetzungen, Interessen und Situationsdefinitionen des Akteurs und der ‚signifikanten Anderen' gebundene hermeneutische Akte."[39]

Gehört graduell zu jeder Erzählung, dass sie die Wirklichkeit nicht einfach abbildet, sondern zugleich neu konstruiert, so gilt das für fiktionale Erzählungen programmatisch in zugespitzter Weise. Fiktionale Erzählungen entwerfen auf diese Weise neue Wahrnehmungsmodi, indem sie dazu auffordern, das Vorfindliche in der ungewöhnlichen oder gar irritierenden Perspektive „*zu sehen, wie*"[40] die Erzählung sie vorschlägt. Damit eröffnen sie mitten „in der alltäglichen Wirklichkeit neue Möglichkeiten des In-der-Welt-Seins"[41]. Die Rezipienten sind eingeladen, die vorgeschlagene Welt imaginär zu bewohnen, um die eigenen Möglichkeiten in sie hinein zu entwerfen bzw. diese an ihr kritisch zu spiegeln. Die Deutungsangebote der Erzählungen als Weltentwürfe tragen selbst wesentlich dazu bei, die Umwelt des Menschen in eine bedeutungsvolle Welt zu verwandeln, indem sie die Wahrnehmungs- und Referenzmöglichkeiten in Bezug auf die Lebenswelt in der skizzierten Weise erweitern. Ricœur bietet dafür die dichte Beschreibung an, dass Welt im Gegensatz zur

---

[36]   Boothe, Brigitte, Das Narrativ. Biografisches Erzählen im psychotherapeutischen Prozess, Stuttgart 2011, S. 7.

[37]   Boothe, Narrativ, S. 2.

[38]   Keupp u. a., Identitätskonstruktionen, S. 210.

[39]   Renn, Joachim / Straub, Jürgen, Transitorische Identität. Einleitung, in: dies., Transitorische Identität, S. 10–31, S. 14.

[40]   Ricœur, Erzählung, Bd. I, S. 130.

[41]   Ricœur, Paul, Philosophische und theologische Hermeneutik, in: ders. / Jüngel, Eberhard: Metapher. Zur Hermeneutik religiöser Sprache, München 1974, S. 24–45, hier S. 32.

schlichten Umwelt als die Gesamtheit der Referenzen zu verstehen sei, „die durch alle Arten von deskriptiven oder dichterischen Texten zugänglich gemacht werden, die ich gelesen, gedeutet und geliebt habe."[42] Für Aschenberger und Linde im Roman „Rot" sind dies die Ressourcen ihrer geteilten politisch inspirierten Literatur, in die hinein oder vor deren Horizont sie sich selbst auslegen. Die Fiktion ihres Lebens und seiner narrativen Verarbeitung spiegelt damit die Kraft und das Veränderungspotential von Literatur auf der fiktiven Ebene wider und bietet im Durchgang durch diese Spiegelung zugleich ein eigenes Deutungspotential für den Umgang mit dem Tod und der Konstruktion eigener narrativer Identität in Konfrontation mit ihm. Wenn also Menschen als in Geschichten verstrickt gedacht werden, die nicht nur Erzählungen aktiv rezipieren, sondern vielmehr auch ihre eigene Lebensgeschichte nur erzählend sinnstiftend konstruieren können, dann kommt der Ressourcenbildung für diese Refiguration der eigenen Lebensgeschichte erhebliche Bedeutung zu. Denn diese Lebensgeschichte gewinnt nicht zuletzt dadurch ihre spezifische Gestalt, dass verschiedene kulturelle Zeichenkomplexe, insbesondere zentrale Narrationen, die eine soziokulturelle Verankerung und Anschlussfähigkeit der eigenen Lebensdeutung erleichtern, in die eigenen Konstruktionen eingebaut werden können. „Gerade wegen des flüchtigen Charakters des wirklichen Lebens bedürfen wir der Hilfe der Fiktion, um letzteres rückblickend nachträglich zu organisieren."[43] Dabei geht Ricœur von dem bleibenden Kontrast zwischen dem fiktionalen Möglichkeitshorizont und dem realen Erfahrungsraum aus, begreift ihn jedoch gerade als Voraussetzung eines sich ergänzenden Wechselverhältnisses, das das narrative Selbst mit seiner Zeit, Kultur, Geschichte und Gesellschaft vermittelt. Von den geprägten und vorgefundenen Erzählungen, „mit denen uns das Leben vertraut gemacht hat"[44], erwartet Ricœur, dass sie insbesondere die individuelle Verarbeitung von Neuanfängen und Brüchen bzw. Beendigungen von Lebensabschnitten, die ihnen in der Regel vorausgehen, erleichtern. Aufgrund der vorausgesetzten engen Verbindung von narrativer Grundverfasstheit und Verarbeitung der Zeitlichkeitserfahrung verwundert es nicht, dass explizit auf den Beitrag der Fiktionserzählungen zu einem Memento mori, zu einem „Austausch zwischen der Literatur und dem Sein-zum-Tode" verwiesen wird.[45]

Nun zeigt jedoch paradoxerweise gerade die Fiktion von dem freien Beerdigungsredner Thomas Linde, was es heißt, wenn keine tröstenden Fiktionen für die Bearbeitung des Todes bereit stehen bzw. nur die großen Sentenzen der Philosophen und deren radikale Skepsis zur Deutung des Todes heranzuziehen sind. Thomas Linde lebt von denen, „die nicht an ein Jenseits glauben"[46], und

---

[42]   Ricœur, Erzählung, Bd. I, S. 126.
[43]   Ricœur, Paul, Das Selbst als ein Anderer, München 1996, S. 199.
[44]   Ricœur, Selbst, S. 199.
[45]   Vgl. Ricœur, Selbst, S. 199.
[46]   Timm, Rot, S. 83.

doch lässt sich die Frage nach dem Warum von Tod und Leiden nicht still
stellen. Sie ist die „Frage aller Fragen, sie erst gibt den Dingen und uns ihr
Gewicht."[47] Angesichts des Gewichts dieser Frage kann sich auch ein radi-
kales Gefühl von Ekel angesichts des Unzureichenden aller Worte einstellen,
vor allem dann, wenn solche Worte erwartet werden, die diese Schwere nicht
aushalten, sondern verdecken. So gerät Linde angesichts der Aufforderung eines Bestattungsunternehmers, es nett zu machen, in eine radikale Krise. Er
kann nicht mehr sprechen und muss die Leichenhalle kurz nach Beginn der
Rede verlassen: „In mir war es stumm geworden. Ein Gefühl des Selbste-
kels, des Selbsthasses […] Vielleicht waren es die Wörter, die sich immer
wiederholenden Wörter. Das Wort Leben, das Wort Tod, das Wort Sinn, das
Wort Liebe, Gedächtnis, Sinn, Sinn und nochmals Sinn […] dieses lähmende
Gefühl, das sich aus dieser Frage nach dem Warum ergab, auf die ich keine
Antwort fand, […] ein schwarzes Loch, in das alles zusammenstürzt, eine Im-
plosion des Sinns, nichts, nichts, nichts."[48] Er macht einen Schnitt und trennt
sich von allem Überflüssigen in seinem Leben, wirft allen äußeren Ballast ab
und behält nur ganz wenige Dinge, z. B. eine japanische Kalligraphie „Wörter
sinnen über Wörter". Und er verzichtet zukünftig konsequent auf das Wort
„Hoffnung", auch wenn es ihn eine herkuleische Anstrengung kostet. Die Imagination des eigenen Sterbens hebt diese propagierte Hoffnungslosigkeit dann
am Ende jedoch merkwürdig auf: „ich fliege, endlich, Lösung, immer dieses
Voranschreiten, Erlösung, endlich, Gegenwart, Sturz, Allgegenwart, Gewölk,
sanftes Grau und darüber das Licht. Licht."[49] Erste und letzte Worte – sie rahmen diese Erzählung und zeugen von der Kraft der Bilder und der Fiktion, die
Hoffnung gegen die Hoffnungslosigkeit setzt.

3.   Ausblick: Von der Konkurrenz lernen –
         Perspektivenwechsel

Thomas Linde besitzt nach seiner Krise nur noch ein Buch – das Buch der Bücher: „Man kann von der Konkurrenz nur lernen."[50] Er kennt sich aus in diesem
Buch, manchmal besser als die Konkurrenz der „halbgebildeten Pastoren",[51]
jedoch darf und kann er seine Ressource nicht frei nutzen, allenfalls indirekt.
Allerdings ist er froh, wenn er von einem echten „Beerdigungsästheten" ein
positives Feedback auf seine Reden bekommt, der auch die „evangelischen

---

47   Timm, Rot, S. 23.
48   Timm, Rot, S. 149–153.
49   Timm, Rot, S. 394.
50   Timm, Rot, S. 11.
51   Timm, Rot, S. 84.

und die katholischen Pastoren, die Freiredner, die Moslems, hinduistische und buddhistische Redner"[52] kennt. Die Konkurrenz ist immer präsent, man könnte auch sagen, die narrative Identität des freien Redners entfaltet sich erst vor der Folie der Konkurrenz, die zwar in vielen Darstellungen und Anspielungen bei ihm nicht gut wegkommt bzw. in einem bestimmten Zerrbild dargestellt wird, die aber allein durch die permanente Präsenz des Anderen prägend wirkt: „Die besten Leichenredner sind die, die genießen wie die Pastoren."[53] In seiner Krise äußert er im Deutungshorizont der Hioberzählung: „Ich hätte mir in dem Moment gewünscht, doch wenigstens an Gott zweifeln zu können."[54] Die reine Verhaftung im Diesseits erscheint als schmerzlich erlebte Fixierung auf die Gegenwart im Gegenüber zur Verheißung eschatologischer Zukunft: „Da gibt es ein Ziel, einen Anfang und ein Endziel, alles in Gottes Hand. Aber die, die sich von all den Prälaten, Oberrabbinern, Konsistorialräten verabschiedet haben, für die bleibt nur das hier. Alles ist heute, nur heute und jetzt. Jetzt, jetzt, jetzt, das ist die Gegenwart."[55]

Er schreibt jedoch im Grunde auch der imaginierten Konkurrenz ins hermeneutische Stammbuch, was sie nun ihrerseits von ihm lernen könnte: „Die Amateure hantieren immer mit Namen, die Profis lösen die Inhalte auf, die muß man kennen, und zwar nicht nur aus dem Feuilleton, man muß sie verstanden haben."[56] Im Transfer auf kirchliche Beerdigungsansprachen hieße das, dass die Deutung des gelebten Lebens im Horizont der eigenen Tradition nur gelingen kann, wenn diese so verstanden ist, dass der Inhalt fluide wird und sich im Sinne einer narrativen Ressource, im Sinne einer Eisegese in die Auslegung des gelebten Lebens verweben lässt – und zwar in dem doppelten Bewusstsein um die Kraft der Fiktion in den Erzählungen der eigenen Tradition und in der deutenden Rekonstruktion des zu würdigenden Lebens. Jüngste Studien in Baden-Württemberg haben gezeigt, wie schwer genau ein solches verschränkendes Versprechen von Biographie und Tradition Pfarrerinnen und Pfarrern nach wie vor fällt. Es bleibt oft beim Entweder oder bzw. bei einem schroffen Gegensatz.[57] Damit jedoch eine wechselseitige hermeneutische Erhellung der rekonstruierten individuellen narrativen Identität und der narrativen Ressource biblischer Lebens- und Todesdeutungen gelingen kann, braucht es auch das Nachsinnen von Wörtern über Wörter, den skrupulösen Umgang mit den großen Worten im Angesicht des Todes, die Warnung vor dem billigen Trost, den uns die Fiktion von dem freien Beerdigungsredner, der

---

52   Timm, Rot, S. 27.
53   Timm, Rot, S. 143.
54   Timm, Rot, S. 149.
55   Timm, Rot, S. 143.
56   Timm, Rot, S. 45f.
57   Vgl. dazu Weyel, Birgit, Lebensdeutung. Die Bestattungspredigt in empirischer Perspektive, in: Klie, Thomas u. a. (Hg.), Praktische Theologie der Bestattung (Praktische Theologie im Wissenschaftsdiskurs 17), Berlin u. a. 2015, S. 121–139.

um den letzten Ernst seines Tuns weiß, radikal zu bedenken lehrt.[58] Erzählungen, Bilder und Symbole, in die wir unsere narrative Identität angesichts des Todes verstricken, können erst wie in Timms Fiktion dann das letzte tröstende Wort bekommen, wenn sie durch den radikalen Zweifel der Fragen Hiobs hindurchgegangen sind. Die fiktive Figur des Hiob scheint dann auch – wie angedeutet – als einzige biblische Figur in dieser Fiktion einer „Heiligung des Diesseits"[59] durch. Von ihm können beide Konkurrenten lernen bzw. auf ihn als fiktiven Prototypen des leidenden Menschen, der nach seiner Identität im Horizont der Gottesidee und ihrer radikalen Infragestellung fragt, bleiben sie beide verwiesen.

Literatur

Bamberg, Michael, Identity and Narration, in: Hühn, Peter / Pier, John / Schmid, Wolf / Schönert, Jörg (Hg.), Handbook of Narratology, Berlin / New York 2009, S. 132–143.

Boothe, Brigitte, Das Narrativ. Biografisches Erzählen im psychotherapeutischen Prozess, Stuttgart 2011.

Ecker, Hans-Peter, „Die Heiligung des Diesseits". Die Leichenrede als Motiv und Strukturprinzip in Uwe Timms Roman Rot, in: Marx, Friedhelm (Hg.), Erinnern, Vergessen, Erzählen. Beiträge zum Werk Uwe Timms, Göttingen 2007, S. 189–201.

Jahraus, Oliver, Totenrede und Roman. Zu Medientheorie und Erzähltechnik in Uwe Timms Rot, in: Marx, Friedhelm (Hg.), Erinnern, Vergessen, Erzählen. Beiträge zum Werk Uwe Timms, Göttingen 2007, S. 173–188.

Hansen-Löve, Aage A., Grundzüge einer Thanatopoetik. Russische Beispiele von Puskin bis Cechov, in: dies. (Hg.), Thanatologien, Thanatopoetik, Der Tod des Dichters, Dichter des Todes, (Wiener Slawistischer Almanach, Band 60), München 2007, S. 7–78.

Klie, Thomas, Deutungsmachtkonflikte angesichts des Todes, in: Stoellger, Philipp (Hg.), Deutungsmacht, Tübingen 2014, S. 525–538.

Kraus, Wolfgang, Falsche Freunde. Radikale Pluralisierung und der Ansatz einer narrativen Identität, in: Straub, Jürgen / Renn, Joachim (Hg.), Transitorische Identität. Der Prozesscharakter des modernen Selbst, Frankfurt am Main 2002, S. 159–186.

---

58   Vgl. dazu grundsätzlich Kunz, Ralph, Ritus und Rede(n) am Grab, in: Klie, Thomas u. a. (Hg.), Praktische Theologie der Bestattung, S. 141–167.
59   Ecker, Heiligung, vgl. Anm. 14, S. 190.

Kunz, Ralph, Ritus und Rede(n) am Grab, in: Klie, Thomas / Kumlehn, Martina / Kunz, Ralph / Schlag, Thomas (Hg.), Praktische Theologie der Bestattung (Praktische Theologie im Wissenschaftsdiskurs 17), S. 141–167.

Lehmann, Albrecht, Homo narrans – Individuelle und kollektive Dimensionen des Erzählens, in: Brednich, Rolf Wilhelm, Erzählkultur. Beiträge zur kulturwissenschaftlichen Erzählforschung, Berlin / New York 2009, S. 59–70.

Leuenberger, Robert, Der Tod. Schicksal und Aufgabe, Zürich 1970.

Renn, Joachim / Straub, Jürgen, Transitorische Identität. Einleitung, in: dies., Transitorische Identität. Der Prozesscharakter des modernen Selbst, Frankfurt am Main 2002, S. 10–31.

Ricœur, Paul, Philosophische und theologische Hermeneutik, in: ders. / Jüngel, Eberhard: Metapher. Zur Hermeneutik religiöser Sprache, München 1974, S. 24–45.

Ricœur, Paul, Zeit und Erzählung, Bd. I: Zeit und historische Erzählung, München 1988, S. 125.

Ricœur, Paul, Zeit und Erzählung, Bd. III: Die erzählte Zeit, München 1991.

Ricœur, Paul, Das Selbst als ein Anderer, München 1996.

Schapp, Wilhelm, In Geschichten verstrickt: zum Sein von Mensch und Ding, Frankfurt am Main, [4]2004.

Schmidt-Lauber, Brigitta, Erzählen vom Anderssein und Anderswerden. Eine Einführung, in: dies. / Schwibbe, Gudrun, Alterität. Erzählen vom Anderssein, Göttingen 2010, S. 7–12.

Stoellger, Philipp, Deutungsmachtanalyse. Zur Einleitung in ein Konzept zwischen Hermeneutik und Diskursanalyse, in: ders. (Hg.), Deutungsmacht. Religion und belief systems in Deutungsmachtkonflikten, Tübingen 2014, S. 1–85.

Stoellger, Philipp, Kardinäle des Nichtstuns. Literarische Figuren der Passivität: Ulrich, Bartleby und Oblomov, in: Hermeneutische Blätter 1/2 (2009), S. 68–78.

Thomä, Dieter, Erzähle dich selbst. Lebensgeschichte als philosophisches Problem, Frankfurt am Main 2007.

Timm, Uwe, Rot, München, [8]2009.

Timm, Uwe, Der Freund und der Fremde. Eine Erzählung, Köln 2005.

Weyel, Birgit, Lebensdeutung. Die Bestattungspredigt in empirischer Perspektive, in: Klie, Thomas / Kumlehn, Martina / Kunz, Ralph / Schlag, Thomas (Hg.), Praktische Theologie der Bestattung (Praktische Theologie im Wissenschaftsdiskurs 17), Berlin/München/Boston 2015, S. 121–139.

Gestorben wird immer – Tod im Fernsehen

Joan Kristin Bleicher

Der Tod bildet zwar die zentrale Zäsur jeder menschlichen Existenz, jedoch ist seine Erfahrung nicht kommunizierbar. Künstlerische Ausdrucksformen ersetzen diese Lücke durch vielfältige symbolische Darstellungen des Todes und Visionen des Jenseits. Nur der Übergang vom Leben in den Tod im Prozess des Sterbens kann entweder im direkten Lebensumfeld begleitet oder medial beobachtet werden.

Die sich daran anknüpfende Frage nach der Wahrnehmungs- und Erlebnissteuerung durch Medien bildet einen Themenschwerpunkt der kommunikations- und medienwissenschaftlichen Diskussion. Inwieweit, so bleibt in Anlehnung an den Simulationsansatz von Jean Baudrillards Medientheorie[1] oder der Mediatisierungshypothese[2] zu fragen, sind unsere Erfahrung vom Sterben, unsere Wahrnehmung vom Tod und unsere Reaktionen medial vorstrukturiert? Eine solche Vorstrukturierung und deterministische Wirkung erweist sich jedoch empirisch als schwer nachweisbar, denn die mediale Darstellung des Todes ist unabhängig von kulturellen und religiösen Traditionen und ihren Bedeutungsdimensionen nicht denkbar. Aus der Kunst stammen beispielsweise symbolische Bildmotive des Todes und des Sterbens, die der Film in Bewegung brachte: Das Erschlaffen der Glieder, der Blick ins Jenseits, aber auch die verwelkenden Blumen in der Vase. Diese visuellen Symbole der bildenden Kunst wurden von Literatur und Film aufgegriffen, die wiederum sowohl das Genrespektrum als auch die Ästhetik des Fernsehfilms maßgeblich beeinflussen.[3] Sowohl in der Literatur als auch in den visuellen Medien ist die Todesdarstellung eng verknüpft mit weiteren Motiven und Erlebnisdimensionen wie Trauer, Erinnerung, Lebensdarstellung.

---

[1] Siehe dazu u. a. Blask, Falko, Jean Baudrillard zur Einführung, Hamburg 2002.

[2] Krotz, Friedrich; Hepp, Andreas: Mediatisierte Welten. Forschungsfelder und Beschreibungsansätze, Wiesbaden 2012.

[3] Vgl. Bleicher, Joan Kristin, Fernsehen als Mythos. Poetik eines narrativen Erkenntnissystems, Opladen 1999.

1.   Spezifische Textsorten und Genres der medialen Todesdarstellung

Innerhalb des breiten Angebotsspektrums der massenmedialen Vermittlung sind einige Angebotsformen insbesondere für die publizistische und mediale Auseinandersetzung mit dem Tod[4] entwickelt worden: Der Nachruf, die Gedenkrede bei öffentlichen Beerdigungen oder Gedenkveranstaltungen, die Rituale und Ansprachen live übertragener Bestattungen. Nachrufe lesen sich häufig wie eine mediale Variante traditioneller Beerdigungsansprachen, ohne dass dabei jedoch immer religiöse Aspekte berücksichtigt werden. Im Nachruf der Printmedien und des Fernsehens steht vielmehr ausgehend von der Todesnachricht die chronologische Rekonstruktion der öffentlichen Lebensleistung eines Menschen im Zentrum. Nachrufe werden über Persönlichkeiten von öffentlichem Interesse geschrieben oder unter Rückgriff auf Archivmaterial über Menschen gedreht, deren Leben bereits von medialer Berichterstattung begleitet wurde.

Der Aktualitätsdruck der Medien führte bei der Produktion und Verbreitung von Todesmeldungen und Nachrufen zu teilweise grotesken Entwicklungen. Nicht nur werden Autoren bereits zu Lebzeiten bekannter Menschen mit Nachrufen beauftragt, damit diese im Todesfall schneller publiziert werden können, dem Sterben des polnischen Papstes Johannes Paul II. beispielsweise gingen sowohl im Fernsehen als auch in den Printmedien die Nachrufe bereits voraus. Individuelles Sterben wurde zu einem öffentlichen Live-Ereignis, was LeserInnen und ZuschauerInnen durch die Dauerhaftigkeit und Emotionalisierung der medialen Berichterstattung eine immersive Teilnahme ermöglichte.

Fernsehkritiker Dietrich Leder charakterisierte die Berichterstattung zum Sterben des Papstes wie folgt:

> „Seit dem vergangenen Donnerstag (31. März) waren alle Medien auf die Nachricht vom Tod des Papstes eingestellt. Die medizinischen Bulletins des Vatikans ließen keine andere Deutung zu. Das erzeugte neben der Trauer und der Anteilnahme eine fast hysterisch zu nennende Nervosität. In den Live-Schaltungen der Fernsehsender nach Rom, die am Freitag und am Samstag stark zunahmen, versicherte man sich des wenigen, dessen man nachrichtlich habhaft werden konnte. Immer wieder wurden in diesem Zusammenhang die letzten Fernsehaufnahmen des Papstes eingespielt, die ihn als schwerkranken, dennoch seinen Pflichten und Aufgaben nachkommenden alten Mann zeigten. Die Aufnahmen, die als Live-Bilder des Ostersonntags (27. März) alle Zuschauer tief bewegt hatten (der Papst, wie er es nicht schafft, zu sprechen), geronnen in der endlosen Wiederholung im Rahmen der Krankheitsbulletins zum billigen Material einer medizinischen Hermeneutik."[5]

---

[4]   Vgl. Poppe, Sandra, Ästhetik der Sterblichkeit. Mediale Darstellungen von Tod und Trauer in Literatur und Fernsehen, in: KulturPoetik 8, 2 (2008), S. 223–234.

[5]   Leder, Dietrich, Journal der Bilder und Töne, in: Funk-Korrespondenz vom 04.04.2005.

Kirchliche Ritualtexte sind zentraler Bestandteil der Live-Übertragungen von Beerdigungen bekannter Persönlichkeiten. Durch die Integration christlicher Inhalte schaffen Live-Übertragungen, etwa der Beerdigung Dianas oder des Papstes Johannes Paul II., ein Bewusstsein für religiöse Rituale bei der Bevölkerung. Dabei werden auf der visuellen Vermittlungsebene vorhandene religiöse Symbole häufig eher illustrativ eingesetzt und nicht in ihrer Bedeutung erläutert. Religion fungiert auf diese Weise als Dekor, nicht als sinnstiftender Inhalt.

Die Addierung von Opferzahlen bei Katastrophen (Tsunami Katastrophe 2004), Terroranschlägen (11. September 2001) oder Unfällen (wie etwa Flugzeugabstürze) verschafft dem Tod in den Nachrichten, aber auch in Sondersendungen, die aktuell das kollektive Sterben kommentieren, einen besonderen Ereigniswert. Je größer die Zahl der Toten, desto globaler die Berichterstattung – dies zeigten etwa die nationenübergreifenden Liveübertragungen im Rahmen von Sondersendungen am 11.9.2001. Dass es bei dieser journalistischen Regel auch regionale Ausnahmen gibt, zeigt die Ausblendung des massenhaften Sterbens in Afrika etwa durch Völkermorde oder Terroranschläge aus der aktuellen medialen Berichterstattung. Nachrichten machen aus dem Sterben prominenter Persönlichkeiten ein öffentliches Ereignis. Auf plötzliche Todesfälle wird häufig mit Sondersendungen und Programmänderungen reagiert. So etwa jüngst beim unerwarteten Herztod des Sängers Udo Jürgens im Dezember 2014.

2. Genrespezifika der Darstellung von Töten und Sterben im Spielfilm

Das Todesmotiv spielt in verschiedenen Filmgenres, wie dem Western, dem Krimi, dem Katastrophenfilm und dem Horrorfilm, traditionell eine tragende Rolle. Im Western aber auch im Horrorfilm wird das effektvolle Handlungselement Sterben als Spannungshöhepunkt eingesetzt. Gewalt und Tod bilden in diesen Filmgenres einen Zusammenhang: Im Krimi etwa dient der gewaltsame Tod dazu, die gefährdete gesellschaftliche Ordnung durch die Bestrafung des Gewalttäters wieder herzustellen. Der kollektive Tod ist Thema von Katastrophenfilmen, aber auch von filmischen Endzeitvisionen, etwa im Bereich des Science Fiction. „Soylent Green" (1973) schafft im Recycling menschlicher Leichen zu Nahrungsmitteln einen ganz eigenen Zyklus aus Sterben und Wiedergeburt.

Im Bereich des Dokumentarfilms ist der Tod häufig ein Endpunkt der Präsentation von Krankheitsverläufen. Rolf Schübels „Der Indianer" (1988) zeigt Leben und Sterben mit der Krankheit Krebs. Vergleichbare Filme finden sich nicht nur zum Thema Sterben mit Krebs, sondern auch mit anderen Krankheiten wie etwa Aids oder Alzheimer („Vergiss mein nicht" 2012).

Die filmische Darstellung des Jenseits, des Leben nach dem Tod, wird in unterschiedlicher Weise präsentiert und dabei häufig auch idealisiert. Es finden sich kitschige Darstellungen des Jenseits, etwa in Form schöner Kunstwelten ebenso wie die Darstellung von Toten als Berater, Helfer und Begleiter der Lebenden. Tote Personen treten u. a. auf in US-Serien wie „Six Feet Under" oder „Dead Like Me", dem Kinospielfilm „Ghost-Nachricht von Sam" (1990) oder der Serie „Die Kirche bleibt im Dorf".

Die Bewusstwerdung des Todes über die Rezeption literarischer und medialer Inhalte führt im Idealfall dazu, über das eigene Leben und das Leben der Mitmenschen, etwa die Beziehung zu den Angehörigen, nachzudenken. In Konsequenz aus der medialen Darstellung und der durch sie ausgelösten Reflexion – das verdeutlichen etwa Aussagen todkranker Menschen – wird das Leben potenziell bewusster erlebt und der Kontakt zu den Mitmenschen gesucht. Diese Erkenntnis bildet auch ein zentrales Motiv medialer Todesdarstellungen, etwa in der Serie „Desperate Housewives". Dort betont Vera Cuntz-Leng als „auffälliges Merkmal des Voice-Over Monologs das Mitschwingen einer nostalgischen Erinnerung an das vergangene Leben, das geprägt ist von der messerscharfen, aber niemals offenkundig wertenden Reflexion begangener Fehler und vertaner Chancen."[6] Die mit dem Sterben einhergehende Dominanz der Erinnerung scheint den Ausgangspunkt einer allwissenden Erzählperspektive zu bilden. Als Off-Kommentatorin der Serie konstatiert die in der ersten Folge durch Suizid verstorbene Mary-Alice:

> „After I died, I began to surrender the parts of myself that were no longer necessary. My desires, beliefs, ambitions, doubts. Every trace of my humanity was discarded. I discovered, when moving through eternity, it helps to travel lightly. In fact, I held onto only one thing. My Memory. It's astonishing to look back on the world I left behind. I remember it all. Every single detail." (S1.03:00 min.)"[7]

3.   Töten, Krankheit, Schicksal in Film und Fernsehen

Das vorzugsweise im Genre der Kriminalfilme und -serien dargestellte Töten von Menschen durch Menschen, ist einer der Gipfelpunkte der Darstellung des Bösen und dient auf diese Weise der Verdeutlichung bestehender Wertekonstellationen. Einige Kriegsfilme oder Serien, etwa im Bereich der nationalen Propaganda bieten eine positive Bewertung des Tötens. Der Tod des anderen,

---

[6]   Cuntz-Leng, Vera, Tot Erzählen, vom Tod erzählen, in: Nesselhauf, Jonas / Schleich, Markus (Hg.), *Quality-Television: Die narrative Spielwiese des 21. Jahrhunderts?!*, Münster 2014, S. 181–194, hier S. 185.

[7]   Cuntz-Leng, Tot Erzählen, S. 185.

des Fremden, wird anders bewertet als der eigene Tod oder der Tod von Angehörigen oder des eigenen Volkes. Die Trauer bildet eine emotionale Grenzlinie zwischen dem Eigenen und dem Fremden.

Der Tod erscheint als unausweichliches Opferschicksal in Fernsehkrimis. Auch der wiederholt als Abschluss der Handlung gezeigte Tod des Täters wiederum wird als Strafe und somit als gerechte Sühnungsform inszeniert. Das gilt auch für den Selbstmord des Täters, wie in der Tatort Episode „Die Feigheit des Löwen" (ARD, 30.11.2014).

Das Themenfeld Tod ist u. a. im Genre des Melodrams eng verknüpft mit den Bereichen Krankheit, Schicksal und Tragik. Im Bereich des Drehbuchs als Produktionsgrundlage ist der Unfalltod ein häufig verwendetes erzähltechnisches Verfahren, überflüssige Figuren zu „entsorgen". Der Tod beendet menschliche Beziehungen. So ist die Darstellung des Sterbens fast immer mit Vorgängen des Abschiednehmens verknüpft. In der Dramaturgie bildet sie den Ausgangspunkt für Charakterentwicklungen und Lebensveränderungen der anderen Figuren. Dies ist etwa ein zentrales Motiv der ersten Serienfolge von „Desperate Housewives" (12.7.05) auf Pro Sieben, die als sogenannte Dramedy Genrekonventionen der Komödie mit tragischen Handlungselementen kombiniert.

Nicht nur in dieser Serie versucht sich das Fernsehen in der Konkurrenz zu anderen Medien immer stärker durch spezifische Erlebnisversprechen durchzusetzen. So ist der Tod ein zentrales Motiv affektorientierter Genres, wie etwa des Melodrams. Das thematisch strukturierte TV Movie Genre „Desease of the Week" kommt ohne herzzerreißende Sterbeszenen nicht aus. Auch Krankenhausserien verwenden das Sterben als zentrales Element ihrer Emotionalisierungsstrategien.[8] Die Heilung als Ausgangspunkt der Vermittlung von Glückserfahrungen bildet hier die Grundlage für den emotionalen Wechsel im Handlungsverlauf.

In Serien aus dem Umfeld der Gerichtsmedizin wie etwa „CSI"[9] wird der tote Körper nicht mehr Grundlage der Affektkonstruktion, sondern einer reflexiven Semantik des Tathergangs. Jens Eder beschreibt das narrative Grundmuster von CSI wie folgt:

> „Der Tod dient in Gestalt des Leichenfundes als Handlungsauslöser (Titelsong: Who are you?) und prägt das gesamte folgende Geschehen. Er wird dabei einerseits als zu lösendes Rätsel, andererseits als spektakulärer Schauwert fokussiert und

---

[8]   Vgl. Creeber, Glen, The Television Genre Book, London 2008.

[9]   Vgl. hierzu: Tinchev, Vladislav, Mourning Has Broken. CSI: Der Serie auf der Spur. Narration und audiovisueller Stil, Hamburg 2008; Jermyn, Deborah, Body Matters. Realism, Spectacle, and the Corpse in CSI, in: Allen, Michael (Hg.), Reading CSI. Crime TV under the Microscope, London 2007, S. 79–90.

vorwiegend aus professioneller Perspektive gezeigt: Im Mittelpunkt stehen forensische Ermittlungen zu einem gewaltsamen Todesfall."[10]

Sichtbare körperliche Verletzungen bilden die Grundlage der visuellen Rekonstruktion des genauen Ablaufs der Straftat. Dabei hat sich ein serienspezifischer Darstellungsstil herausgebildet, der auf der Digitalisierungstechnik basiert und auch als CSI-Shot bezeichnet wird.

> „In sogenannten CSI-Shots dringt die Kamera (per Computeranimation und anderer Spezialeffekte) in die toten Körper ein, fährt durch Fleisch und Knochen, greift Details heraus, die zum Tode führten oder auf den Mörder hinweisen. Dabei simuliert die visuelle Körperinszenierung das Bildrepertoire der Medizin, etwa der Mikroskopie, Endoskopie, des Röntgens oder anderer bildgebender Verfahren. Verletzungs- und Verwesungsprozesse werden mittels Zeitraffer, Zeitlupe, Großaufnahmen, Snap Zooms, aufwändiger Masken, Modelle und Animationen vor Augen geführt. Die enge Abstimmung von Bild und Musik erinnert an Videoclips, die schnelle Montage von Großeinstellungen fragmentiert den Körper, löst einzelne Organe aus ihrem Zusammenhang heraus."[11]

Diese Beispiele zeigen, es zeichnen sich auch in Fernsehserien genrespezifische Umgangsweisen mit dem Tod als Handlungselement ab. Die Genres Krimi und Gerichtsmedizinserien implizieren ein grundlegendes Verfahren medialer Bedeutungskonstruktion: Der Tod ist Ergebnis intentionaler Schuld und nicht das kontingente Schicksal, wie es das filmische Melodram für seine emotionalen Affekte nutzt.

Trotz der hier genannten Genredifferenzen in der Darstellung des Todes verweist Jens Eder auf drei Grundmuster der seriellen Darstellung des Todes, die sich jedoch kaum von vergleichbaren Strukturen anderer fiktionaler Vermittlungsformen unterscheiden:

> „1. Vor dem Tod liegen Ursachen und Vorzeichen eigenen oder fremden Sterbens – etwa Krankheitsdiagnosen – verbunden mit emotionalen Reaktionen und Handlungen.
> 2.   Der Sterbeprozess erfolgt auf bestimmte Art, etwa ‚natürlich' oder ‚unnatürlich', schmerzhaft oder erlösend, verursacht durch Unfall, Mord oder anderes.
> 3.   Nach dem Sterben setzen sich Lebende mit Leichen und Todesfolgen auseinander; in fantastischen Erzählungen kehren Verstorbene als Untote wieder oder leben in einem Jenseits weiter."[12]

---

[10]   Eder, Jens, Todesbilder in neueren Fernsehserien: CSI und Six Feet Under, in: Blanchet, Robert u. a. (Hg.), Serielle Formen. Von den frühen Film-Serials zu aktuellen Quality-TV- und Onlineserien (Zürcher Filmstudien), Marburg 2011, S. 277–298.

[11]   https://www.academia.edu/1843252/Todesbilder_in_neueren_Fernsehserien_CSI_und_Six_Feet_Under._In_Blanchet_Robert_Köhler_Kristina_Smid_Tereza_Zutavern_Julia_Hg._Serielle_Formen._Von_den_frühen_Film-Serials_zu_aktuellen_Quality-TV-_und_Onlineserien._Marburg_Schüren_Zürcher_Filmstudien_S._277–298; zuletzt abgerufen am 09.11.2015.

[12]   Ebd.

3.1   Tote als Instanzen der Erinnerung oder Off-Kommentatoren der Lebenden

Der Moment des Sterbens ist in fiktionalen Narrationen von Film und Fernsehen häufig der Ausgangspunkt der Erinnerung, des Rückblicks auf das eigene Leben. Diese Perspektive findet sich in vielen filmischen Erzählungen wie etwa „American Beauty" (1999). Hier erzählt der Tote gleich im Establishing Shot von den letzten Tagen seines Lebens. Durch diese Form der Off-Erzählung wird die Art des Sterbens zur spannungstragenden Frage, die erst am Ende der Filmhandlung beantwortet wird.

Diese Form der Off-Erzählung durch bereits verstorbene Protagonisten kennzeichnet Vera Cuntz-Leng zufolge auch die US-Serie „Desperate Housewives." Vera Cuntz-Leng betont in ihrer Analyse von Strategien „die Toten selbst erzählen zu lassen, beziehungsweise von Tod zu erzählen", „eine Verzahnung der Aspekte Tod, Erzählinstanz und Voice Over"[13] in aktuellen US-Serien, die sich besonders intensiv mit dem Tod auseinandersetzen.

Dabei fungieren die bereits Verstorbenen wie die Erzählerin Mary-Alice aus „Desperate Housewives" auch als Kommentatoren und Lebensberater der noch Lebenden.[14] Vera Cuntz-Leng verweist auf den Zusammenhang von Sterben und Wissenszuwachs:

> „Es ist dieser Transit von Leben zu Tod, der Mary-Alice von einer machtlosen Figur, die in ihrer Kleinstadtwelt ebenso gefangen war wie es ihre Freundinnen Susan, Bree, Lynette und Gabrielle sind und deren Wissenshorizont ebenso beschränkt gewesen ist, zu einer kritischen und ironischen Beobachterin des gesellschaftlichen Mikrokosmos der Wisteria Lane transformiert."[15]

Auf der visuellen Vermittlungsebene ergänzen High-Angle-Shots die Off-Kommentare der Toten.[16] Diese spezifische Erzählperspektive erfülle die Funktion, „eine Gleichberechtigung zwischen toten und lebenden Figuren zu generieren und aufrechtzuerhalten."[17] Gleichzeitig werden Transzendenz und Immanenz durch die Off-Erzählung in Beziehung gesetzt.

---

[13]   Cuntz-Leng, Tot Erzählen, S.182.
[14]   Vgl. Cuntz-Leng, Tot Erzählen, S.183.
[15]   Cuntz-Leng, Tot Erzählen, S.183.
[16]   Cuntz-Leng, Tot Erzählen, S.185
[17]   Cuntz-Leng, Tot Erzählen, S.191.

4.   Todessymbole im Vorspann der Serie „Six Feet Under"

Auch auf der visuellen Ebene greift das Fernsehen auf etablierte Darstellungs-
muster zurück. Die serielle Thematisierung des Todes in „Six Feet Under"
steht im Kontext thematisch ähnlich ausgerichteter Serien wie etwa „Diagno-
sis Murder" aus dem Bereich der Pathologie.[18] Jedoch unterscheidet sich „Six
Feet Under" durch eine Häufung von Tabubrüchen in Themen und Handlung:
„homosexuality, mental illness, old age, sickness, drug addiction, adolescence,
race and class."[19] Jens Eder betont in seiner Serienanalyse:

> „Das Spektrum der Todesarten ist breit: 19 Figuren sterben durch Unfälle, 18
> an Altersschwäche und Krankheiten, 11 durch Mord, 8 durch Suizid, der Rest
> an weiteren Ursachen. (vgl. List 2010) Die Toten gehören hinsichtlich Alter,
> Geschlecht, sexueller Orientierung, Ethnizität, Religion und Lebensstilen
> unterschiedlichen sozialen Gruppen an. Dies ermöglicht es SFU (Abkürzung für
> Six Feet Under. Anm. Bleicher), die Allgegenwart von Tod und Trauer zu zeigen,
> deren gesellschaftliche und menschliche Bandbreite auszuloten."[20]

Der ästhetisch komplexe Vorspann von „Six Feet Under" reiht, der allgemeinen Serienthematik entsprechend, in einer Plotstruktur Todessymbole westli-
cher Kulturen aneinander. Der Rabe als bereits aus der Erzählung „The Ra-
ven" von Edgar Allen Poe bekannter Todesbote, verknüpft zunächst den Blick
in den Himmel mit dem Blick auf das biblische Symbol des Lebensbaums.
Transzendenz und Immanenz werden in einem Schwenk zusammengeführt
und musikalisch eindrucksvoll begleitet. „[...] die Musik durchbricht Strategien der Melancholie (klagende Holzbläser in getragenem Moll) mit Ausbrü-
chen heiterer Lebendigkeit (Dur-Modulationen, Perkussion, Dynamik) (vgl.
Kaye 2005, 196–198)."[21] David Lavery beschreibt den Todessymbolgelade-
nen Vorspann detailgenau:

> „A bird (gemeint ist ein Rabe, Anmerkung J. Bleicher) crosses blue sky. The
> camera tilts down to reveal a single tree on the horizon, where a verdant hill
> meets the sky. Two hands break apart in slow motion. A man washes his hands.
> The camera tilts to reveal two feet on a gurney - the big left toe bears an ID tag.
> Open sky again. A gurney moves down an institutional hallway – light at the
> end of the tunnel. From what might be the point of view of the body it bears,

---

[18]   Vgl. Lawson, Marc, Foreword: Reading Six Feet Under, in: Akass, Kim / Mc Cabe,
       Janet (Hg.), Reading Six Feet Under. TV to Die for. London 2005, S. XVII.

[19]   Akass / McCabe, Reading Six Feet Under, S. 3.

[20]   https://www.academia.edu/1843252/Todesbilder_in_neueren_Fernsehserien_CSI_
       und_Six_Feet_Under._In_Blanchet_Robert_Köhler_Kristina_Smid_Tereza_Zutav-
       ern_Julia_Hg._Serielle_Formen._Von_den_frühen_Film-Serials_zu_aktuellen_Qual-
       ity-TV-_und_Onlineserien._Marburg_Schüren_Zürcher_Filmstudien_S._277–298;
       zuletzt abgerufen am 09.11.2015.

[21]   Ebd.

the gurney enters the light. Seen through a bottle of fluid, a man in a white coat moves about. A beaker of liquid (embalming fluid?) slowly empties. The corpse head is turned away from the camera. In close-up a ball of cotton held in a pair of tweezers mops the brow. A tilt moves up the cadaver from its feet, stopping before showing the head. A jump cut reveals a vase of flowers (dying) (wilting) in time-lapse. A hearse door opens, a coffin within. In close-up the mortician's hand grabs its handle. (…) The hearse is seen from behind, its load door wide open. A still life of two framed photos. In close-up, a bird's claw feet move slowly off. A tombstone bears the words ‚Executive Producer Alan Ball'. A crow perches on a tombstone. The sky again, crossed by the black bird. The hill and the tree from earlier. The tree puts down roots, forming a box, in which the words ‚Six Feet Under' appear."[22]

Mark Lawson sieht in dem Vorspann eine Parodie auf Darstellungskonventionen von Krankenhausserien.[23]

Abb. 1: Still aus dem Vorspann von *Six Feet Under*.

Als eine Art Erzählung in der Erzählung zeigt diese Reihung Detailaufnahmen bekannter Symbole unterschiedlicher Phasen des Lebensendes: Auf die aus Krankenhausserien bekannte Detailaufnahme eines Beatmungsgeräts, das den Atemstillstand erkennen lässt, folgen sich trennende Hände, die Verlagerung des Körpers auf eine Bahre, die kosmetische Aufbereitung der schönen Toten[24], das aus Stillleben bekannte Motiv des verblühenden Blumenstraußes, die aus Nahtodberichten bekannte Reise ins Licht, der Aufstieg mit der Jakobsleiter und der Grabstein als irdische Form der Erinnerung. Schließlich wird der Baum des Lebens durch grafische Linien mit einem Grab verknüpft, das den Sendungstitel enthält und im grellen Licht verschwindet. Auch die

---

[22]   Lavery, David, ‚It's not television, it's magic realism': the mundane, the grotesque and the fantastic in Six Feet Under, in: Akass, Kim / Mc Cabe, Janet (Hg.), Reading Six Feet Under. TV to Die for, London 2005, S. 20f.

[23]   Lawson, Einleitung, S. XIX.

[24]   Vgl. Bronfen, Elisabeth, Nur über ihre Leiche. Tod, Weiblichkeit und Ästhetik, München 1999.

in Serienvorspännen übliche Nennung von Namen der an der Produktion beteiligten Mitarbeiter wird bei „Six Feet Under" teilweise als Inschriften auf Grabsteinen platziert.

Die Serienfigur Bestatter Rico erweist sich im kreativen Umgang mit toten Körpern als ein Künstler im traditionellen Sinne. Seine „Restauration" einer weiblichen Leiche, deren Schädel bei hoher Geschwindigkeit von einem Autobahnschild zerquetscht wurde, bezeichnet er selbst als seine „Sixtinische Kapelle". (1 Staffel Folge 8 Crossroads).

Tina Weber weist darauf hin, dass die serielle Darstellung der Toten Grundelemente der Malerei des 19. Jahrhunderts, aber auch moderner Todesdarstellung aufgreift.

> „Philippe Ariès interpretierte diese Phase (gemeint ist das 19. Jahrhundert, Anm. Bleicher) als den ‚Tod der Anderen', deren Komposition zumeist geschönte Trauerszenen am Sterbebett beinhalteten. Abbildungen aus dieser Zeit zeigen Familien, Verwandte und Freunde, die sich am Bett des Sterbenden oder Verstorbenen zur Trauerbekundung eingefunden haben."[25]

In der modernen Todesdarstellung hingegen sei der Verstorbene „eher das Objekt von Bestattungsriten und Einbalsamierungsprozeduren."[26]

Lawson spricht von einer Bestattungsindustrie.[27] Jens Eder kombiniert die Professionalisierung des Umgangs mit den Leichen mit einer spezifischen Arbeitsteilung des Figurenensembles der Serie:

> „Die Anfangstode sind Auslöser eines Subplots, der die professionelle Perspektive der Fishers in einem linearen Ablauf zeigt: Sie erhalten von den Hinterbliebenen den Bestattungsauftrag, holen die Leiche ab, präparieren sie und organisieren eine ‚Abschiednahme' vom aufgebahrten Leichnam im Funeral Home. Dabei füllen die Protagonisten verschiedene Rollen aus: Nate erscheint als Tröster, David als Organisator und Zeremonienmeister, Rico als Virtuose der Thanatospraxis."[28]

Mit dieser Arbeitsteilung sind unterschiedliche Wirkungsdimensionen verknüpft: „Die explizite Leichen-Darstellung zielt unter anderem auf Schaulust und Schock bei den Zuschauern. Die Bestatter-Subplots befriedigen Neugier und Informationsbedürfnisse über das praktische Prozedere nach dem Tod (in den USA) und den Umgang unterschiedlicher Menschen mit dem Tod."[29]

---

[25] Weber, Tina, Six Feet Under. Die Domestizierung des Todes, in: Seiler, Sascha (Hg.), Was bisher geschah. Serielles Erzählen im zeitgenössischen amerikanischen Fernsehen, Köln 2008, S. 204.

[26] Ebd.

[27] Lawson, Einleitung; 2005, S. XX.

[28] Eder, Todesbilder, S. 9.

[29] Ebd.

4.1 Serielle Todesdarstellung im Kontext von Fantastik und Magischem Realismus

Todessymbole und skurrile Sterbeformen werden von den Drehbuchautoren als wichtige Narrations- und Handlungselemente der Serie genutzt. Dabei kombinieren sie literarische Darstellungskonventionen und -traditionen der Groteske und der Fantastik ebenso wie die dramatischen Grundformen Tragödie und Komödie. In der Serie „Pushing Daisies" wird die fantastische Erzählweise durch empirische Daten und Fakten authentisiert.[30]

Die literarische Ausformung des Magischen Realismus' kennzeichnet eine Vielzahl von Welten, die miteinander durch Transformationen, Metamorphosen und Auflösungen verknüpft werden.[31] J. A. Cuddon betont in Anlehnung an Robert Scholes, dass in einer Art Metafiction verschiedene Dimensionen des Erzählens miteinander verknüpft werden:

> „(…) the mingling and juxtaposition of the realistic and the fantastic, bizarre and skilful time shifts, convoluted and even labyrinthine narratives and plots, miscellaneous use of dreams, myths and fairy stories, expressionistic and even surrealistic description, arcane erudition, the elements of surprise or abrupt shock, the horrific and the inexplicable."[32]

Ein zentrales Motiv des magischen Realismus innerhalb der Serie „Six Feet Under" bilden die Dialoge der Bestatter mit den von ihnen „behandelten" Toten. Jens Eder zieht einen Zusammenhang zwischen Todesart und den Themenschwerpunkten dieser imaginierten Gespräche. „Bei der Bestatter-Arbeit führen Dave und Nate Dialoge mit Toten, die ihnen als imaginäre Gesprächspartner gegenübertreten. So diskutiert Dave seine Homosexualität mit einem Gangster (S.01.E.04); der Tod eines Footballspielers erinnert Nate an seine Krankheit (S.02.E.02). Die Zwiegespräche dienen der Veranschaulichung innerer Konflikte; die zerstörten Körper der Toten verweisen auf innere Verletzungen der Lebenden, die meist etwas von ihnen lernen."[33]

Wie das wiederholte Auftreten der Toten in der Serienwelt von „Six Feet Under" sind Geister ein wesentlicher Bestandteil der Welten des Magischen Realismus'. Bruce Holland Rogers betont „(…) the ghost is not a fantasy element but a manifestation of the reality of people who believe in and have ‚real' experiences of ghosts. Magical realist fiction depicts the real world of people whose reality is different from ours. It's not a thought experiment. It's

---

[30] Cuntz-Leng, Tot Erzählen, S. 190.
[31] Lavery, It's not Television, S. 33.
[32] Cuddon, John Anthony, A Dictionary of Literary Terms and Literary Theory, London / New York 1998, S. 488.
[33] Eder, Todesbilder, S. 10.

not speculation. Magic realism endeavours to show us the world through other eyes."[34]

Je nach religiösem Hintergrund der jeweils in der pre-credit sequence vorgestellten Leiche, wählt David Fisher aus einem umfangreichen Lager die in ihrer Symbolik jeweils passenden rituellen Requisiten aus. Auch die Visionen der ProtagonistInnen enthalten vielfältige Kunstzitate und Anspielungen. Bestatter Rico kombiniert seine erotischen Fantasien einer Stripperin mit dem religiösen Motiv einer Kreuzigungsszene.

> „Rico's vision draws on the Hispanic imagination, tapping the tradition of magical realist art exemplified in paintings by Mexican Artist Frida Kahlo (1907–1954): imagery from painting like ‚A Few Small Nips' (1935), ‚The Two Frida' (1939) and ‚Tree of Hope' (1948), each dealing with surgery and hospitalisation, informs the dream."[35]

Diese kulturspezifische Form der Visualisierung erweitert das Spektrum der Darstellung. Auf der Handlungsebene wird diese Form der Multikulturalität der Todesdarstellung ironisch durch den Lagerraum des Beerdigungsinstituts ergänzt, der Requisiten einer Vielzahl von Religionen für die jeweiligen Beerdigungsrituale bereithält.

Diese Form der Ironisierung verweist auf die Groteske als televisionäres Narrationskonzept. David Lavery betont den Facettenreichtum der Groteske u. a. durch die Verknüpfung des Komischen mit dem Schrecklichen.[36] Die serielle Basisstruktur integriert die Groteske durch ungewöhnliche Todesformen am Anfang und verknüpft sie mit Handlungselementen der Fantastischen Literatur, etwa lebenden Toten, im weiteren Episodenverlauf.

4.2   Die Tücken der Auferstehung in „Pushing Daisies"

Dem Wunsch nach Auferstehung entspricht die Serie „Pushing Daisies" auf besondere Weise. Der Protagonist Ned entdeckt durch Zufall bereits als Kind seine Fähigkeit, durch eine Berührung Tote zum Leben zu erwecken. Bei der nächsten Berührung tritt jedoch der Tod wieder ein. Erfolgt die nächste Berührung nicht innerhalb einer Minute, so muss ein anderes Lebewesen aus der Umgebung sterben.[37] Ein Privatdetektiv nutzt Neds besondere Fähigkeiten für die Lösung von Kriminalfällen.[38] Als Ned sich in die Tote Chuck verliebt und sie wieder zum Leben erweckt, muss er, trotz aller Bedürfnisse nach körperlicher Nähe, weitere direkte Berührungen vermeiden. Dies lässt sich als impli-

---

[34]   Rogers, Bruce Holland, What is Magical Realism, Really?, in: Writing-World-Com. http://writing-world.com/sf/realism.shtml; 2004 zuletzt abgerufen am 31.3.2015.

[35]   Lavery, It's not Television, S. 20.

[36]   Lavery, It's not Television, S. 24.

[37]   Vgl. Cuntz-Leng, Tot Erzählen, S. 188.

[38]   Cuntz-Leng, Tot Erzählen, S. 189.

zite ironische Auseinandersetzung mit dem wachsenden Einfluss christlicher Fundamentalisten auf Fernsehinhalte in den USA werten.

5.   Fazit

Jens Eder verweist auf die Wechselwirkungen medialer Todesdarstellungen und gesellschaftlicher Entwicklungen:

> „Seit über zehn Jahren ist bei international verbreiteten US-Serien wie CSI und SFU eine auffällige Zunahme und Intensivierung der Todesmotivik zu beobachten. Es häufen sich drastische Leichen-Darstellungen, Todes-Settings, Todes-Geschichten und Serientitel, die auf den Tod anspielen. Damit sind Serien Teil jenes kulturellen Wandels, der als ,neue Sichtbarkeit des Todes' beschrieben worden ist (Macho/ Marek 2007). (…) Die Ursachen des ,Todes-Booms' in der Serienproduktion sind teils soziokultureller Art: Die Verdrängung alltäglicher Primärerfahrungen mit dem Tod (Ariès 2002) wird medial kompensiert; Reizschwellen erhöhen sich, Bedrohungsgefühle nehmen zu, Darstellungstabus ab."[39]

Aus Eders Sicht besitzt die visuelle Todesdarstellung etwa der Serie „CSI" auch therapeutische Funktionen:

> „Andererseits befriedigt CSI nicht nur Schaulust und Neugierde, sondern fungiert gerade als eine Art Angsttherapie durch Desensibilisierung: Die Zuschauer können vom sicheren Zuhause aus das Sterben der Anderen in pseudowissenschaftlicher Sicht verfolgen und in homöopathischen Dosen genießen. Dies wird gestützt durch ein Vertrauen in die Naturwissenschaft und die Polizeiarbeit, die Gerechtigkeit schafft und Hinterbliebenen durch Aufklärung Trost bringt. CSI legt den Zuschauern damit eine Haltung zum Tod nahe, die durch eine charakteristische Mischung von Voyeurismus und Neugierde mit Distanz und Sarkasmus gekennzeichnet ist."[40]

Diese Diagnose von Jens Eder steht nicht nur exemplarisch für die Diagnose einer wachsenden Medialisierung von Kultur und Gesellschaft, sondern auch für die Bedeutungspotenziale der Todesdarstellung. Die Abwendung bestehender Darstellungstabus steht in enger Wechselwirkung mit den jeweiligen Handlungsverläufen. Das Durchbrechen von Handlungstabus bildet die potenzielle Grundlage eines Wertewandels, der etwa in den USA als implizite mediale Ideologie die Rechtfertigung von Folter mit dem Ziel der nationalen Sicherheit rechtfertigt. Mediale Repräsentationen des Todes schließen nicht

---

[39]   https://www.academia.edu/1843252/Todesbilder_in_neueren_Fernsehserien_CSI_ und_Six_Feet_Under._In_Blanchet_Robert_Köhler_Kristina Smid_Tereza_Zutavern_Julia_IIg._Serielle_Formen._Von_den_frühen_Film-Serials_zu_aktuellen_Quality-TV-_und_Onlineserien._Marburg_Schüren_Zürcher_Filmstudien_S._277–298; zuletzt abgerufen am 09.11.2015.

[40]   Ebd.

nur an künstlerische Traditionslinien an, sondern sind auch in unterschiedliche Kontexte gesellschaftlicher Entwicklungen eingebunden.

Literatur

Akass, Kim / McCabe, Janet (Hg.), Reading Six Feet Under, New York 2005.

Blask, Falko, Jean Baudrillard zur Einführung, Hamburg 2002.

Bleicher, Joan Kristin, Diana - Königin der Straße. Zum Zusammenhang von Medien und Massenemotion, in: Ästhetik und Kommunikation. Demos Rückkehr der Straße, 99, 12 (1997), S. 55–61.

Bleicher, Joan Kristin, Fernsehen als Mythos. Poetik eines narrativen Erkenntnissystems, Opladen, 1999.

Bleicher, Joan Kristin, Die frohe Botschaft des Fernsehens. Das Medium als Religionsersatz, in: Wergin, Ulrich / Sauerland, Karol (Hg.), Literatur und Theologie. Schreibprozesse zwischen biblischer Überlieferung und geschichtlicher Erfahrung, München 2005, S. 289–306.

Bleicher, Joan Kristin, Kunst+Kunst=Serie, in: Keazor, Henry / Liptay, Fabienne / Marschall, Susanne (Hg.), Film-Kunst. Studien an den Grenzen der Künste und Medien, Marburg 2010, S. 289–304.

Bronfen, Elisabeth, Nur über ihre Leiche. Tod, Weiblichkeit und Ästhetik, München 1999.

Cuddon, John Athnoy, A Dictionary of Literary Terms and Literary Theory, London / New York 1998.

Cuntz-Leng, Vera, Tot Erzählen, vom Tod erzählen, in: Nesselhauf, Jonas / Schleich, Markus (Hg.), *Quality-Television: Die narrative Spielwiese des 21. Jahrhunderts?!,* Münster 2014, S. 181–193.

Eder, Jens, Todesbilder in neueren Fernsehserien: CSI und Six Feet Under, in: Blanchet, Robert / Köhler, Kristina / Zutavern, Julia / Smid, Tereza (Hg.), Serielle Formen. Von den frühen Film-Serials zu aktuellen Quality-TV- und Onlineserien (Zürcher Filmstudien) Marburg 2011, S. 277–298.

Jermyn, Deborah, Body Matters. Realism, Spectacle, and the Corpse in CSI, in: Allen, Michael (Hg.), Reading CSI. Crime TV under the Microscope, London 2007, S. 79–90.

Lavery, David, ,It's not television, it's magic realism': the mundane, the grotesque and the fantastic in Six Feet Under, in: Akass, Kim / Mc Cabe, Janet (Hg.), Reading Six Feet Under. TV to Die for, London 2005, S. 19–34.

Lawson, Mark, Foreword: Reading Six Feet Under, in: Akass, Kim / Mc Cabe, Janet (Hg.), Reading Six Feet Under. TV to Die for. London 2005, S. XVII–1.

Leder, Dietrich, Journal der Bilder und Töne, in: Funk-Korrespondenz vom 04.04.2005.

Leppin, Ralf, Die Postnukleare Endzeitvision im Film der achtziger Jahre, Köln 2001.

Poppe, Sandra, Ästhetik der Sterblichkeit. Mediale Darstellungen von Tod und Trauer in Literatur und Fernsehen, in: KulturPoetik 8, 2 (2008), S. 223–234.

Rogers, Bruce Holland, What is Magical Realism, Really?, in: Writing-World-Com. http://writing-world.com/sf/realism.shtml 2004.

Tinchev, Vladislav, Mourning Has Broken. CSI: Der Serie auf der Spur. Narration und audiovisueller Stil, Hamburg 2008.

Weber, Tina, Six Feet Under. Die Domestizierung des Todes, in: Seiler, Sascha (Hg.): Was bisher geschah. Serielles Erzählen im zeitgenössischen amerikanischen Fernsehen, Köln 2008.

Internet

https://www.academia.edu/1843252/Todesbilder_in_neueren_Fernsehserien_CSI_und_Six_Feet_Under._In_Blanchet_Robert_Köhler_Kristina_Smid_Tereza_Zutavern_Julia_Hg._Serielle_Formen._Von_den_frühen_Film-Serials_zu_aktuellen_Quality-TV-_und_Onlineserien._Marburg_Schüren_Zürcher_Filmstudien_S._277–298.

http://writing-world.com/sf/realism.shtml.

https://www.youtube.com/watch?v=StceREZcEIs.

Abbildung

Abb. 1: Still aus dem Vorspann von Six Feet Under (Screenshot). Quelle: https://www.youtube.com/watch?v=StceREZcEIs; zuletzt abgerufen am 09.11.2015.; zuletzt abgerufen am 24.08.2015.

Das ewige Leben … und die Kunst des Ausklangs. Bestattungsrituale im Film

Inge Kirsner

Die letzte Szene des Films „Das ewige Leben" von Wolfgang Murnberger (D/Ö 2015) führt uns zur „Endstation". So heißt eine Würstchenbude am Rand eines Friedhofs, wo wir soeben der Bestattung des Polizeichefs Aschenbrenner beigewohnt haben.

Dessen junge Freundin, Dr. Irrsiegel, gesteht Aschenbrenners Freundfeind Brenner, Ex-Polizist und Privatdetektiv, dass sie selbst den Mord auf dem Gewissen hat, für dessen Vertuschung ihr Freund etliche Morde beging.

Doch dieser geht nicht auf dieses Schuldbekenntnis ein. Als die Frau sagt: „Ich bin schuldig. Und allein", erzählt Brenner ihr eine (fiktive) Geschichte, die er, Aschenbrenner und ein gemeinsamer Jugendfreund über 30 Jahre zuvor erlebt haben.

Die Botschaft ist deutlich: Schuldig sind wir irgendwie alle. Und: Das Leben geht weiter! Insofern ist es das „ewige Leben", als es dem immer wiederkehrenden Zyklus der Jahreszeiten entspricht. Jedes Blatt, jede Blume, jedes individuelle Leben endet – doch das Leben selbst bahnt sich immer wieder seinen Weg. Das ist so banal wie gültig – und deshalb steht ein Beerdigungsritual möglicherweise am Anfang eines Films, niemals aber an seinem Ende (wie es bei einem Hochzeitsritual der Fall sein könnte). Danach muss immer noch etwas kommen, als müsse uns der Film versichern: ‚Ja, schuldig seid ihr alle, ihr Überlebenden, aber nicht ganz allein! Die Geschichte geht nämlich weiter …'

Richten wir unseren Blick noch einmal auf das der „Endstation" vorausgegangene Ritual, die vorletzte Szene. Es ist eine Erdbestattung. Natürlich, möchte man sagen: Sie ist filmisch ‚gesättigter' als jede andere Art der Bestattung. Es wird sie im Film noch geben, wenn sie in Wirklichkeit zugunsten der viel zeitgemäßeren, weil effektiveren Verbrennung ausgedient haben wird.

Interessant ist nun, dass Aschenbrenner am Grab die Sündenvergebung zugesprochen wird – ein Akt, der eher in die Trauerfeier gehören würde. Aber im Film werden die Dinge zusammengezogen, komprimiert, um ein ‚bestimmtes Bild' zu erzeugen. Die Rede von der Schuldvergebung am offenen Grab ist wichtig, da beim an- (und ab-)schließenden Gespräch darauf aufgebaut wird.

Die Botschaft des Filmtitels – „das Leben" sei „ewig" –, das zunächst wie ein Rätsel über dem Film mit einer Kriminalhandlung steht, in der zwar viel gestorben wird, die Auferstehung aber keine Rolle spielt, erschließt sich auf dreifache Weise. Zunächst in der genannten – das Leben geht weiter; dann durch die Tatsache, dass das der Verfilmung zugrundeliegende Buch von Wolf

Haas der sechste Brennerkrimi ist, dem der Band „Die Auferstehung der Toten" vorausgeht (und das „ewige Leben" die Fortsetzung darstellt); schließlich
beim Blick ins Buch dann noch einmal auf ganz andere und vielleicht sogar
gegensätzliche Weise.

Der Ich-Erzähler des Romans lässt uns an der Geschichte vom Brenner
teilhaben; er erzählt uns von den andauernden Kopfschmerzen des Expolizis-
ten, die ihn eines Nachts so sehr quälen, dass er sich überlegt, die alte Walther
auszuprobieren, sich als letzten Ausweg eine Kugel in den Kopf zu schießen,
„… weil Leben und alles, weil Freunde und alles, wie er sich und warum er
sich, … weil die ewigen Erinnerungen und das ewige Kopfweh und das ewige
Leben und das ewige Aufstoßen und das ewige …"[1]

Das Leben ist eine Qual – genauso andauernd wie Kopfschmerzen und
quälende Erinnerungen. Der Tod ist einfach der Schlusspunkt, danach nichts
mehr, kein Kopfweh und kein Leben. Das „ewige" wird zum Seufzer, und die
Bestattung ist sowieso nicht für die Toten, sondern für die Lebenden.

Eine wieder ebenso banale wie gültige Einsicht, die der Chef von Mr.
May – der als Angestellter in London dafür zuständig ist, für die Beerdigung
vereinsamt Verstorbener zu sorgen – in eine kleine Rede verpackt:

> „Seien wir ehrlich, die Toten sind tot, Beerdigungen sind für die Lebenden. Und
> wenn da keiner ist, interessiert es auch keinen. Ich denke, für die Lebenden ist es
> vielleicht besser, nichts davon zu wissen, also: keine Beerdigungen, keine Trauer,
> keine Tränen … Die Toten sind tot, sie sind nicht da, es ist ihnen egal."[2]

1.   „Mr. May und das Flüstern der Ewigkeit" (Uberto Pasolini, GB/It. 2013)

Uberto Pasolinis „Mr. May und das Flüstern der Ewigkeit" (GB/It. 2013) wi-
derlegt die Aussage dieses pragmatischen Vorgesetzten, der Mr. Mays Arbeit
– nämlich noch Angehörige zu finden, die an der Beerdigung teilhaben sollen
– ersatzlos streichen will.

Er zeigt, wie ein würdiges Ritual einem Leben, das vielleicht keinen mehr
interessierte, ein letztes Glanzlicht aufsetzen kann. In seinen kleinen Ansprachen, die Mr. May für den Pfarrer (oder den Ritualbegleiter) schreibt, versucht
er ein Bild vom Toten zu entwerfen, dessen Lebenslauf sinnhafte Strukturen
abzuringen, religiöse Zugehörigkeiten und Vorlieben der Toten zu erkennen,
die er musikalisch bei der Trauerfeier zum Einsatz bringen kann. Seine reiche CD-Sammlung zeugt von Kenntnis, Fleiß und von einer Sorgfalt, deren

---

[1]   Haas, Wolf, Das ewige Leben, München 2003, Neuausgabe 2015, S. 123.
[2]   K.12, 47.05–48.05.

Ohren- und Augenzeugen wir in den ersten Filmsequenzen werden. Anglikanische, schottische, griechisch-orthodoxe Bestattungsrituale werden uns vorgeführt, die aus dem immer selben Dreieck bestehen: dem Toten, dem Pfarrer (bzw. Ritualexperten) und Mr. May. Es geht noch weniger: als er schließlich selbst stirbt, gibt es da nur noch den Pfarrer und den Sarg – keine Rede, da keiner da ist zum Hören (und zum Schreiben).

Dennoch endet der Film nicht trostlos – so wäre es gewesen, wenn die designierte Nachfolgerin Mays, die einfach die Asche der Toten in ein Loch im Friedhof schüttet, immer in Sorge um ihr Kleid, das entkernte Ritual getätigt hätte. Aber Mr. Mays Beerdigung wird zu einem großen Treffen aller Toten, deren Leben er postum kennengelernt und deren letzte Reise er fachkundig begleitet hat. Nun versammeln sie sich um ihn, der sein (persönlich ausgesuchtes und bezahltes) Grab einem anderen überlassen hat, für dessen prachtvolle – und zeitgleiche – Beerdigung er gesorgt und dessen Tochter er sogar herbeigefunden und -geholt und fast auch geheiratet hätte – wäre er nicht zuvor verunglückt.

„Still Life" – so der Originaltitel des Films, der im Deutschen den Untertitel „Das Flüstern der Ewigkeit" trägt. „Still Life" heißt Still-Leben, ist vielleicht auch eine Anspielung auf die vielen Photos der Toten, die keinen Angehörigen mehr hatten, deren Bilder aber jeden Abend von Mr. May in einem seiner Alben angeschaut werden. Sie werden noch einmal lebendig, als sie, nur für uns sichtbar, Mr. May die letzte Ehre erweisen. Still Life – das wird zu: Immer noch das Leben. Als wäre der Umgang mit dem Tod, mit den Toten, das Markenzeichen dafür, wie wir mit dem Leben umgehen.

Der Bestattungsspezialist wird zum Lebensexperten – kennt dessen Windungen und Irrungen und verurteilt nicht, nimmt wahr und nimmt teil. Lernen wir Mr. May bereits als Lebens- und Todesexperten kennen, erleben wir einen anderen, jüngeren Mann erst auf dem Weg dahin.

2. „Nokan – Die Kunst des Ausklangs" (Yojiro Takita, Japan 2008)

Der Film des japanischen Regisseurs Yojiro Takita „Nokan" (dt.: „Nokan – Die Kunst des Ausklangs") aus dem Jahr 2008 heißt auf englisch „Departures"; „The Departed" sind die von uns Gegangenen. Der japanische Filmtitel „Okuribito" ist eine Zusammensetzung aus dem Verb *okuru*, d.h. „verabschieden", „geleiten", und dem Substantiv *hito* „Mensch". Die sich ergebende Bedeutung ist in etwa „einer, der andere verabschiedet oder geleitet".[3]

---

[3]   Siehe https://de.wikipedia.org/wiki/Nokan_–_Die_Kunst_des_Ausklangs; zuletzt abgerufen am 06.05.15.

„Nokan" heißt das Unternehmen, bei dem sich der junge, gerade arbeits-
los gewordene Cellist Daigo bewirbt. Dass es ein Bestattungsunternehmen,
genauer: ein Aufbahrungsinstitut ist, das erfährt er erst, als er sich dort – in
der Annahme, es sei ein Reisebüro – beworben hat. Was diese „Hilfe bei der
Reise" genau ist, muss Daigo gleich am eigenen Leib erfahren: An seinem
ersten Arbeitstag spielt er für eine Demonstrations-DVD einen Toten, an dem
die Leichenwäscheprozedur erklärt wird.

Er nimmt die Stelle, zunächst sehr widerwillig, an; den Nachfragen seiner
Frau Mika weicht er aus. Allmählich erkennt er, dass die Begleitung der Toten
auf ihrer letzten Reise (und somit auch von deren Angehörigen) seine wahre
Berufung ist. Das erkennt schließlich auch seine Frau, die ihn zunächst ver-
lässt, als er sich weigert, eine andere Stelle zu suchen. Er gilt als ‚unrein' – und
der Film, der so diskret ist wie die Rituale, die er zeigt, offenbart, dass Tod und
Bestattung in Japan einerseits hochzeremonielle Rituale sind und andererseits
zu den Tabuthemen der Gesellschaft gehören.

Diese japanische Schizophrenie zeigt sich im Vorher und Nachher der
Aufbahrungsszenen. „Ihr lebt von den Toten!", sagt ein Sohn verächtlich zuvor zu dem Chef und seinem Angestellten. Nach dem Ritual aber entschuldigt
er sich und dankt den zwei Männern, die der Toten eine letzte Schönheit und
Würde verliehen haben.

Die Szenen, die Daigo bei der Arbeit zeigen, sind das Herzstück des Films,
so schreibt sich Filmkritiker Gerhard Midding: „In den kunstfertig und zärt-
lich ausgeführten Ritualen halten sich Intimität und Transparenz die Waage:
Vor den Augen der Hinterbliebenen scheint das Wesen der Verstorbenen noch
einmal in tröstlicher Schönheit auf. Die Zurüstungen für die letzte Reise sind
eine Geste der Nächstenliebe, die tief ins Herz einer Kultur blicken lässt, in
welcher die Würde sich wesentlich in der äußeren Erscheinung manifestiert".[4]

Erst in der Berührung erkennt Daigo das Gesicht des Vaters, den er dreißig
Jahre lang nicht gesehen hat und nun, in der vorletzten Szene des Films, als
Toten wiedersieht. Die Berührung lässt die Wunden der Vergangenheit heilen,
schafft Kontakt mit dem Verlorenen über die Grenze des Todes hinaus. Was
die Familienangehörigen in früheren Zeiten selbst taten, ist nun verlagert wor-
den, wurde outgesourct in die Hände von Fremden – diese eignen sich nun die
Familiengeschichte an, werden zu Stellvertretern für eine Handlung, die die
Toten durch die Aufbahrung einbettet in die Erinnerung.

Das Schminken, das Rasieren, die Waschung, die Einkleidung: Was uns
der Film während des Handlungsverlaufs immer in Fragmenten zeigt, wird
zum Abspann als ganzes Ritual vorgeführt. Und führt ad absurdum, was Mr.
Mays Chef im „Flüstern der Ewigkeit" verkündet. Wir sind es uns selbst schuldig, den Toten die Ehre zu erweisen. Wollen wir nicht gleichgültig dem Leben
gegenüber }werden, ist es auch nicht egal, was mit den Toten geschieht. Die

---

4   Midding, Gerhard in: epd Film 11 (2009), S. 36.

Lebenden müssen sie gehen lassen – damit die Erinnerungen an die Toten nicht zum Alpdruck werden, das Vergangene nicht das Leben bestimmt.

Eines Tages erzählt Daigos Chef während des gemeinsamen Abendessens, wie er zu seiner Arbeit kam – nämlich als seine Frau starb:

> „Irgendwann muss sich jedes Paar trennen; ist nur hart für den, der bleibt. Ich hab sie schön gemacht und gehen lassen … Seitdem mache ich diesen Job. Auch das hier – (er hält ein Stück von seinem Fisch hoch) – ist ein Leichnam. Die Lebenden essen andere Lebende. Oder? Wenn du nicht sterben willst, musst du essen – und wenn du's schon musst, soll's auch schmecken. Verdammt gut ist das, zum Sterben gut …"[5]

Das Kochen ist ein Präparieren von Leichnamen. Doch auch als Vegetarier kommt man aus den Schuldzusammenhängen nicht heraus. Leben lebt von (anderem) Leben, dieses Bewusstsein kann Wahrnehmung (und Lebenslust) schärfen, muss nicht lähmen.

Wer aber das Leben der anderen über Gebühr aufs Spiel setzt, traktiert, ist lebenden Leibes tot, das wird uns in Kim Ki-duks „Pieta" auf grausame Weise vorgeführt, einem Film, der mit einem ganz eigenen Bestattungsritual endet.

3.   „Pieta" (Kim Ki-duk, Südkorea 2012)

> „Der Film handelt von einem brutalen Schuldeneintreiber, der durch die Rückkehr seiner Mutter, die er nie gekannt hat, geläutert wird. Aber vor allem ist es ein Film darüber, wie die Finanziers der kapitalistischen Gesellschaft die Welt schlecht machen, und zwar weltweit. Das ist hässlich, und dem musste ich etwas entgegenhalten, um es erträglicher zu machen. ‚Pieta' ist ja auch einfach das italienische Wort für Mitleid"[6],

so beschreibt Kim Ki-duk seinen Film.

„Pieta" ist – neben der Kapitalismuskritik – vor allem auch ein Film über die Liebe einer Mutter, die einen extremen Weg geht, um ihren Sohn zu rächen. Dieser ist durch Kang-do ums Leben gekommen, der ohne Eltern aufgewachsen ist und bei seinem Knochenbrecherjob völlig emotionslos auftritt. Durch das Zusammenleben mit seiner angeblichen Mutter lernt er allmählich, mit Menschen zu kommunizieren, sich am Leben zu freuen. Zwei Dinge bleiben ihm rätselhaft: Warum er für die Mutter einen Baum an einem Flussufer pflanzen soll; und für wen der rote Pullover bestimmt ist, an dem sie strickt und der für ihn selbst zu klein ist. Als sie eines Tages verschwindet, nimmt er einen Racheakt eines seiner Opfer an und sucht dort nach ihr. Er findet sie tot

---

5   K.10: 1.15.38–1.17.25.
6   Ki-duk, Kim in einem Interview in „Die Welt" vom 09.09.2012, unter: http://www. welt.de/kultur/kino/article109108140/Warum-sind-Ihre-Filme-so-brutal-Kim-Ki-duk. html; zuletzt abgerufen am 07.05.2015.

in der Werkstatt eines Opfers, dessen Leiche er – begraben am Fuß der neu gepflanzten Kiefer und gekleidet in den roten Pullover – findet. Er gräbt für die Mutter des von ihm getöteten Mannes eine weitere Grube und legt sich mit den beiden Leichnamen ins Grab. Doch dort bleibt er nicht. Er steht auf, kleidet sich in den roten Pullover des Toten, schaufelt das Grab zu und geht seinem eigenen Tod entgegen. Der kühl kalkulierte Plan der Mutter ist aufgegangen: Der Mörder ihres Sohnes, zur Selbsterkenntnis gelangt, richtet sich selbst, der Sohn ist gerächt.

Von allen extrem gewalttätigen Bildern, die Kim Ki-duk uns zumutet, bleibt vor allem dieses seltsame Bestattungsritual im Gedächtnis; wie sich Kang-do zur Mutter und deren Sohn ins Grab legt, wird zum Bild für den ganzen Film.[7] Es ist ein harter Weg der Subjektwerdung: Kang-Do muss zunächst Mensch werden, um die Grausamkeit seiner Taten zu verstehen. Die Bestattung vermählt Leben und Tod miteinander, bevor die Wege sich wieder trennen und der Schmerz das Leben der Noch-Nicht-Toten bestimmt.

Man fühlt sich an Pasolinis „Mamma Roma" (Italien 1962) erinnert, in dem die Mutter die Überlebende ist und ihren Schmerz über den Tod des Sohnes, der wie Bellinis Leichnam Jesu festgeschnallt auf einem Gefängnisbett liegt, in die Welt hinausschreit. Nur dass die von Anna Magnani verkörperte Mamma Roma keinen einzelnen Schuldigen ausmachen kann, sondern gegen eine Welt anschreit, die Pasolini genau wie Kim Ki-duk analysiert. Der Kapitalismus ist die schlimmste Form der Diktatur, die Menschen werden zu ihren eigenen Sklaventreibern, sagt Kim Ki-duk: „Die Menschen heutzutage sind besessen von der Idee, dass Geld alle Probleme löst. Dabei ist das Geld selbst das Problem für die meisten Missstände."[8] Dass der Glaube an die Macht des Geldes die Menschen zu ihren eigenen Totengräbern macht, wird auch eindrücklich in „The Margin Call" (Der große Crash, USA 2011) spür- und hörbar, wenn während des Abspanns nur noch das Geräusch der Schaufel erklingt, mit dem der einstige Finanzhai (Kevin Spacey) seinen nächsten Angehörigen, einen Hund, begräbt (und damit sich selbst und seine Hoffnungen).

So müssen wir die Eingangsthese dieser Untersuchung doch wieder relativieren: Manchmal *ist* die letzte Filmszene eine Beerdigung. Und das Leben geht nur für die Rezipienten weiter, die den Kinosaal am Ende wieder verlassen. Die Figuren des Films bleiben zurück in einem ‚schwarzen Loch', für sie gibt es keine Erlösung – und so verlassen sie auch die übliche Filmdramaturgie, nach der es immer noch einen (Aus-)Weg gibt.

---

[7]   Vgl. Filmkritik von Busche, Andreas, Filmkritik in epd Film 11 (2012), S. 41. Auch in den Tageszeitungen wird der Film mit der Abbildung der Grabszene besprochen (FAZ, StZ).

[8]   Ki-duk, in „Die Welt" vom 09.09.2012.

4. Populäre Film- und traditionelle Religionskultur

Die Funktionen der alltagskulturellen Sinndeutung, die früher stärker von der Religionskultur erfüllt wurden, sind gegenwärtig größtenteils in die populäre Kultur übergegangen. Die Deutung der großen Transzendenzen an den Wendepunkten des Lebens jedoch ist nach wie vor der Religion vorbehalten. Kino kann Kasualien wie Taufe, Hochzeit und Tod zwar zeigen, aber nicht begehen.[9] – Aber *wie* sie gezeigt werden, das offenbart doch einiges über gesellschaftliche Themen und Zustände.

Wenn auch die traditionelle Religionskultur zunehmend an Bedeutung verliert, können nach wie vor Bezüge aufgezeigt werden zwischen gegenwarts- und religionskulturellen Sinndeutungsangeboten. Kino, auch und gerade das populäre, wird für die theologische Arbeit zu einem zentralen Bezugspunkt – als Spiegel der Gegenwart, als Sinnmaschine und Wunschgenerator. Vielleicht wird der Film sogar zu einem Gedächtnisspeicher, wenn eines Tages Erdbestattungen realiter zugunsten effektiverer, kosten-und zeitsparender Methoden der Vergangenheit angehören werden.

Im Fall der vorgestellten Beispiele lässt sich eher von (der Darstellung der jeweiligen) Ritualinszenierung als von Ritualdesign[10] sprechen. Die Filme spielen mit bekannten Ritualelementen, die kreativ gestaltet und transformiert werden.

Paul Ricoeurs auf Aristoteles zurückgehendes Modell einer dreistufigen Mimesis[11] wird in Bezug auf Rituale in kulturwissenschaftlichen Studien mittlerweile produktiv angewandt. Ricoeur beschreibt hier das Spannungsverhältnis zwischen mimetischen und poietischen Aspekten von Literatur – also zwischen der Nachahmung außerliterarischer Wirklichkeit einerseits und aktiver, poietischer Schaffung fiktionaler Welten andererseits. Sein Modell kann jedoch auch konstruktiv auf fiktionale Darstellungen in anderen Medien wie z. B. Film übertragen werden.[12]

Die hier vorliegende Untersuchung beschränkt sich auf die Darstellung von (westlich-) christlichen und östlichen Bestattungsritualen in neueren Filmen und versucht zu erheben, was mit der filmischen Darstellung (auf der Me-

---

[9]   So führt Jörg Hermann es aus in: ders., Sinnmaschine Kino. Sinndeutung und Religion im populären Film, Gütersloh 2001, S. 240ff.

[10] Siehe hierzu als Beispiel für eine religionswissenschaftliche Untersuchung: Karolewski, Janina u. a. (Hg.), Ritualdesign. Zur kultur- und ritualwissenschaftlichen Analyse „neuer" Rituale, Bielefeld 2012.

[11] Ricoeur, Paul, Zeit und Erzählung, Bd. 1. Zeit und historische Erzählung, München 1988.

[12] Siehe in Bezug auf Hochzeitsrituale im Film: Pattathu, Antony George, Ritualdesign im zeitgenössischen Hollywoodfilm. Eine rhetorische Perspektivierung am Beispiel von „christlichen" Hochzeitsritualen, in: Karolewski, Janina u. a. (Hg.), Ritualdesign, S. 125–145.

tabenene wie inhaltlich) jeweils ‚erzählt' wird. Es handelt sich dabei nicht um Hollywoodfilme, sondern um (allerdings publikumsträchtige) Arthouse-Produktionen. Interessant ist, dass die Anzahl der Filme, die sich mit Alter, Tod und Sterben (und dem, was danach kommt) beschäftigen, zugenommen hat. Das liegt sowohl an der demografischen Entwicklung als auch an der Tatsache, dass es sich, nicht nur im westlichen Kulturkreis, um ein Tabuthema handelt. Wie immer fungieren Filme auch hier als Seismografen und spüren auf, was gesellschaftlich verdrängt, bringen ans Licht, was versteckt wird.

In „Nokan" lernt nicht nur der Protagonist, mit der physischen Dimension der Vergänglichkeit des Lebens umzugehen, sondern durch Zuschauen bei der Handlung – hier dem Aufbahrungsritual – lernen es mit den Menschen, die ihn (im Film) beobachten, auch wir. Die Wirkung der Musik, die mit Spiegelneuronen arbeitet, lässt sich auf den Film übertragen.[13]

Wenn der Körper dann – so wird es für Japan gezeigt – durch den Aufbahrungsexperten noch einmal richtig schön gemacht wurde, wird er nach diesem letzten Bild, das die Angehörigen an die „Idee" dieses Menschen erinnern wird, verbrannt. In Japan geschieht dies bei niedrigeren Temperaturen als in Europa, so dass nicht alles zu Asche wird und die verbleibenden Stücke des Toten in einer Urne aufbewahrt werden können. Diese Stücke werden von den Angehörigen, die eine Kette bilden, mittels Stäbchen weitergegeben und in die Urne gelegt.

In „Nokan" gibt es ein anderes wichtiges Stück, das vom Toten bleibt: ein Stein, den der junge Daigo dem Vater damals als „Steinbrief" schenkte, findet sich in seiner Hand, und Daigo nimmt ihn an sich, gibt ihn weiter, speist ihn wieder ein in den Strom des Lebens, wie er auch die Erinnerung an den Vater nicht länger als Belastung, sondern als Bereicherung annehmen lernt.

Ein alter, väterlicher Freund Daigos arbeitet im Krematorium. Er leitet die Verbrennung der Toten und sagt, er sehe den Tod als Tor, durch das man gehe – und weiter geht's! Das Sterben sei nicht das Ende, und so ist er der Wächter des Tores. Er habe schon viele auf den Weg geschickt mit den Worten: „Hab eine gute Reise, wir alle sehen uns wieder!" *(K.11 1.38.36–1.41.20).*

Kulturelle Unterschiede verwischen sich angesichts des Todes. Der Tod macht alle gleich, ereilt alle gleichermaßen – das stellt der Chef des Instituts „Nokan" fest, als er mit seinen Angestellten Weihnachten feiert. Er bittet Daigo, sein altes Cello herauszuholen und etwas zu spielen – „Hättet ihr ein Problem mit etwas Religiösem?" fragt dieser. Sein Auftraggeber antwortet:

---

[13]   Luise Reddemann z. B. zeichnet in ihrem Werk „Überlebenskunst" (2007) am Beispiel Bachs nach, wie dieser seine zahlreichen Todeserfahrungen in und mit Musik verarbeitet und sich immer wieder von „Herzeleid zu Herzensfreude" durcharbeitet – eine Erfahrung, die sich auch im Hören (über Spiegelneuronen) direkt vermitteln kann, siehe: Reddemann, Luise, Überlebenskunst. Von Johann Sebastian Bach lernen und Selbstheilungskräfte entwickeln, Stuttgart ²2007. – Ein solches „Erlösungspotential" enthält auch der Film.

„Buddhisten, Christen, Muslims, Hindus – wir nehmen alles!" – Daigo spielt daraufhin das „Ave Maria" von J.S. Bach nach C. Gounod.[14]

Film ermöglicht Distanzierung – und somit ein Sich-Einlassen auf die erzählte Geschichte. Als Beobachtender nimmt man teil an den dargestellten Ritualen. Doch indem man sich mit Motiven, mit Figuren identifiziert, wird man selbst Teil der Geschichte und vollzieht mit, was die Protagonisten der Filme erleben. Insofern könnte man (u. a. die hier vorgestellten) Filme als Geburtshelfer für einen neuen Umgang mit dem Tod und auch der Bestattungskultur sehen. Filmen heißt, dem Tod bei der Arbeit zuschauen, sagte einmal Jean Cocteau. Aber auch an dem, was nach dem Tod geschieht, können wir filmisch teilhaben und die Zeit als Werkmeister des Todes und des Lebens immer neu kennen und weniger fürchten lernen.

Literatur

Busche, Andreas, Filmkritik in epd Film 11 (2012).

Haas, Wolf, Das ewige Leben, München 2003, Neuausgabe 2015.

Hermann, Jörg, Sinnmaschine Kino. Sinndeutung und Religion im populären Film, Gütersloh 2001.

Karolewski, Janina / Miczek, Nadja / Zotter, Christof (Hg.), Ritualdesign. Zur kultur- und ritualwissenschaftlichen Analyse „neuer" Rituale, Bielefeld 2012.

Midding, Gerhard in: epd Film 11 (2009).

Ki-duk, Kim in einem Interview in „Die Welt" vom 09.09.2012, unter: http://www.welt.de/kultur/kino/article109108140/Warum-sind-Ihre-Filme-so-brutal-Kim-Ki-duk.html.

Pattathu, Antony George, Ritualdesign im zeitgenössischen Hollywoodfilm. Eine rhetorische Perspektivierung am Beispiel von „christlichen" Hochzeitsritualen, in: Karolewski, Janina / Miczek, Nadja / Zotter, Christof (Hg.), Ritualdesign. Zur kultur- und ritualwissenschaftlichen Analyse „neuer" Rituale, Bielefeld 2012, S. 125–145.

Reddemann, Luise, Überlebenskunst. Von Johann Sebastian Bach lernen und Selbstheilungskräfte entwickeln, Stuttgart [2]2007.

Ricoeur, Paul, Zeit und Erzählung, Bd. 1. Zeit und historische Erzählung, München 1988.

---

[14] K.12, 1.21.23–1.24.04.

Internet

https://de.wikipedia.org/wiki/Nokan_–_Die_Kunst_des_Ausklangs.

Filme

Das ewige Leben (Wolfgang Murnberger D/Ö 2015).
Mr. May und das Flüstern der Ewigkeit (Uberto Pasolini, GB/It. 2013).
Nokan – Die Kunst des Ausklangs (Yojiro Takita, Japan 2008).
Pieta (Kim Ki-duk, Südkorea 2012).

Weitere Filmtipps zum Thema

Biutiful (Alejandro González Iñárritu, Mexiko/Spanien 2010): Uxbal hat die Gabe, kurz nach deren Ableben Tote, die noch nicht loslassen können, zu sehen und zu hören, und begleitet sie beim endgültigen Abschied.

Die große Reise (Ismaël Ferroukhi, Marokko/Frankreich 2004): Die Leichenwäsche als letzter Liebesdienst des Sohnes am Vater, der während der großen Pilgerreise nach Mekka stirbt.

Gattaca (Andrew Niccol, USA 1997): Eine eigenwillige Feuerbestattung, die den Weg frei macht für den Freund und dessen neues Leben.

I'm Michael (Justin Kelly, USA 2014): Die Asche der Mutter bringt den Sohn zum Nachdenken über die Vergänglichkeit und er findet einen Weg zum Glauben.

Vier Hochzeiten und ein Todesfall (Mike Newell, GB 1994): Enthält mit dem Vortrag des Gedichtes „Funeral Blues" von W.H. Auden eine der schönsten Grabreden der Filmgeschichte.

Das orthodoxe Holy Fire – Über die virtuelle Dimension der frohen Botschaft im Heiligen Land

Julian Sengelmann

Die Jerusalemer Grabeskirche flackert in heißem Rot. Flammen züngeln über die Gesichter der Menschen, schlängeln sich über ihre Kleider, tänzeln durch Haare und Bärte. Menschen weinen – vor Freude. Laute Jubelschreie, ekstatisches Entrückt-Sein. Glückseligkeit und Gefahr mischen sich in der eng zusammengepferchten Menschenmenge, die dort in einem vor Hitze stehenden Kirchenraum jubiliert. Meine beiden Kameramänner und ich reiben uns die Augen, ungläubig ob des Spektakels, dem wir gerade beiwohnen. Wir sind unterwegs und drehen eine Folge aus der Reihe „FEIERtag! Sengelmann sucht", in der ich versuche herauszufinden, was es eigentlich mit den Feiertagen auf sich hat und was wir da eigentlich feiern. In dieser Folge bin ich auf der Suche nach Ostern und der Weg zu genau diesem Moment, in dem wir hier stehen und Zeuge des Heiligen Feuers werden, war lang: wir wurden rausgeschmissen, geschlagen, immer und immer wieder vom Militär kontrolliert. Unsere Ausrüstung wurde uns mehrere Male abgenommen. Wir haben stundenlang in der Hitze ohne Wasser gewartet, haben andere Menschen in einer körperlichen Nähe kennengelernt, die wir gerne vermieden hätten. Aber das Schauspiel, das sich uns in diesem Moment bietet, lässt all das Warten wie eine entfernte Erinnerung erscheinen.

Wir sind Zeuge des Holy Fires: ein für die orthodoxen Kirchen traditionsreiches und wichtiges Ritual, das jedes Jahr am Karsamstag des griechisch orthodoxen Kalenders in der Jerusalemer Grabeskirche stattfindet. Bei diesem Ritual entzündet sich, dem Glauben der Anwesenden nach, ein heiliges Feuer, das vom Himmel herabkommt in das verschlossene Grab Christi, in dem sich nur der griechisch orthodoxe Patriarch von Jerusalem befindet, der sich vorher all seiner Gewänder entledigen musste, um sicherzustellen, dass er auch wirklich kein Feuerzeug dabei hat und mehrere Stunden im Gebet eingeschlossen war. Kurz gesagt: Das Holy Fire ist ein jedes Jahr zur gleichen Zeit wiederkehrendes heiliges Feuerwunder, das in der Grabeskirche in Jerusalem reproduziert und erbeten wird und an das orthodoxe Christen weltweit glauben. Wir westlichen Christen, wir Protestanten speziell, stehen solch ekstatischen Ritualen eher nordisch kritisch gegenüber, dabei finden sich Feuerwunder, die ganz unterschiedliche Folgen und Motivationen in verschiedenen Erzählzusammenhängen haben, nicht selten in biblischen Geschichten. Der brennende Dornbusch, Feuerzungen in der Apostelgeschichte usw. Generell ist das Motiv des Feuers oft mit besonderer Verkündigung konnotiert, mit Zusage und Anweisung für gelingendes Glaubensleben.

Die erste schriftliche Überlieferung der Holy Fire-Tradition, die eventuelle Parallelen in der jüdischen Chanukkatradition und -legende findet, geht mindestens 1625 Jahre zurück: Eusebius von Caesarea beschreibt in seiner „Kirchengeschichte"[1] etwas Ähnliches, das sich im Jahr 162 zugetragen haben soll. Zu der Zeit war Narcissus Bischof von Jerusalem.

Die Geschichte wird so beschrieben, dass es kein Öl für die Lampen gab, die zu einer Erinnerungszeremonie an Christus angezündet werden sollten. Narcissus war furchtbar erbost darüber, wollte sich selbst aber nicht die Blöße geben, es nicht wenigstens zu versuchen. Also ließ er Wasser in die Lampen füllen, betete voller Inbrunst vor allen Anwesenden und ließ die Lampen anzünden. Und es geschah ein Wunder: Vor den Augen aller Gläubigen brannte jede einzelne Lampe, als wäre das kostbarste Öl der Welt in ihr.[2]

Dieses Wunder passierte allerdings – anders als heute – nicht im Grab selbst, das 135 von Hadrian zugeschüttet und unter einem Venustempel begraben wurde. Zudem war es von Narcissus im Gegensatz zur heutigen Tradition ein einmaliges Ereignis, kein in definiertem Turnus und damit planbares, wiederkehrendes Wunder. Trotzdem gilt es – und das mediokre Wortspiel sei gestattet – als Initialzündung von Feuerwundern in der orthodoxen Tradition.

Ab dem Jahr 325 wurden die Ostererinnerungsfeiern wieder am Ort des Grabes abgehalten, der zwar zwischendurch anders gewidmet war, aber nie vergessen wurde. Die nächste markante Erwähnung des Feuerwunders ist schon sehr viel klarer: Im Jahre 1884 entdeckte der italienische Gelehrte Gian-Francesco Gamurrini in einem Kloster in Arezzo eine Handschrift aus dem 11. Jahrhundert. Diese enthält den fragmentarischen Bericht einer Pilgerin, die sich zwischen den Jahren 381 und 384 auf die Reise ins Heilige Land machte. Die Frau war eine gewisse Egeria, eine ambivalent beschriebene Frau, die in manchen Berichten auch Aetheria heißt, manchmal eine adlige Keltin aus Spanien, in anderen Quellen eine spanische Nonne oder Äbtissin ist und mit ihrer Reiseschilderung den ältesten Pilgerbericht einer Frau verfasst hat, das „Itinearium Egeriae".[3] In ihrem Bericht fehlen Anfang und Schluss, und er selbst gibt keine Auskunft über Namen und Stand der Verfasserin, doch konnte sie anhand eines Briefes des Bischofs Valerius von Bierzo identifiziert werden. Im Zuge ihrer Reise erzählt Egeria von einer Zeremonie in der Grabeskirche, die 336 geweiht wurde, in der aus einer verschlossenen Kapelle beim Grab

---

[1]   Vgl. Eusebius von Caesarea: Kirchengeschichte, hrsg. und eingeleitet von Heinrich Kraft, übersetzt von Philipp Haeuser, München ²1981 [1967].

[2]   Meinardus, Otto, The Ceremony of the Holy Fire in the Middle Ages and today. Bulletin de la Société d'Archéologie Copte, 16, 2 (1961), S. 242–253.

[3]   Vgl. Egeria, Itinerarium = Reisebericht: Mit Auszügen aus De locis sanctis = Die heiligen Stätten, Freiburg 1995.

ein, wie sie sagt, „unendliches Licht"[4] heraustritt, das die gesamte Kirche gleißend erhellt.

Solche Geschichten finden sich von diesem Zeitpunkt an in unterschiedlichen Pilgerberichten sukzessive wieder. Wann genau das Ritual die Form gefunden hat, die auch heute noch zelebriert wird, ist nicht klar verbürgt. Aber eine Notiz, die das Wunder in seiner heutigen Form schon sehr deutlich beschreibt, findet sich in der Geschichte vom Mönch Bernhard. Bernhard pilgerte ab dem Jahr 865 nach Jerusalem und beschreibt einen Gottesdienst, bei dem, während die Gemeinde das Kyrie Eleison sang, ein Engel vom Himmel kam und wundersam die Lampen, die über dem Grab hingen, entzündete, woraufhin der Patriarch die Flamme nahm, sie erst an die Bischöfe weiterreichte, die sie dann schlussendlich an alle Gläubigen verteilten. „Schon der Mönch Bernard gedenkt des 870 regelmäßig in der Vigilie spätestens des Pascha vom Himmel herabsteigenden Feuers, das vor aller Augen die Kirchenlampen (es ist von deren sieben die Sprache) anzündete."[5] Seit dieser Zeit war das „Wunderfeuer der Erneuerung" relativ fest in seiner Form und avancierte zu einem Geheimnis, das viele Pilger anlockte. Und es war mitverantwortlich für die vielen Christen, die besonders zu Ostern nach Jerusalem reisten. Terry Trainor geht sogar so weit zu vermuten, dass vor allem die Legende vom reproduzierbaren Wunder, das so viele Menschen angelockt hat, den Kalifen Al-Hakim dazu bewegt haben soll, 1009 die Grabeskirche zu zerstören. Er schreibt: Al-Hakim „… was aggrieved by the scale of the Easter pilgrimage to Jerusalem, which was caused specially by the annual miracle of the Holy Fire."[6]

Dass das Holy Fire einen besonderen Stellenwert bei allen Christen hatte, zeigt sich auch in den Wirren der Kreuzzüge. 1095 forderte Papst Urban II die Rückeroberung der heiligen Stätten und der heiligen Stadt. In flammender Rede spricht er von dem Glauben konstituierenden Holy Fire – Ritual. Da heißt es:

> „Of holy Jerusalem, … This very city, in which, as you all know, Christ Himself suffered for us, because our sins demanded … in that place … He died for us; there He was buried. How precious would be the longed for, incomparable place of the Lord's burial, even if God failed there to perform the yearly miracle! For in the days of His Passion (Holy Week) all the lights in the Sepulchre and round about in the church, which have been extinguished, are relighted by divine command. Whose heart is so stony, brethren, that it is not touched by so great a miracle?

---

4   Vretska, Karl (Übers.), Brief zum Lobe der hochseligen Aetheria, gerichtet von Valerius an seine Brüder, die Mönche von Vierzo, in: Pétré, Hélène (Hg.), Die Pilgerreise der Aetheria (Peregrinatio Aetheriae), Klosterneuburg 1958, S. 262–271.

5   Vgl. Sepp, Johann Nepomuk, Jerusalem und das Heilige Land, Pilgerbuch nach Palästina, Syrien und Aegypten, Schaffhausen 1863, S. 401.

6   Trainor, Terry, Bedlam St. Mary of Bethlehem, Raleigh 2012, S 6.

Believe me, that man is … senseless whose heart such divinely manifest grace
does not move to faith!"[7]

So viel von der Geschichte und der rituellen Relevanz des Phänomens. Zumindest, wenn man den zitierten Quellen Glauben schenkt, denn um die Sukzes-
sion des Wunders seit dem 1. Jahrhundert und bei manchen Theologen sogar
zurückgehend auf biblische Tradition, gibt es natürlich Diskussionen in alle
Richtungen, die unter Orthodoxen mit mancher Vehemenz geführt werden.
Um diese Frage soll es aber gar nicht primär gehen. Interessant für unseren
Kontext, nämlich den der Bestattungskultur und damit verbunden natürlich
auch unserem eigenen christlichen Proprium, dass der Tod überwunden ist
und wird, ist die Frage, warum wir westlichen Christen das Holy Fire gar nicht
mehr kennen? Wenn es doch ursprünglich relevant für alle Christen war? Und
es – zumindest in oben dargestellten Quellen – sogar so wichtig scheint, dass
Urban II. es als einen essenziellen Grund nennt, die Heiligen Stätten zurück-
zuerobern? Vielleicht ist die Antwort viel eher eine politische als eine theologische: Kirchenspaltung und Inquisition.

1239 wurde das Ritual, das bis zu diesem Zeitpunkt – auch nach der Spal-
tung – für alle Christen als Wunder galt, von Papst Gregor IX. im Zuge der
Einführung der päpstlichen Inquisition als Häresie deklariert und erst den
Franziskanern, dann allen Katholiken verboten. Und damit ging es für die
westlichen Christen – auch im kollektiven Gedächtnis – verloren.

Den orthodoxen Christen ist es sehr präsent und ein Schauspiel, das auch
wir mit unseren Kameras nur in gewissem Maße abbilden konnten. In etwa sei
der Ablauf also hier nur so umrissen: Früh morgens sammeln sich die Gläubigen und die Presseteams vor den Toren der Jerusalemer Altstadt, um in endlosen Kontrollen durchleuchtet zu werden. Bis man es in die Grabeskirche geschafft hat, vergehen Stunden unter großen Anstrengungen und körperlichen
Auseinandersetzungen. Wenn man es geschafft hat, beobachtet man, wie un-
gefähr zur Mittagsstunde vom Hof des Patriarchats Jerusalems der Kreuzgang
mit dem Patriarchen an der Spitze heraus geht. Auch außerhalb der Kirche in
der gesamten Altstadt sind tausende Pilger unterwegs – manchmal wird das
Ritual sogar auf große Leinwände nach draußen übertragen. Die Prozession
betritt die Grabeskirche, schreitet feierlich durch alle Gänge und begibt sich
zur Kapelle, die über dem Grab ist. Alles unter lautem Jubel und Gesang. Der
Patriarch zieht mit dem armenischen und dem koptischen Patriarchen dreimal
um sie herum und bleibt vor ihrem Tor stehen. Alle Lichter in der Kirche sind
gelöscht. Tausende von Menschen: Araber, Griechen, Russen, Rumänen – Pilger aus der ganzen Welt beobachten den Patriarchen und auf ein unsichtbares
Zeichen hin herrscht auf einmal angespanntes Schweigen.

---

[7]   Peters, Edward, The First Crusade. The Chronicle of Fulcher of Chartres and Other
       Source Materials, Pennsylvania 1998, S. 30.

Der Patriarch entkleidet sich bis auf das Sticharion. Er legt somit alle rituellen Gewänder ab. Polizisten unter Aufsicht des israelischen Militärs und eine Delegation von Amtsträgern durchsuchen den Patriarchen und das Gottesgrab gründlich und vor allem öffentlich – also vor den Augen aller Anwesenden. Sie suchen nach Etwas, das helfen könnte, das Feuer zu entzünden. Wenn nach ausgiebiger Visitation nichts gefunden wurde, darf der Patriarch das Grab betreten, das daraufhin verschlossen und versiegelt wird. Was dann passiert, bleibt den Augen der rund 7000 Menschen in der Kirche und den unzähligen auf dem Vorplatz und in der Altstadt verborgen. Aber in der Vorstellung spielt es sich so ab, dass der Patriarch vor dem Grab kniend zu Gott betet und um das Herabsenden des Heiligen Feuers bittet. Die Länge des Gebets und des damit verbundenen Wartens variiert dabei von Jahr zu Jahr. In manchen Jahren dauert es vom Moment des Einschließens bis zum Wunder zwei, in anderen Jahren fünf Stunden. In der Vorstellung geht es so weiter: Plötzlich erscheint auf der Marmorplatte des Grabes eine Art Feuerregen aus blauen Kügelchen. Der Patriarch berührt diese vorsichtig mit einer speziellen Watte, die sich daraufhin entzündet. Mit diesem „kühlen Feuer" zündet der Patriarch Lämpchen und Kerzen im Grab an, die er zuerst dem armenischen und koptischen Patriarchen übergibt und danach dem Volk. Viele der Anwesenden beschreiben, dass in diesem Augenblick tausende bläuliche Lichter in der Luft unter der Kuppel der Kirche aufleuchten würden.[8] Tatsächlich ist es schwer zu beschreiben, wie laut die Menschenmenge jubelt, weint, betet – vollkommene Ekstase. Die Menschen schreien und singen in Verzückung, das Feuer springt von einem Kerzenbund[9] zum anderen und innerhalb einer Minute ist die gesamte Kirche feuerdurchflutet – ein sprichwörtliches Lauffeuer. Die Flamme wird auch nach draußen weitergereicht, bis sich der große Vorplatz der Grabeskirche vollkommen mit Feuer und Ekstase füllt. Zu Beginn – und nur zu Beginn – hat das Heilige Feuer angeblich besondere Wesenseigenschaften – es verbrennt nicht, weil es ein „kühles Feuer" ist. Das Wesen des Feuers und das damit verbundene Nichtverbrennen soll nach der Meinung einiger orthodoxer Christen völlig unabhängig vom Glauben sein. Es sei also nicht graduell verbrennend je nach Reinheit und Intensität des individuellen Glaubens. Wieder andere, wie ein amerikanischer Pilger, den ich während der Zeremonie interviewte, erzählten mir, sie hätten sich schon oft verbrannt. Das liege aber wahrscheinlich nicht am Feuer, sondern an ihrem schwachen Glauben.

Jeder Pilger hält seinen Kerzenbund in den Händen und ist ausschließlich mit sich selbst beschäftigt. Das Ereignis, das als kollektives Ritual beginnt, wandelt sich mit dem Erhalt des Feuers in ein ganz egozentrisches, individua-

---

[8]   Das ist dem Autor so nicht aufgefallen – vielleicht hat er sie aber auch einfach nicht gesehen oder sein Glaube ist zu schwach.

[9]   Die Pilger tragen Kerzenbünde mit 33 dünnen Kerzen, die das Alter Jesu zur Kreuzigung repräsentieren sollen.

lisiertes Glaubenserlebnis – absolute Individual- in absoluter Massenekstase. Es ist gleichermaßen verblüffend und fremd, dieses Spektakel zu beobachten und zu sehen, wie sich die Menschen völlig entrückt mit dem vermeintlich heiligen Feuer im wahrsten Sinne des Wortes reinwaschen. Wie sie sich mit der Flamme immer wieder über Bärte, Haare, Devotionalien und Kleidung fahren. Allerdings – und auch das verblüffend – wandelt sich nach einiger Zeit das Wesen des Feuers: aus dem reinigenden, nicht verbrennenden Feuer wird ein ganz gewöhnliches. Es findet eine regelrechte Transsubstantiation statt. Keiner kann genau sagen, wann dieser Moment gekommen ist, aber auf ein nicht erkennbares Zeichen hin beginnen die anwesenden Polizisten, die Pilger – auch mit Gewalt – zu zwingen, ihre Kerzen zu löschen. Das Feuer erlischt. Der Jubel nicht.

Das Heilige Feuer kann ausschließlich vom Patriarchen erbeten werden und wird jedes Jahr in besonderen Flugzeugen über den gesamten Globus verteilt. Dass ausschließlich der griechische Patriarch um das Feuer bitten kann, zeigt eine Legende, die man sich in der griechisch orthodoxen Kirche gerne erzählt: Vor einiger Zeit soll eine sektiererische Gemeinde von Armeniern aus Jerusalem die türkische Regierung bestochen haben, damit sie allein und nicht der orthodoxe Patriarch am Karsamstag im Grab für das Wunder beten könnten. Lange und ohne Erfolg, so erzählt man sich die Geschichte, hätten die armenischen Priester gebetet, während der orthodoxe Patriarch Jerusalems zusammen mit seiner Gemeinde draußen vor der geschlossenen Tür geweint haben soll. Plötzlich traf ein massiver Blitz mit solcher Gewalt eine der Marmorsäulen in der Kirche, dass diese gespalten wurde. Und weil – gottgewollt – nur dem orthodoxen Patriarchen die Ehre zuteil wird, das Feuer zu entzünden, trat wundersam Feuer aus der Säule heraus und entzündete die Kerzen der Orthodoxen. Seitdem traut sich keine der zahlreichen christlichen Konfessionen das Recht der Griechisch-Orthodoxen zu bestreiten, an diesem Tag in der Grabeskirche zu beten …

So viel vielleicht zur Beschreibung des besonderen Rituals, das sich da zu Ostern abspielt.

Um es noch einmal ehrlich zu betonen: Wer die Chance hat, einmal in seinem Leben an diesem Ritual teilzunehmen, sollte sie nutzen. Das Holy Fire hat mich tief berührt – nicht nur aus liturgietheoretischen Gründen. Es ist ein – zumindest mir – völlig neuer und ekstatischer, leibseelischer gottesdienstlicher Zusammenhang, der nicht weiter entfernt von unserer manchmal so zerknirschten und oft als „unterkühlt" titulierten protestantischen Art sein könnte. Und das Ritual ist körperlich unglaublich anstrengend. Mein Kamerateam und ich waren nach diesem insgesamt siebenstündigen Spektakel so erschöpft, so reizüberflutet, so befremdet und zugleich so fasziniert, dass der Ostergottesdienst in der Himmelfahrtskirche am nächsten Morgen um 5:00 mit Stille und dem Osterlicht, das dann auf den Tempelberg getragen wurde, körperlich eine Wohltat war.

Was bleibt nun aus dieser langen Geschichte für unsere Fragestellung?[10] Ich war neulich auf einer Tagung, deren Flyer den Titel trug: „Simulacren des Funeralen, Bilder der Anteilnahme und digitale Formen der Seelsorge mischen sich mit leiblich-realen Vollzügen. In den Codierungen des sepulkralen Zeichengebrauchs überlagern sich die Terrains und die Pragmatiken, die sich mit ihnen konstituieren."

Die erste Frage ist wahrscheinlich: Was glauben die Pilger da eigentlich, wenn sie die weite Reise auf sich nehmen, sich den strukturellen Unwägbarkeiten aussetzen und all die Anstrengungen auf sich nehmen, um dabei zu sein? Immerhin ist die Holy Fire-Zeremonie bei allen Menschen, mit denen ich vor Ort gesprochen habe eines der wichtigsten Ereignisse ihres Lebens. Ich habe vor Ort viele Pilger befragt, was sie vom Holy Fire erwarten und was sie glauben. Ihre Antworten und Motive waren vielfältig, gingen aber immer in dieselbe Richtung: Zum Einen ist die rituelle Reinigung, die man mit der Flamme vollzieht, eine sowohl leibliche als auch seelische. Eine Art Feuertaufe, wenn man so will: Die Sünden werden abgewaschen oder eben abgebrannt. Zum Anderen, und das ist für unsere Betrachtung interessanter, glauben die Pilger, dass mit diesem Wunder der Tod überwunden wird. Dabei ist für die orthodoxen Christen dieses Licht viel mehr als die Erinnerung an Jesu Auferstehung und die hoffende Gewissheit, dass der Tod nicht die letzte Station ist, so wie wir es an Ostern feiern. Unser Osterlicht ist eine Erinnerung. Eine erinnernde Vergewisserung, dass Jesus Christus den Tod überwunden hat und auch wir das in Zukunft können werden. Das orthodoxe Holy Fire ist dieser Erinnerung diametral entgegengesetzt, denn es ist für die Pilger das Wunder von Neuem. Hier und Jetzt *ist* der Tod besiegt. Eben weil das geglaubt wird. Erinnerung an Vergangenheit transformiert sich zu Realität in der Gegenwart mit *Garantie* für die Zukunft. Zumindest für eine begrenzte Zeit, kalkulierbare Zeit: nämlich ein Jahr bis zum nächsten Feuerwunder. Auf dessen Kommen man sich aber verlassen kann. Oder einfacher, wie eine ältere Pilgerin mir erklärte: Das Feuer ist die Zusage, dass *„wir eben dieses Jahr noch nicht sterben"*.

Auch das ist vielleicht ein Grund dafür, dass die Grabeskirche im orthodoxen Kontext eben nicht den namentlichen Schwerpunkt auf das Grab legt, sondern auf die Auferstehung und damit die Überwindung des Todes. Anastasis, heißt sie.

Interessant bei der Betrachtung des Holy Fire ist, dass die Pilger zwar alle fest daran glauben, dass hier dem Tod getrotzt wird, eine Zusage, dass ihnen ein weiteres Jahr der Tod nichts anhaben kann, dass das Wunder eben als solches durch das Gebet des Patriarchen empfangen wird und von den Sünden reinigt. Das alles steht für die Glaubenden außer Frage. Dazu kommt die große

---

[10] Funerale[4]: Gottesäcker und ihre Simulacren. Mixed reality der Sepulkralkultur; Rostock 30.10. –1.11.2014.

und medial inszenierte Durchsuchung des Patriarchen, die mittlerweile von
der Polizei beaufsichtigt wird und die mit Argusaugen von den Anwesenden
verfolgt wird. Die befragten Pilger machen es deutlich: Dieses Jahr müssen
sie eben noch nicht sterben und daran glauben sie fest, wenn sie das Feuer
empfangen. Glaubensrealität konstituiert sich hier durch rituelle Performanz,
nicht durch dogmatische Lehre. Denn – und das ist das Überraschende – eigentlich war das alles gar nicht so gemeint. Ursprünglich war das Licht, das
aus dem Nichts kam oder aus dem Wasser, das Narcissus anstelle des Öls in
die Leuchter gefüllt hatte, ein Zeichen der Allmacht Gottes. Nicht mehr und
nicht weniger. Es war aber nicht die Zusage, dass der eigene Tod eben jetzt
noch nicht stattfinden würde. Der Deutungshorizont hat sich verselbstständigt.
Und je mehr diese Deutung usus wurde, desto weniger explizit hat die Kirche
sich dagegen gewehrt. Eine interessante Beobachtung. Patriarch Diodoros beschrieb es im Jahr 2000 selbst so:

> „Ich suche mir meinen Weg durch die Dunkelheit hin zur Grabkammer und knie
> nieder. Da spreche ich bestimmte Gebete […] und warte. Manchmal mag es ein
> paar Minuten dauern, aber normalerweise geschieht das Wunder sofort […]. Aus
> dem Stein, auf dem Jesus geruht hatte, strömt ein undefinierbares Licht hervor.
> […] Das Licht verhält sich jedes Jahr unterschiedlich. Manchmal umhüllt es
> nur die Grabbank, andere Male erhellt es die ganze Grabkammer, so dass sogar
> Menschen, die draußen stehen, sehen können, wie die Grabeskapelle mit Licht
> erfüllt wird. […] Ab einem bestimmten Punkt steigt das Licht empor und bildet
> eine Säule; darin hat das Feuer eine ganz andere Beschaffenheit, sodass ich meine
> Kerzen daran anzünden kann. Nachdem ich das Heilige Licht empfangen habe,
> trete ich hinaus und reiche die Flamme zuerst an den armenischen Patriarchen
> weiter und dann an den koptischen – und anschließend an alle Menschen, die sich
> in der Kirche befinden.“[11]

Beides, also die Tatsache, dass diese Bedeutung ursprünglich gar nicht gegeben war und dass die Kirche sich bedeckt hält, eine klare Aussage über das
Wunder zu treffen, macht das Ritual natürlich angreifbar. Auch aus den eigenen Reihen. Stefanos Karatheodoris schreibt:

> „Es hat sich der Usus durchgesetzt, auf der Heiligen Grabbank ein Licht
> anzuzünden und daran weitere Festlichter […]. Das Heilige Feuer von Jerusalem
> hält keiner der Patriarchen, Oberpriester, Priester und sonstigen Kirchenkundigen
> für echt, zufällige Personen meistens auch nicht […]. Aber weshalb nennt man
> es dann heilig? Jawohl: Weil es auf der Heiligen Grabbank angezündet wird und
> die Gläubigen es andächtig entgegennehmen. Diese Andacht aber ist durch die
> allgemeine Unwissenheit zum Aberglauben ausgeartet und hat unter den naivsten
> unserer Brüder das durch die Frankenpriester verbreitete Gerücht bestärkt, das

---

[11] Hvidt, Niels Christian: Lysunderet i Jerusalem - Interview med den græsk-ortodokse
      patriark af Jerusalem, H.B. Diodorus I om lysmiraklet i Gravkirken (deutsch: „Das
      Wunder des Heiligen Lichtfeuers in Jerusalem. Interview mit dem griechisch-ortho-
      doxen Patriarchen von Jerusalem H.B. Diodoros I. über das Osterfeuerwunder in der
      Grabeskirche.“) in: Berlingske Tidende, 20.08.1998.

Feuer entzünde sich wundermäßig. [...] Dem Feuer wohnt daher keine andere Heiligkeit inne als die, welche durch die Tatsache bedingt ist, dass es im Grabe des Herrn entzündet wird, und zwar an dem Tag, an dem sich das große Mysterium der Auferstehung vollzog."[12]

Ungeachtet der Kritik und der ursprünglichen Aussage des Wunders passiert hier etwas, das wirklich bemerkenswert ist und das unsere Bestattungs- und Gedenktraditionen trotz aller Neuerungen in digitalen Kontexten wie ein Entweder/Oder erscheinen lässt. Auch wenn wir neue Wege finden, Informationen über Verstorbene noch auf dem Friedhof via QR-Code abzurufen oder auf digitalen Friedhöfen ein leichter zugängliches Andenken haben und einfacher digitale Kerzen anzünden können. Denn selbstverständlich hat Ilona Nord schon lange recht, dass die Grenzen zwischen virtuell und real verschwommen sind und wir digitale Kontexte mit in unsere analoge Lebenswelt einbeziehen und beides ohne das andere nicht mehr denkbar ist. Aber, und da bleibt vielleicht der größte der Unterschied: Das Verschwimmen beider Welten, die Vermittlung, funktioniert bei uns – und da ist es gleich, ob das der QR-Code-Grabstein oder Gedenkkultur auf Trauerseiten ist – alles funktioniert durch einen Second Screen. Ein artifizielles Medium spiegelt uns eine Erweiterung *in* eine andersartige Welt. Ein Schwellenhüter, um Christopher Vogler zu bemühen. Selbstverständlich ist diese Schwelle in den letzten Jahren kontinuierlich niedriger geworden. Was aber beim Holy Fire passiert, ist eine Umkehrbewegung. Auch hier gibt es ein Medium, in diesem Falle das Feuer, das eine Mittlerfunktion hat. Aber nicht *in* eine andere Welt – es holt die andersartige Welt in unsere. Und übersteigt damit die Grenzen dieser.

Genau in dem Moment, in dem das Holy Fire empfangen wird und damit der feste Volksglaube greift, dass dem Tod nicht nur gedacht wird, sondern er im Hier und Jetzt durch das vermeintliche Wunder überwunden wird, dass „wir eben dieses Jahr noch nicht sterben werden", korrelieren Repräsentanz, also Simulacren mit dem, was eigentlich abgebildet werden soll. Realität und Virtualität fallen andersartig zusammen, als sie es in unserem Alltagsgebrauch tun: in einem spirituellen und leibseelischen, ekstatischen Zustand. Und dabei gibt es einen kollektiven Glauben, dass in diesem Moment der Tod überwunden wird, durch das Wunder und das wundersame Medium Feuer und durch das Vorbild der Auferstehung Christi.

Kollektive Anteilnahme, analoge und virtuelle Formen der Seelsorge mischen sich hier mit leiblich-realen Vollzügen. In den Codierungen des sepulkralen Zeichengebrauchs überlagern sich die Realitäten und damit die Praktiken, die sich im Holy Fire mit ihnen konstituieren.

---

12   Karatheodoris, Stefanos: Αντίρρησις. Unveröffentlichte Aufzeichnungen, in: Metallinos, Georgios: Φωτομαχικά - Αντιφωτομαχικά. Το φως του Παναγίου Τάφου στον Διάλογο Διαφωτισμού – Ορθοδοξίας Athen, Istoritis/Katoptro, 2001, S. 369–388.

Literatur

Eusebius von Caesarea: Kirchengeschichte, hrsg. und eingeleitet von Heinrich Kraft, übersetzt von Philipp Haeuser, München ²1981 [1967].

Hvidt, Niels Christian: Lysunderet i Jerusalem - Interview med den græsk-ortodokse patriark af Jerusalem, H.B. Diodorus I om lysmiraklet i Gravkirken (deutsch: „Das Wunder des Heiligen Lichtfeuers in Jerusalem. Interview mit dem griechisch-orthodoxen Patriarchen von Jerusalem H.B. Diodoros I. über das Osterfeuerwunder in der Grabeskirche.") in: Berlingske Tidende, 20.08.1998.

Karatheodoris, Stefanos: Αντίρρησις. Unveröffentlichte Aufzeichnungen, in: Metallinos, Georgios: Φωτομαχικά – Αντιφωτομαχικά. Το φως του Παναγίου Τάφου στον Διάλογο Διαφωτισμού – Ορθοδοξίας Athen, Istoritis/Katoptro, 2001, S. 369–388.

Meinardus, Otto, The Ceremony of the Holy Fire in the Middle Ages and today. Bulletin de la Société d'Archéologie Copte, 16, 2 (1961), S. 242–253.

Peters, Edward, The First Crusade. The Chronicle of Fulcher of Chartres and Other Source Materials, Pennsylvania 1998.

Sepp, Johann Nepomuk, Jerusalem und das Heilige Land, Pilgerbuch nach Palästina, Syrien und Aegypten

Schaffhausen, 1863.

Trainor, Terry, Bedlam St. Mary of Bethlehem, Raleigh 2012.

Vretska, Karl (Übers.), Brief zum Lobe der hochseligen Aetheria, gerichtet von Valerius an seine Brüder, die Mönche von Vierzo, in: Pétré, Hélène (Hg.), Die Pilgerreise der Aetheria (Peregrinatio Aetheriae), Klosterneuburg 1958, S. 262–271.

Urnenstelen – Totenbücher – Friedhofsführer. Mixed Reality im Kontext von Indoor-Friedhöfen

Sieglinde Sparre

Gemeinhin werden weder die Vorstellungszusammenhänge *Kirche* noch *Friedhof* sowie deren Syntopie in Form eines Kirchenkolumbariums in Verbindung mit dem Phänomenbestand einer (virtuellen) *mixed reality* gebracht.[1] Betrachtet man den Gegenstandsbereich des Kirchenkolumbariums jedoch genauer, so kann zunächst dessen primäre Phänomenebene dem Deutungshorizont einer durchaus *mixed reality* zugeordnet werden. Diese erste Ebene einer Syntopie von Sakral- und Sepulkralraum potenziert sich, wenn der Blick auf die virtuellen Repräsentanzen von Kirchenkolumbarien gerichtet wird. Hier soll es darum gehen, die Übergänge des noch wenig bekannten Phänomens der Kirchenkolumbarien als *mixed reality* in all seinen wahrnehmbaren Ausprägungen sowohl architektonischer und pragmatischer – gewissermaßen realer harter Realität – sowie virtueller gemischter Realität zu beschreiben und auf seine Funktionen hin zu befragen.

1. Spätmoderne Kirchenkolumbarien

Seit 2004 bieten die beiden Großkirchen in ihren Sakralräumen die Möglichkeit zur Urnenbeisetzung an. In (vorerst) nicht mehr liturgisch genutzten Kirchen werden Friedhöfe bzw. Gedenkorte für Urnen eingerichtet. Auch wird in weiterhin als Parochialkirchen genutzten Gotteshäusern das kirchlich-sepulkrale Angebot durch die Bereitstellung von Urnenkammern ergänzt. Für die komplette oder partielle Nutzung werden Wände, Stelen und Podeste zur Aufnahme der Urnen in Seitenkapellen, Krypten und Kirchenschiffen aufgestellt. Das Spezifikum der Kirchenkolumbarien ist die namentliche Bestattung bei entfallender Grabpflege. Sie bieten eine Alternative zur anonymen Beisetzung auf Friedhöfen in Urnengemeinschaftsanlagen. Innerhalb der ersten Dekade sind an die 30 Kirchenkolumbarien im bundesdeutschen Raum entstanden – Tendenz steigend. Die heutige Kirchraumbestattung ist im Gegensatz zu ihrem traditionellen Vorgänger nicht mehr an Amt und Würden gebunden. Was

---

[1] Dass Glaube und virtuelle Dimension einander nicht ausschließen, verdeutlicht Ilona Nord in ihrer Habilitationsschrift dies., Realitäten des Glaubens. Zur virtuellen Dimension christlicher Religiosität, Göttingen 2008.

zunächst auch aus diakonischen Motiven initiiert wurde – als Alternative zur anonymen Urnenbeisetzung – hat sich mittlerweile zu einem viel gefragten kirchennahen Umnutzungskonzept für überzählige Kirchengebäude herausgebildet.

Das erste Kolumbarium in einem Sakralraum wurde in der Erscheinung Christi Kirche der Altkatholiken in Krefeld als schlichte Urnenwand in eine restaurierte Seitenkapelle eingebaut und 2004 seiner Bestimmung übergeben. Die schlichte Holzvertäfelung reizt durchaus zu dem Vorwurf der Schließfachästhetik. Mit dieser Bezeichnung wurden auch die weltlichen Vorgängerbauten des 19. Jahrhunderts charakterisiert. Die Urnenwand in der Erscheinung Christi Kirche ist neben der Allerheiligen Kirche in Erfurt eines der deutschlandweit kostengünstigsten Kolumbarien. Für den Erwerb eines Nutzungsrechts an einer Urnenkammer ist ein Betrag von 900 Euro zu entrichten. Zumeist handelt es sich um Vorsorgeverträge nicht der Hinterbliebenen, sondern von Interessenten zu Lebzeiten, die ihre Form der Bestattung selber wählen. Bei dem Krefelder Kolumbarium stehen diakonisch-seelsorgerliche Motive im Vordergrund. Altkatholiken soll der Erwerb eines grabpflegefreien Ortes der Totenruhe und des namentlichen Gedenkens unabhängig finanzieller Spielräume ermöglicht werden. 900 Euro fallen in das Limit der Sozialbestattung. Ursprünglich war für die bei Sanierungsarbeiten wiederentdeckte Kapelle ein Aufbahrungsraum vorgesehen. Dieser erwies sich jedoch nach einer Nutzenanalyse als irrelevant, da die Nachfrage zu gering war. An diesem Beispiel wird deutlich, dass hier den Bedürfnislagen, die aus spätmoderner Bestattungskultur resultieren, gefolgt wird und der Kirchenumnutzungsdiskurses nicht vorrangig im Blick gewesen ist. D. h. dieser Raum wurde nicht aus finanziellen Engpässen heraus entwickelt, sondern um einen kirchlichen Beitrag im Kontext der sich ausdifferenzierenden Bestattungskultur zu leisten. Das handlungsleitende Paradigma war hier die Syntopie von Grab-, Gedenk- und Trauerort. Zugleich wurde eine neue liturgische Nutzung initiiert. Eine Konsequenz des Kirchenumnutzungsdiskurses stellen hingegen die zwei Jahre später eingerichteten Kolumbarien in Marl und Aachen dar.

Unabhängig voneinander wurden zwei nicht mehr liturgisch genutzte Pfarrkirchen (St. Josef in Aachen und St. Konrad in Marl) teilprofaniert und komplett zu Kirchenkolumbarien umgebaut. Es handelt sich um die ersten ihrer Art im bundesdeutschen Raum. Beide sind katholisch. Beide beherbergen in ihren Kirchenschiffen anstelle von Kirchenbänken Urnenstelen bzw. Urnenwände. Sie firmieren unter den Begriffen „Grabeskirche" (Aachen) und „Kolumbarium" (Marl). Der Preisunterschied gegenüber Krefeld ist erheblich, so dass wer mag, für ein Doppelfach in der höchsten Preiskategorie in der Grabeskirche St. Josef 8200 Euro bezahlen kann.[2] Für die Einrichtung dieser beider Kolumbarien ist das grundlegende Motiv der finanzielle Erhalt eines Kirchen-

---

[2]   Das Preisgefälle richtet sich hier nach der jeweiligen Lage im Kirchenschiff.

gebäudes. An diese Motivlage können auch mischgenutzte Kirchen, die partiell mit einem Kolumbarium ausgestattet sind, anschließen. Z. B. musste für die evangelische St. Pauli Kirche in Soest ebenfalls ein Finanzierungskonzept zum Erhalt des Kirchengebäudes entwickelt werden.[3] In der Soester Parochie werden zwei Pfarrkirchen bespielt. Daher entschloss sich die Ortsgemeinde, 50% der Grundrissfläche der Pauli Kirche als Kolumbarium und die anderen 50% weiterhin als Gottesdienststätte zu nutzen. Es liegt eine Nutzungserweiterung eines Kirchengebäudes vor.[4] Der Einbau eines Kolumbariums in ein Gotteshaus schließt dessen gottesdienstliche Funktion aber generell nicht aus. Denn ein Kirchenkolumbarium bietet eine Syntopie von Gottesdienstraum und Friedhof. Diese sollen hier als funeraler und gottesdienstlicher Bereich bezeichnet werden. Der Bestattungsritus bedarf eines liturgischen Ortes. Dieser ist in allen Kolumbarien deutlich markiert. Er befindet sich in den meisten Fällen im Altarraum und kann in das Kirchenschiff hineinragen, wie beispielsweise in der St. Pauli Kirche in Soest. Die Prinzipalstücke der Kirche werden zumeist stimmig in den Bestattungsritus integriert. Auch ist für die Trauergemeinde i. d. R. ausreichend Bestuhlung vorhanden. Komplettgenutzte Kolumbarien gibt es mittlerweile auch in evangelischen Kirchen. Die Kreuzkirche in Rösrath / Kleineichen[5] ist ein Beispiel dafür. Als pyramidales Schiff auf einem quadratischen Grundriss bietet sie in ihrem Zentrum einen runden Gottesdienstbereich, der sich um den Taufstein herum erstreckt. Das Taufbecken ist mit einer Glasplatte verschlossen und dient als Postament für die Urne und damit zugleich als Erinnerungsmedium für die Taufe. Während der Trauerfeier steht die Urne für alle anwesenden gut sichtbar darauf. In einer Prozession wird sie aus dem gottesdienstlichen Bereich in den funeralen Bereich überführt. Hierfür können die räumlichen Gegebenheiten genutzt werden wie z. B. das Läuten der Kirchenglocken oder die musikalische Begleitung der Orgel.

Während diese zweite Generation von Kolumbarien primär der Finanzierung des Bauerhalts von Sakralbauten unter gleichzeitiger Berücksichtigung der aktuellen Sepulkralkultur dient, drängen Motive wie Seelsorge und Erinnerungskultur mittlerweile erneut in den Vordergrund. So wurde z. B. an Mariä Himmelfahrt 2012 im St. Mariendom zu Hamburg das Kolumbarium in der Krypta, direkt unter der Apsis, in einem Episkopalamt eingeweiht und seiner Bestimmung übergeben. Der Projektleiter und Geschäftsführer dieses Kolumbariums verdeutlicht die seelsorgerlichen Motive einer alternativen namentlichen grabpflegefreien Bestattung zum einen. Zum anderen soll Katholiken, für die die Feuerbestattung seit dem Vaticanum II grundsätzlich erlaubt

---

[3]   Vgl. Welck, Christian, Gemeindegottesdienst im evangelischen Kolumbarium Soest in: Fendler, Folkert u. a. (Hg.), Heimat Kirche. Kolumbarien in Sakralräumen, Leipzig 2014, S. 151–169, hier S. 157.

[4]   Welck, Gemeindegottesdienst, S. 153.

[5]   http://www.volberg.kirche-koeln.de/das_kolumbarium_kreuzkirche.html; zuletzt abgerufen am 28.08.2015.

ist, aber dennoch befremdlich anmutet, das schlechte Gewissen genommen werden, wenn sie sich aus pragmatischen Gründen (Grabpflege) für die Kremierung entscheiden.

Zusammenfassend lässt sich sagen, dass sich das Phänomen des Kirchenkolumbariums aus drei Motivlagen speist: dem Geist des Geldes, dem Wandel der Bestattungskultur und dem Bedarf nach kirchlich verantworteter Erinnerungskultur.

2.   Kleine Typologie

Die gegenwärtigen Kolumbarien lassen sich ausgehend von ihrer Ingebrauchnahme (Pragmatik) durch die kirchlichen Akteure vier verschiedenen Typen[6] zuordnen:

Der *depositäre Typus*, der zugleich die Grundform jedes Kirchenkolumbariums darstellt, ist für komplett umgenutzte Kirchen belegt, die nicht mehr parochial genutzt werden. Das Kirchengebäude dient ausschließlich als Friedhof (Depositum) und weist neben der liturgischen Nutzung für die Feier der Beisetzung keine weiteren Formen religiöser Anschlusskommunikationen auf. Er ist bezeichnenderweise überwiegend für evangelische Kirchenkolumbarien belegt.

Die zweite Schwerpunktsetzung ist durch die seelsorgerlichen Vollzüge gekennzeichnet. Kirchenkolumbarien des *poimenischen Typus* zeichnen sich durch ein profiliertes seelsorgerlich konzipiertes Trauerbegleitprogramm aus. Wesentlicher Akteure sind hier Trauerpastoralreferentinnen und -referenten (katholisch), die sowohl für Gruppen als auch für Einzelbegleitung angefragt werden können. Es können aber auch Therapeuten an einer „Grabeskirche" ihre Dienste anbieten, wie z. B. in der Auferstehungskirche in Mühlheim an der Ruhr.

Ein dritter Typus ist durch die ausdifferenzierte liturgische Gestaltung der Trauerfeier innerhalb eines Kolumbariums gekennzeichnet und die „gestreckte Kasualie"[7] (Klie; Naumann) der Bestattung. Es wird eine Vielzahl

---

[6]   Eine ausführliche Entfaltung der Typologie befindet sich in der Dissertation Sparre, Sieglinde, Bestatten in Kirchen. Pragmatik spätmoderner Kirchenkolumbarien, erscheint 2016.

[7]   Vgl. z. B. „gestreckte Handlung" für liturgische Praxis: Schulz, Frieder, Die Struktur der Liturgie. Konstanten und Varianten, in: Jahrbuch für Liturgik und Hymnologie 1982, Bd. 26, S. 78–93; Klie, Thomas, Zeichen und Spiel. Semiotische und spieltheoretische Rekonstruktion der Pastoraltheologie, Gütersloh 2003, S. 255; sowie die Übertragung der Bezeichnung auf die Kasualie der Bestattung: Naumann, Bettina, Totensonntagsgottesdienste, in: Fix, Karl-Heinz / Roth, Ursula, Lebensvergewisserungen. Erkundungsgänge zur gegenwärtigen Bestattungs- und Trauerkultur in Kirche und Gesellschaft, Gütersloh 2014, S. 190–208.

gottesdienstlicher Optionen realisiert, die in thematischem Zusammenhang mit der sepulkralen Funktion des Gotteshauses stehen. Der *liturgische Typus* ermöglicht Trauerverarbeitung in Form von Liturgie. Raumimmanente Realien wie Prinzipalstücke (Taufstein) oder kunsthistorische Artefakte (z. B. Kreuzwegstationen oder Pietáskulpturen) werden im Bestattungsritus liturgisch mit Deuteworten in Szene gesetzt. Der Abschlusssequenz an der Urnenkammer wird besondere Aufmerksamkeit geschenkt. Sie ist derart gestaltet, dass die Beisetzung mit dem Einstellen der Urne und der Verabschiedung der Angehörigen beendet wird. Das Verlassen der Urne auf einem Podest vor der Urnenkammer birgt die Gefahr, bei den Angehörigen das Gefühl der Untreue gegenüber den Verstorbenen zu wecken, wie Fechtner[8] feststellt. Diese entscheidende Sequenz kann in der katholischen Grabeskirche Liebfrauen in Dortmund sogar als Simulation der Erdbestattung erfolgen. Dort wird die Urne nicht horizontal, sondern vertikal an zwei Fäden hinab in das Urnenfach gesenkt. Daran schließen sich Abschiedshandlungen der Angehörigen an, die z. B. mit einem in Weihwasser getauchten Zweig die Urne analog zum Erdwurf mit Wasser besprengen. In Soest können Briefe oder Fotos in das Urnenfach gelegt werden. Darüber hinaus werden kirchenjahreszeitliche Anlässe kollektiven Totengedenkens feierlich begangen oder liturgische Formate für individuelles Totengedenken angeboten. In der katholischen Grabeskirche St. Elisabeth in Mönchengladbach werden mittlerweile schon die dritten und vierten Jahrgedächtnisse anlässlich des Todestages der dort Beigesetzten gottesdienstlich gefeiert. Als weiteres anamnetisches Element, dass auch in den Ritus integriert sein kann, wie z. B. bei den Andachten zum Totengedenken in der Allerheiligenkirche in Erfurt, haben die Betreiber von Kirchenkolumbarien Totenbücher geschaffen. In diese werden die Namen entweder in einer Gedenkandacht oder nachträglich nach der Beisetzung eingetragen.

Während die drei ersten Typen für komplett umgenutzte Kirchen belegt sind, liegt dem vierten Typus eine Mischnutzung bzw. Nutzungserweiterung einer weiterhin parochial genutzten Pfarrkirche zugrunde. Er kann daher als *parochialer Typus* bezeichnet werden. Dabei kann es sich entweder um Kolumbarien im Kirchenschiff oder im Kirchturm handeln, wie z. B. in der Wehrkirche St. Martin in Hoheneggelsen oder in der Auferstehungskirche Leverkusen-Rheindorf. Die pastorale Praxis wird hier erweitert durch die sepulkrale Nutzungserweiterung des Kirchengebäudes um die Funeralien, also um die Feiern, die einem Todesfall assoziiert sind. Dazu gehören Trauerfeiern am Sarg ebenso wie die Feier des Ewigkeitssonntags und die Beisetzung der Urne sowie kollektives Totengedenken in Andachten. Die sepulkrale Schwerpunktsetzung wird darüber auch thematisch in der gemeindepädagogischen Arbeit und im Veranstaltungsprogramm der Parochie. Das hier zugrunde ge-

---

[8]   Vgl. Fechtner, Kristian, Kirche von Fall zu Fall. Kasualpraxis in der Gegenwart – eine Orientierung, Gütersloh 2003, S. 77.

legte theologische Motiv zur Erschließung der Syntopie von Gottesdienststätte der Gemeinde und Friedhof ist das der *communio sanctorum*, die sich aus Lebenden und Toten konstituiert. Auch das Motiv des Hauses Gottes bzw. des Hauses des Herrn, wie in Soest, wird für die theologische Erschließung bemüht. Dadurch wird eine sepulkral enggeführte Deutung des Kirchengebäudes ausgeschlossen. Der Tod hat seinen Ort und Raum innerhalb der Gemeinde, aber dieser ist auch begrenzt – sowohl in der Pragmatik als auch in der architektonischen Gestaltung. Jedoch ist das steinerne *Memento mori* in jedem Gottesdienst gegenwärtig.

Die Pragmatik von Kirchenkolumbarien ist vor dem Hintergrund einer realleiblichen Anwesenheit der Hinterbliebenen und der kirchlichen Akteure angelegt. Sie realisiert sich als Resonanzgeschehen[9] (Rinn, Berger-Zell und Rosa) von Grabbesuch, Seelsorge und Liturgie im Umgang mit dem Sakralraum, den Urnenfächern und der Präsenz der Urnen. Die Möglichkeit medialer Online-Repräsentation für Trauer und Gedenken ist bisher noch wenig ausgeprägt. Im Folgenden sollen die ersten Ansätze einer mixed reality von sog. Realraum und virtuellem Raum dargestellt werden.

3.   Architektonische und digitale mixed reality

Im Rahmen des Tagungsthemas der *Funerale*[4] das v. a. auf webbasierte *mixed reality* fokussierte und virtuelle Friedhöfe sowie deren Simulacren landschaftlich existierender Friedhöfe thematisierte, wurden Kirchenkolumbarien ebenfalls dem Deutungshorizont einer *mixed reality* zugeordnet. Sie bilden in sich die Wirklichkeit eines Sakralraumes ab sowie die eines Friedhofs. Kirchenkolumbarien in ihrer Funktion als Indoor-Friedhöfe stellen darüber per se ein Simulacrum des Friedhofs dar. Als architektonische Urnengrabstätten bieten sie eine Alternative zur Beisetzung auf dem traditionellen Gottesacker. Diese zeichnet sich durch die namentliche Markierung des Gedenkortes aus. In ihrer Zwiegestalt aus Sakralraum und Funeralraum sind sie zunächst als sepulkrale *mixed reality* zu verstehen, die nochmals vervielfältigt wird, indem online-Memorials globale zeit- und ortsunabhängige Zugriffe ermöglichen. Durch die medialen Repräsentationsmedien, in denen kirchliche Akteure sogenannte Memorials oder Totenbücher bereitstellen, differenzieren sich Kolumbarien in weitere *Simulacren des Sepulkralen* aus. Das architektonische Phänomen Kirchenkolumbarium wird medial transzendiert und in den Bereich

---

[9]   Friedhöfe und virtuelle Gedenkseiten bezeichnen A. Rinn und C. Berger-Zell in Anlehnung an H. Rosa als „Resonanzräume der Trauer". Vgl. Rinn, Angela, Friedhof, gefährdeter Ort – veränderte Bestattungskultur in der Gegenwart, in: Pastoraltheologie, 104, 7 (2015), S. 307–325, hier S. 314.

digital evozierter Imagination überführt, in dem weder Liturgie noch Seelsorge wirksam sind, sondern die Eigenlogik der internetbasierten Kommunikationsgewohnheiten greift. In welcher Weise die Verantwortlichen der Kirchenkolumbarien diese erste Form einer *mixed reality* in eine weitere netzbasierte überführen, soll im Folgenden dargestellt und reflektiert werden. Wie machen sich Betreiber von Kirchenkolumbarien das Internet zunutze? Und wie verhält es sich mit einer webbasierten Gedenkkultur, die ihren Bezugspunkt in der architektonischen Realität eines Kirchenkolumbariums hat? Bedarf es ihrer Vervielfältigung im digitalen Raum? – Zunächst werden die möglichen webbasierten Erscheinungsformen im Zusammenhang eines Kirchenkolumbariums dargestellt und auf ihre Funktionen hin befragt. Am Beispiel virtueller Nekrologien und Memorials soll hier im folgenden deren erinnerungskulturelles Potenzial diskutiert werden. Exemplarisch wird dies anhand von zwei Memorials katholischer Kolumbarien: dem Memorial der Hl. Herz Jesu Kirche in Hannover-Misburg und dem Totenbuch der Auferstehungskirche in Mühlheim an der Ruhr.

Zunächst erfolgt eine kommentierte Auflistung der bisher erhobenen medialen Repräsentationsformen von Kirchenkolumbarien im Internet. Sie werden auf Akteure bzw. Produzenten, Rezipienten und Funktionen befragt. Welches Interesse lässt sich vom jeweiligen Format ableiten?

3.1   Onlinepräsenz von Kirchenkolumbarien

Zunächst sind hier die einzelnen *Websites* der Kolumbarien[10] zu nennen, auf denen diese visualisiert werden. Hierbei sind es die kirchlichen Akteure selbst, die als Produzenten eine Website als Marketinginstrument verwenden, denn jedes Kolumbarium steht auch unter betriebswirtschaftlichem Vorzeichen. Neben Flyern sind diese Websites für die Öffentlichkeitsarbeit in Gebrauch. Sie stellen für Interessenten eine unverbindliche und diskrete Informationsquelle über eine grabpflegefreie Alternative zur anonymen Urnenbestattung dar. Zudem werden Veranstaltungen ausgeschrieben. Hier steht der informative Charakter im Vordergrund. Daher sind neben professionellen Texten zur Aufklärung über das Phänomen des Kolumbariums, das theologische Konzept, Öffnungszeiten und Ansprechpartner auch die Friedhofs- und Gebührensatzungen in einem Downloadbereich abrufbar. In der Friedhofssatzung ist z. B. auch die konfessionelle Nutzungsvoraussetzung definiert. Die Spannbreite reicht von der Begrenzung auf Gemeindeglieder (z. B. des Erzbistums Hamburgs), über Mitglieder der ACK bis hin zu Konfessionslosen, die z. B. im Kolumbarium in der Allerheiligenkirche in Erfurt bestattet werden dürfen.

---

[10]   Aus der Fülle der Internetauftritte: http://www.grabeskirche-aachen.de; zuletzt abgerufen am 24.08.2015, http://www.grabeskirchekoeln.de; http://www.kolumbarium-hoheneggelsen.de zuletzt abgerufen am 24.08.2015.

Deutlich wird anhand dieser Websites auch das Selbstverständnis der Akteure bzgl. Funktion und theologischer Lesart des jeweiligen Kolumbariums. Für Hückeswagen stehen Totenruhe und individuelle Trauer – somit die Friedhofs- funktion – im Vordergrund. Dies wird deutlich an dem Wortspiel: „In Frieden ruhen – in Ruhe trauern"[11]. Die Website in Soest ist mit dem Bibelvers aus dem 23. Psalm betitelt: „Ich werde bleiben im Hause des Herrn immerdar"[12]. Hier steht der Ewigkeitsgedanke Pate, und es verdeutlicht sich die Vorstellung einer postmortalen Gottesbeziehung, vermittelt über die Brücke der Deutung des Kirchengebäudes als Gotteshaus, in dem die Verstorbenen letztlich für im- mer ruhen. Denn die sterblichen Überreste werden nach Ablauf der Ruhezeit in einem Sammelgrab, das als „Ewige Ruhe" bezeichnet wird, endgültig bei- gesetzt. Somit verbleibt die Asche innerhalb der Kirchenmauern, solange das Gotteshaus existiert.

Ein zweites Format sind die *Websites der Architekten.*[13] Architekten haben entweder den Bauprozess projektiert oder sich mit einem Entwurf beworben. Für sie ist das Kolumbarium eine Referenz, die sie auf ihren Websites eben- falls zu Werbe- und Reputationszwecken verzeichnen. Sie veröffentlichen auch die Entwürfe, mit denen sie sich an ausgelobten Wettbewerben beteiligt haben, die jedoch nicht realisiert wurden. Denn dem Planungsprozess eines Kolumbariums geht i. d. R. ein anonymer Architektenwettbewerb voraus.[14]

Eine dritte Kategorie soll hier als *Online-Tagespresse* bezeichnet werden. Sie fungiert auf der Ebene der Tageszeitungen und liefert Informationen z. B. über die Neueröffnung oder Planung eines Kolumbariums. Die Online-Ausga- be der Osnabrücker Zeitung, titelte: „In der Osnabrücker Kolumbariumskirche sind Urnengräber neben Kirchenbänken"[15].

Darüber hinaus gibt es als vierte Gruppe *digitale Fachzeitschriften* wie *Friedhofskultur* „die Website für das gesamte Friedhofswesen"[16] herausgege- ben vom Verband der Friedhofsverwalter Deutschlands, die Artikel zum The- ma „Kirchenkolumbarien" auf ihrer Website veröffentlichen. Mittlerweile sind

---

[11]   http://www.kolumbarium-hueckeswagen.de; zuletzt abgerufen am 15.06.2015.
[12]   http://www.kolumbarium-soest.de; zuletzt abgerufen am 15.06.2015.
[13]   Z. B. http://www.klodwig-company.de/projekte/kirche/kolumbariumskirche-osnabrueck/; zuletzt abgerufen am 24.08.2015.
[14]   Z. B. Gewann das Architekturbüro „Staab Architekten" den ersten Preis des für die Grabeskirche Liebfrauen in Dortmund ausgelobten Architektenwettbewerbs. Vgl. www.staab-architekten.com; zuletzt abgerufen am 31.08.2015. Für die Grabeskirche St. Josef in Aachen wurde das Architekturbüro Hahn&Halten Ass. Architekten GmbH engagiert. Vgl. http://www.bda-nrw.de/architekturpreise/praemierte-architektur/preis/ grabeskirche-st-josef-aachen-umbau-der-kirche-in-eine-urnenbeisetzungsstaette.html; zuletzt abgerufen am 31.08.2015.
[15]   http://www.noz.de/deutschland-welt/kultur/artikel/28147/in-der-osnabrucker-kolum- bariumskirche-sind-urnengraber-neben-kirchenbanken#gallery&0&0&28147; zuletzt abgerufen am 15.06.2015.
[16]   http://www.friedhofskultur.de/news/kolumbarium-osnabrueck-ort-zum-sein-und-stau- nen/; zuletzt abgerufen am 24.08.2015.

Interieur und Architektur von Kirchenkolumbarien zu einem beliebten Foto-
sujet avanciert, und (Hobby-) Fotographen stellen Ihre Aufnahmen auf ihren
Websites, als fünfter Kategorie mit entsprechenden Kommentaren bereit.[17]
Unter dem Suchwort *Kolumbarium* sind zudem verschiedene Videoclips
aufrufbar.[18] Diese Videos können auch mit der Website eines Kolumbariums
verlinkt sein – wie beispielsweise für die Grabeskirche St. Elisabeth in Mönchengladbach.[19] Es lässt sich resümieren, dass diese Formate keine Interaktivität seitens der Rezipienten vorsehen und v. a. informativen Charakters sind.
Dabei sind weniger die Verstorbenen im Blick als vielmehr das Gebäude und
seine Pragmatik sowie die theologischen Leitgedanken. Hier steht die reine
Rezeption im Vordergrund – sozusagen eine „Einbahnkommunikation".

3.2 Von der informativen zur (inter-)aktiven Onlinepräsenz – Webcam und virtuelle Totenbücher der Kirchenkolumbarien

Während die vorausgegangenen Angebote v. a. das kognitive Begehren an-
sprechen und durch ihren informativen Charakter geprägt sind, sollen im Folgenden die medialen Optionen in den Blick genommen werden, die für die
Angehörigen einen größeren Wahrnehmungs- und Handlungsspielraum im
Umgang mit ihrer Trauer eröffnen und somit stärker die emotionale Ebene und
Beziehungsdimension berühren. Sie sind alle in die Websites der Kolumbarien
integriert und stellen eine Sonderfunktion und Ausnahme nur weniger Betreiber dar. An erster Stelle, die gewissermaßen den Durchgangsbereich von der
realexistenten Dimension des Kirchenkolumbariums in den Bereich der digital
initiierten Imagination markiert, soll als Beispiel die *Live-Webcam*[20] der Auferstehungskirche Heilig Kreuz in Mühlheim an der Ruhr dienen. Tag und Nacht
macht sie die Westapsis der Urnenkirche mit den Urnenschreinen[21] einer inte-
ressierten Öffentlichkeit medial zugänglich. Sie führt über den Weg visueller
Wahrnehmung, die an die Architektur des Kolumbariums rückgebunden ist,

---

17 http://www.ccfranken.de/architekturfotografie-grabeskirche-liebfrauen-in-dortmund/;
   zuletzt abgerufen am 31.08.2015.
18 Z. B. das Kolumbarium im St. Mariendom in Hamburg: http://www.youtube.com/
   watch?v=LzFWLIvO1G8; zuletzt abgerufen am 24.08.2015.
19 Unter der Rubrik „Angebote Trauerseelsorge" gibt es ein Video von der Pastoralre-
   ferentin, die für die Trauerbegleitung in und an der Grabeskirche verantwortlich ist.
   http://www.grabeskirche-moenchengladbach.de; Zugriff vom 24.08.2015.
20 http://www.urnenkirche.de; zuletzt abgerufen am 04.08.2015. Unter der Rubrik Bei-
   setzungsstätte befindet sich der Link http://82.207.130.249/control/userimage.html zur
   Live-Webcam.
21 Die Urnenkammern werden hier bewusst als Schreine bezeichnet, da sie nicht nur die
   Urnen aufnehmen, sondern durch eine ausladende Rahmung den Angehörigen Raum
   bieten für individuelle Grabgestaltung.

in den Bereich der Imagination. Denn der Einblick bleibt nur ein allgemeiner. Die Einstellung der Kamera ist fix und kann durch die Angehörigen nicht verändert werden. Es können daher nicht alle Urnenschreine des Kolumbariums individuell angesteuert und in Augenschein genommen werden. Angehörige müssen die konkreten Grab-, Trauer- und Gedenkstätten ihrer Verstorbenen in diesem Kolumbarium imaginieren. Es vermittelt sich via Webcam jedoch ein Eindruck von der jeweiligen Atmosphäre, die in der Auferstehungskirche zur entsprechenden Betrachtungszeit herrscht.

Ein anderes Spezifikum dieses Kolumbariums ist das *virtuelle Totenbuch*, das die Option für individuelle Einträge der Angehörigen beinhaltet (s. u.).

Zunächst soll jedoch die Aufmerksamkeit auf einen weiteren digitalen Baustein zwischen informativer Website und individuell gestaltbarer Gedenkseite gelenkt werden – das Memorial des katholischen Kolumbariums in der Hl. Herz Jesu Kirche in Hannover-Misburg[22]. In diesem Kolumbarium werden die Urnen in sog. „Himmelsleitern" beigesetzt. Es handelt sich um Glasvitrinen, die an Stahlseilen fixiert in acht Ebenen in transluziden und luziden Glaskammern Schmuckurnen aufnehmen. Auf der Website des Kolumbariums sind unter der Rubrik „Unsere Verstorbenen"[23] zwei Links abrufbar. Zum Einen, um die Verstorbenen im Kolumbarium zu lokalisieren (1. Ruhestättenplan) und zum anderen, um ihrer zu Gedenken (2. im Memorial). Die Seite steht unter der Überschrift: „Erinnerung an unsere Verstorbenen". Weiter heißt es auf dieser Seite: „Das sichtbare Zeichen der Verstorbenen im Kolumbarium Hl. Herz Jesu ist der Urnenschrein, in dem die Urne eine letzte Ruhestätte gefunden hat. Hinter jedem Namen steht ein einzigartiges Leben, das nicht in Vergessenheit geraten darf. Das Memorial des Kolumbariums Hl. Herz Jesu ist eine moderne Gedenkstätte des Lebens. Neben den Standardeinträgen Namen, Geburts-, Sterbe- und Beisetzungsdatum können Sie zukünftig eine Lebensbeschreibung in Wort und Bild hinterlegen."[24] Hier ist nach dem Paradigma digitaler Gedenkseiten ein virtuelles Totenbuch mit multimedialen Eintragsoptionen angelegt. Die Interaktion der Rezipienten ist seitens der Produzenten intendiert, aber bislang nicht realisiert. Auch hier dominiert noch der informative Charakter, der aber durch die Namensnennung schon den Bereich des Gedenkens und der Trauerbarbeit berührt. Klickt man die erste Option „Ruhestättenplan" an, wird der Grundriss der Kirche sichtbar mit dem Nummerierungsplan der Himmelsleitern, die in den Seitenschiffen stehen. Neben diesem Bild zeigt sich das Muster des Belegungsplans. Ein Rechteck, das in einzelne Kästchen unterteilt ist, die in der Horizontalen (Spalten) mit Buchstaben gekennzeichnet sind und in der Vertikalen (Reihe) mit Zahlen, stellt das Muster einer Him-

---

22   http://www.kolumbarium-hannover.de; zuletzt abgerufen am 24.08.2015.
23   http://www.kolumbarium-hannover.de/Unsere-Verstorbenen.581.0.html; zuletzt abgerufen am 24.08.2015.
24   Vgl. http://www.kolumbarium-hannover.de/Unsere-Verstorbenen.581.0.html; zuletzt abgerufen am 24.08.2015.

melsleiter dar. In Kombination mit dem Memorial, das die Belegungsdaten in Nummer, Spalte und Reihe unter der Rubrik Himmelsleiter verzeichnet, können die Urnenschreine der im Kolumbarium Beigesetzen identifiziert werden. Weitere Daten, die in dem alphabetisch geordneten Memorial eingesehen werden können sind: Nachname, Vorname, Geburtsdatum, Todestag und Datum der Beisetzung. Eine zusätzliche Möglichkeit zum Aufruf individueller Gedenkseiten besteht bis dato (Stand: August 2015) noch nicht. Anhand dieses virtuellen Nekrologs verbleiben die anamnetischen Narrationen der Angehörigen weiterhin im Bereich des (privaten) kommunikativen Gedächtnisses. Die Narrationen müssen ausgehend von diesen Grunddaten, wie sie in der Regel auch Grabsteine oder Urnenverschlussplatten bereitstellen, von den Rezipienten selbst imaginiert und entfaltet werden. Der Ruhestättenplan zielt in Kombination mit dem Memorial funktional auf die leib-räumliche Begehung des Kolumbariums und steht in der Logik des Grabbesuchs.[25] Diese Nekrologien stellen lediglich ein virtuelles Simulacrum des Totenbuches dar, das in Kolumbarien geführt wird. Auch in diesen Fällen steht der informative Charakter im Vordergrund. An ihn knüpft sich jedoch das Totengedenken.

Einen Schritt weiter in der (technischen) Entwicklung befindet sich das Totenbuch der Urnenkirche in Mühlheim an der Ruhr. Es dient nicht nur als auflistender Nekrolog, sondern birgt bereits die Option zur virtuellen Gedenkseite in sich. In dem Totenbuch sind grundsätzlich die Namen, Geburts- und Sterbedatum, ein Bibelvers und eine nummerische Ebenenbezeichnung verzeichnet. Dadurch ist die Urnenkammer im Gotteshaus lokalisierbar und leicht auffindbar. Der Bibelvers[26] ist den Wänden des Kolumbariums entnommen. Er stellt die Verstorbenen unter ein biblisches Votum.

An dieser Stelle bedarf es eines erneuten Rekurses auf die Phänomenebene. Es gibt Grabeskirchen in denen über 2000 Urnen beigesetzt werden können. Dementsprechend groß ist auch der funerale Bereich, der sich mitunter durch das gesamte Kirchenschiff erstrecken kann. Für die Lokalisierung und erleichterte Auffindbarkeit der Urnenkammer für die Angehörigen sind in

---

[25] Jedoch hat dieser online veröffentlichte Nekrolog eine familiale postmortale Anschlusskommunikation veranlasst, wie der Geschäftsführer des Kolumbariums verdeutlicht: „Ich habe aber auch schon eine Situation gehabt von einer Tochter, die war mit den Eltern so zerstritten, dass die gar nicht wusste, dass der Vater krank war und verstorben ist, und in dieser Zerwürfnissituation hat sie dann irgendwann im Internet in der Liste ihren Vater gefunden. Das war dann natürlich ein großer Schock. Als die dann wusste, die wohnt halt auch in einer anderen Stadt, dass sie hier noch mal so eine postmortale Kommunikation aufnehmen kann, kam sie her und hat so einen dicken Brief eingeworfen (in den Schrein der Erinnerung, der für Briefe vorgesehen ist) und sie stand eine Stunde da an der Grabstelle. Ich hab sie nie wieder gesehen." Experteninterview mit dem Geschäftsführer des Kolumbariums in Hl. Herz Jesu Kirche Hannover-Misburg vom 15.06.2013. S. 21, Z. 690–696.

[26] In der Auferstehungskirche Hl. Kreuz überwiegen die johanneischen Ich-bin-Worte und die Seligpreisungen.

den funeralen Bereichen Zeichen zur Orientierung eingelassen. Diese Markierungen können z. B. Bibelverse oder Namen von Heiligen sein aber auch Skulpturen von Kreuzwegstationen etc. Für den (neutralen) Betrachter des virtuellen Totenbuches, ist diese Verbindung jedoch zunächst entkoppelt, wenn er die lokalen Besonderheiten des Kolumbariums nicht kennt. Er kann einen unmittelbaren Bezug zum Verstorbenen über diesen vorgefundenen Bibelvers herstellen, so dass er dessen Leben und Sterben unter dem Vorzeichen dieses Schriftwortes deuten kann. Dies ist ein Spezifikum kirchlich verantworteter Trauerkultur, denn auch die Angehörigen oder Interessenten an Urnenfächern können bei ihrer Wahl Bezug auf die Schriftverse nehmen. Das Totenbuch ist zunächst auf Seite der kirchlichen Akteure in Funktion des Produzenten entstanden. Es wurde auf der Website des Kolumbariums mit Namenseinträgen bereitgestellt. Dies stellt einen Gegensatz zu anderen interaktiven Portalen virtueller Friedhöfe im Netz dar, die allein den Webspace zur Verfügung stellen, nicht jedoch die konkreten Einträge tätigen. Die virtuellen Nekrologien des Kolumbariums, die als mediales Gedächtnis zur kommunikativen familialen Erinnerungskultur einen Beitrag leisten können, sind jedoch mittlerweile um die Option eines individuellen Eintrags erweitert worden und in die Reichweite des kulturellen Gedächtnisses überführt. Neben der funktional-informativen Ausrichtung auf die Orientierung im Kirchenkolumbarium und die Verortung der Verstorbenen, bieten sie Webspace für die Narrationen der Hinterbliebenen über ihre Verstorbenen. Der Eintrag in das Totenbuch der Urnenkirche in Mühlheim erfolgt jedoch nicht unmittelbar. Die gewünschten Beiträge, so heißt es auf der Homepage, müssen zunächst an den Verantwortlichen geschickt werden. Er trägt sie dann schnellstmöglich ein. Der Dienst ist kostenfrei. Durch diese Vermittlungsinstanz unterscheidet sich die Pragmatik dieses virtuellen Totenbuches von den anderen Gedenkseiten im Netz, auf die Angehörige unmittelbar gestaltenden Zugriff haben.

Das Totenbuch ist alphabetisch und tabellarisch nach folgenden Kriterien geordnet: Nachname, Vorname, Geburtstag, Todestag und Beisetzungsort. Unter der Rubrik Beisetzungsort steht ein Bibelvers und die Nummer der Ebene (z. B. 3. Ebene). Die Namen sind in schwarz oder grün gehalten. Das Totenbuch zeichnet sich dadurch aus, dass nicht von jedem Verstorbenen ein Eintrag hinterlegt ist. Grün mit Unterstreichung ist das Signal für eine zusätzliche Gedenkseite, entweder a) mit dem Grundriss der Urnenkirche und der Kennzeichnung der Grabstätte durch einen Pfeil oder b) mit dem Grundriss der Urnenkirche und der Kennzeichnung der Grabstätte mit einem Pfeil sowie mit zusätzlichem Foto und c) mit einer Gedenkseite, in die Texte, Fotos und der Grundriss der Kirche eingetragen sind. Die Texte können über die Markierung hinausgehende Bibelverse sein, aber auch Abschiedsreden, kurze Nachrufe und Gedichte. Biographien entlang wichtiger Lebensdaten sind eingetragen worden oder ein Fürbittengebet. Jedem Eintrag, ob Grabstättenverortung oder Gedenkseite, sind immer Name, Geburts- und Sterbedatum zugeordnet. Es überwiegt in diesem Totenbuch jedoch die Grabstättenmarkierung im Grundriss. Von insgesamt 366 Totenbucheinträgen sind 35 mit einer Gedenkseite versehen, davon sind 25 Grabstättenmarkierungen ohne Foto, 4 Grabstättenmarkierungen mit Foto und 6 konkrete Gedenkseiteneinträge (Stand August 2015). Aus diesen Zuordnungen wird deutlich – so die These –, dass der praktizierte realleibliche Grabstättenbesuch im Kolumbarium gegenüber dem Bedürfnis eines Aufrufs der Webpräsenz überwiegt. Als Ursache kann die Ortsansässigkeit der Hinterbliebenen benannt werden, die ggf. eine biographische Bindung an das Kirchengebäude haben. Denn die Umnutzung von Kirchen resultiert u. a. a. aus Gemeindefusionen, so dass der Bezug zu dem Kirchengebäude auf einer vormaligen gottesdienstlichen Beheimatung beruht. Ein weiteres Motiv besteht in der Möglichkeit zu gestaltender Grabpflege. Denn die Schreine bieten einen zwölf Zentimeter breiten Rand, auf dem Memorabilien, Fotos, Blumen und Kerzen aufgestellt werden können. Die Ausstattung mit diesen Erinnerungsartefakten ist der Grabpflege auf dem Friedhof vergleichbar. Obgleich viele Kommunikationsanlässe durch die Namenseinträge im Totenbuch vorhanden sind, ist für weniger als zehn Prozent eine zusätzliche Gedenkseite angelegt worden. Durch die namentliche Bestattung besteht auch weniger der Bedarf an einem virtuellen memorialen Surrogat, wie es bei anonymen Bestattungen oftmals der Fall ist.

Die Totenbücher und Memorials stehen in einer seit Anfang / Mitte der 1990er Jahre beginnenden Tradition „virtueller Bestattungs- und Gedenkräume".[27] Während der Betrieb der meisten Prototypen nach kurzer Zeit wieder eingestellt worden ist, gibt es mittlerweile neue Portale von Online-Friedhöfen, die sich großer Beliebtheit erfreuen, wie z. B. „Strassederbesten"[28]; „in-Gedenken"[29]; „Gedenkseiten.de"[30] oder „InFrieden.de."[31] Diese Seiten weisen sich durch zusätzliche multimediale Tools aus wie z. B. die Option zum Entzünden von Kerzen oder die Beschriftung von Grabsteinen sowie Nutzung von Chatrooms. Es sind zudem auch Kombinationen (*mixed reality*) von real existenten Friedhöfen und deren Online-Simulacren belegt, wie z. B. des Bestattungsunternehmens Pütz / Roth in Bergisch-Gladbach. Für dessen „Gärten der Bestattung" existieren virtuelle Versionen. Auf der Website des Unternehmens heißt es dazu: „Hier finden Sie ein getreues online-Abbild der realen Anlage rund um das Haus der menschlichen Begleitung in Bergisch Gladbach. Sie können die Lage eines realen Grabes finden, dessen eigene Homepage

---

27 Nord, Ilona / Luthe, Swantje: Räume, die Selbstvergewisserung ermöglichen. Virtuelle Bestattungs- und Gedenkräume und ihre Bedeutung für die Diskussion um den Wandel in der Friedhofskultur, in Klie, Thomas u. a. (Hg.), Praktische Theologie der Bestattung (Praktische Theologie im Wissenschaftsdiskurs Bd. 17), Berlin u. a. 2015, S. 307–328, hier S. 307.

28 http://www.strassederbesten.de; zuletzt abgerufen am 24.05.2015.

29 http://www.ingedenken.de; zuletzt abgerufen am 24.05.2015.

30 http://www.gedenkseiten.de; zuletzt abgerufen am 24.05.2015.

31 http://www.infrieden.de; zuletzt abgerufen am 24.05.2015.

anlegen oder besuchen – und dabei einen Eintrag im dazu gehörenden Kon-
dolenzbuch hinterlassen."[32] Dadurch wird den sepulkralen Bedürfnissen einer
flexiblen und mobilisierten Gesellschaft Rechnung getragen. Voraussetzung
für die Einrichtung einer virtuellen Gedenkseite „ist die Existenz eines realen
Grabes in den Gärten der Bestattung."[33] Dieser Exklusivitätsanspruch deckt
sich mit der Praxis der Totenbücher der Kirchenkolumbarien.

4.   Kolumbarien als Orte realleiblicher Trauerbegleitung – Liturgie und Seelsorge

Obgleich das Gros der bestehenden Kolumbarien in Kirchen eingerichtet ist,
die dem Gemeindegottesdienst nicht mehr zur Verfügung stehen, werden diese Indoor-Friedhöfe weiterhin – allerdings in unterschiedlicher Intensität und
Frequenz – liturgisch genutzt. Sie bieten neben der Beisetzung eine Vielfalt
liturgischer Formate, die im Kontext der Bestattung angesiedelt sind. Im Folgenden werden alle auf den Tod und die Bestattung bezogenen liturgischen
Formate als *Funeralien* bezeichnet. In diesen Formenkreis gehören z. B. Auf-
bahrungsfeiern am Sarg, die Beisetzung der Ascheurne, das Sechswochenamt
(katholisch) bzw. eine Andacht zum Sechswochengedenken (evangelisch), das
Jahrgedächtnis (katholisch) bzw. eine Andacht zum Jahresgedenken (evangelisch), der Gottesdienst zum Ewigkeitssonntag, monatliche oder wöchentliche
Andachten anlässlich des Totengedenkens, Gottesdienste in der Passionszeit
und zum Jahresende sowie Krankenhaus- und Hospizgottesdienste.

Dieses Angebotsspektrum sorgt dafür, dass Angehörige neben persönli-
chem Trauern und Gedenken an der Urnenkammer auch liturgisch formatierte
Trauerbegleitung für sich in Anspruch nehmen können, indem sie an den Funeralien partizipieren. Darüber hinaus bieten v. a. in Kolumbarien des poimenischen Typus SeelsorgerInnen vor Ort Trauerbegleitung an. Die seelsorgliche
Begleitung ist an die realleibliche Präsenz der Trauernden gebunden. Denn die
bisherigen Memorials bieten keine online basierte personell unterstützte Trauerbegleitung an, wie z. B. der Trauerraum des Bistums Essen[34]. Über die Website ist neben allgemeinen Themenschwerpunkten, wie *Glauben* und *Trauer*,
sowie analogen Elementen virtueller Gedenkseiten, wie z. B. die Möglichkeit,
eine Kerze zu entzünden, auch die Rubrik „Email an Seelsorger" abrufbar.[35]
Sieben SeelsorgerInnen unterschiedlicher kirchlicher Professionen bieten ihre

---

[32]   http://www.puetz-roth.de/virtuelle-gaerten-der-bestattung.aspx; zuletzt abgerufen am
       24.08.2015.
[33]   Ebd.
[34]   http://www.kobnetz.de/trauerraum/index.html; zuletzt abgerufen am 18.08.2015.
[35]   Ebd.

Begleitung für Trauernde an und garantieren eine Antwort per Mail innerhalb von zwei Tagen. Diese Website ist an keinen bestehenden Friedhof oder Trauerraum rückgebunden, sondern besteht nur als virtueller Raum. Ein poimenisches Angebot ist über die Websites der Kolumbarien (noch) nicht abrufbar. Bisher ist keine internetbasierte Trauerbegleitung für die Angehörigen der im Kolumbarien Beigesetzen empirisch belegt. Email-basierte Trauerbegleitung bzw. Seelsorge oder Chat-Seelsorge ist bisher generell nur marginal ausgeprägt.[36]

Kirchenkolumbarien sind durch die Erweiterung um virtuelle Memorials und Nekrologien im world wide web als Gedenkort abrufbar und begehbar. Einmal konfrontieren sich Angehörige mit ihren Verstorbenen durch die leibliche Begehung dieses Simulacrums eines Friedhofs und zum anderen tauchen sie in die virtuelle Welt von Gedenkseiten ein, an deren Daten Narrationen entfaltet werden können. Dies geschieht dadurch, dass sich Angehörige selbstwirksam durch die Einrichtung einer Gedenkseite mit dem Tod, den Verstorbenen und dem Gedenkraum des Kirchenkolumbariums auseinandersetzen. Sie transformieren diesen architektonischen Raum in einen virtuellen, der es ermöglicht, auch in der Ferne lebenden Verwandten und Angehörigen Verstorbenen und in Kolumbarien Beigesetzten erinnernd und gedenkend zu begegnen.

In Kirchenkolumbarien sind Trauerort, Gedenkort und Stätte der Beisetzung im Gegensatz zur anonymen Beisetzung (in ihrer höchsten Abstraktionsstufe der Verstreuung auf einer Streuwiese) identisch. Das Kirchenkolumbarium ist ein funeraler Gedenkort, an den individuelles Gedächtnis in ein kulturelles eingezeichnet wird. Da die Pragmatik dieser Orte durch die leibliche Begehung gekennzeichnet ist und die Trauerverarbeitung vor Ort auch durch personale Begleitung von Seelsorgern erfolgen kann, ist der Status der virtuellen Gedenkseiten als sekundär zu qualifizieren. Auch die Ewigkeitshoffnung knüpft sich in den Kolumbarien i. d. R. an das Verbleiben innerhalb der Kirchenmauern und ist daher weniger auf das Ewigkeitssurrogat von Websites[37] angewiesen. Nach Ablauf der Ruhezeit wird die Asche in der Regel in einem Sammelgrab, das als *ewige Ruhe* bezeichnet wird, verbracht und verbleibt gewissermaßen auf ewig im Gotteshaus.

---

[36]   Knatz, Birgit, Handbuch Internetseelsorge: Grundlagen, Formen, Praxis, Gütersloh 2013; Nord, Ilona, Die virtuelle Dimension der Seelsorge, in: Wege zum Menschen, 61. Jg., 4 (2009), S. 353–366; Ziegler, Almuth, „Etwas für andere tun – und auch für mich". Erfahrungen von Ehrenamtlichen in der Studentischen Telefon- und E-Mail-Seelsorge Hamburg, (Diplomarbeit) Hamburg 2005

[37]   Vgl. Klie, Thomas, Einleitung - die Imposanz des Todes und die Suche nach neuen Formen, in: ders. (Hg.), Performanzen des Todes. Neue Bestattungskultur und kirchliche Wahrnehmung, Stuttgart 2008, S. 7–13, hier S. 10.

5.   Kolumbarien und ihre digitalen Resonanzräume

Der Raum des Kirchenkolumbariums und deren virtuelle Memorials stellen gekoppelte *Resonanzräume für Trauer* dar.[38] Die Online-Memorials können in diesem Zusammenhang als erweiterte Resonanzräume der Trauer verstanden werden, die v. a. für ortsferne Angehörige die Option eines vermittelten Toten-gedenkens eröffnet. Auffällig ist hier die Kopplung von realem Indoor-Fried-hof und virtuellem Memorial. Das Virtuelle ist hier, anders als bei reinen virtuellen Gedenkportalen, rückgebunden an einen konkreten Raum, der als Grab-, Gedenk-, Seelsorge- und Gottesdienstraum fungiert. Die Pragmatik der Kirchenkolumbarien, Orte der Lebenden zu sein, ist gegenüber dem virtuellen Gedenken und Trauern durch die spezifischen Seelsorgeangebote vor Ort und die gottesdienstlich dimensionierte Erinnerungskultur auf die realleibliche Be-gehung und Präsenz seitens der Angehörigen ausgerichtet. Jedoch schließen sich beide Varianten nicht aus. In poimenischer Perspektive wäre die Option einer Email-Seelsorge seitens der Trauerbegleiter von Kirchenkolumbarien zu erwägen, die für fern lebende Angehörige eine kirchlich verantwortete Mög-lichkeit zur Trauerbewältigung böte.

Literatur

Fechtner, Kristian, Kirche von Fall zu Fall. Kasualpraxis in der Gegenwart – eine Orientierung, Gütersloh 2003.

Klie, Thomas, Zeichen und Spiel. Semiotische und spieltheoretische Rekonst-rution der Pastoraltheologie, Gütersloh 2003.

Klie, Thomas, Einleitung – die neue Imposanz des Todes und die Suche nach neuen Formen, in: ders. (Hg.), Performanzen des Todes. Neue Bestat-tungskultur und kirchliche Wahrnehmung, Stuttgart 2008, S. 7–13.

Knatz, Birigt, Handbuch Internetseelsorge: Grundlagen, Formen, Praxis, Gü-tersloh 2013.

Naumann, Bettina, Totensonntagsgottesdienste, in: Fix, Karl-Heinz / Roth, Ursula, Lebensvergewisserungen. Erkundungsgänge zur gegenwärtigen Bestattungs- und Trauerkultur in Kirche und Gesellschaft, Gütersloh 2014, S. 190–208.

Nord, Ilona / Luthe, Swantje: Räume, die Selbstvergewisserung ermöglichen. Virtuelle Bestattungs- und Gedenkräume und ihre Bedeutung für die Dis-kussion um den Wandel in der Friedhofskultur, in Klie, Thomas / Kum-

---

[38]   Vgl. Rinn, Angela, Friedhof, gefährdeter Ort – veränderte Bestattungskultur in der Gegenwart, in: Pastoraltheologie, 104, 7 (2015), S. 307–325, hier S. 314.

lehn, Martina / Kunz, Ralph / Schlag, Thomas (Hg.), Praktische Theologie der Bestattung, (Praktische Theologie im Wissenschaftsdiskurs 17), Berlin/München/Boston 2015, S. 307–328.

Nord, Ilona, Die virtuelle Dimension der Seelsorge, in: Wege zum Menschen, 61, 4 (2009), S. 353–366.

Nord, Ilona, Realitäten des Glaubens. Zur virtuellen Dimension christlicher Religiosität, Göttingen 2008.

Rinn, Angela, Friedhof, gefährdeter Ort – veränderte Bestattungskultur in der Gegenwart, in: Pastoraltheologie, 104, 7 (2015), S. 307–325.

Schulz, Frieder, Die Struktur der Liturgie. Konstanten und Varianten, in: Jahrbuch für Liturgik und Hymnologie Bd. 26, Göttingen 1982, S. 78–93.

Welck, Christian, Gemeindegottesdienst im evangelischen Kolumbarium Soest. In Fendler, Folkert / Klie, Thomas / Sparre, Sieglinde (Hg.), Letzte Heimat Kirche. Kolumbarien in Sakralräumen, Leipzig 2014, S. 151–169.

Ziegler, Almuth, „Etwas für andere tun – und auch für mich". Erfahrungen von Ehrenamtlichen in der Studentischen Telefon- und E-Mail-Seelsorge Hamburg, (Diplomarbeit) Hamburg 2005.

Internet

http://www.bda-nrw.de/architekturpreise/praemierte-architektur/preis/grabes-kirche-st-josef-aachen-umbau-der-kirche-in-eine-urnenbeisetzungsstaette.html.

http://www.ccfranken.de/architekturfotografie-grabeskirche-liebfrauen-in-dortmund/.

http://www.friedhofskultur.de/news/kolumbarium-osnabrueck-ort-zum-sein-und-staunen/.

http://www.gedenkseiten.dewww.gedenkseiten.de.

http://www.grabeskirche-aachen.de.

http://www.kolumbarium-hannover.de.

http://www.kolumbarium-hannover.de/Unsere-Verstorbenen.581.0.html.

http://www.grabeskirchekoeln.de,

http://www.grabeskirche-moenchengladbach.de.

http://www.grabeskirche-viersen.de.

http:// www.infrieden.dewww.infrieden.de.

http://www.ingedenken.de.

http://www.klodwig-company.de/projekte/kirche/kolumbariumskirche-osnabrueck/.

http://www.kobnetz.de/trauerraum/index.html.

http://www.kolumbarium-hoheneggelsen.de.

http://www.kolumbarium-hueckeswagen.de.

http://www.kolumbarium-soest.de.

http://www.noz.de/deutschland-welt/kultur/artikel/28147/in-der-osnabru-
    cker-kolumbariumskirche-sind-urnengraber-neben-kirchenbanken#gal-
    lery&0&0&28147.

http://www.puetz-roth.de/virtuelle-gaerten-der-bestattung.aspx.

http://www.strassederbesten.de.

http://www.urnenkirche.de.

http://www.volberg.kirche-koeln.de/das_kolumbarium_kreuzkirche.html.

http://www.youtube.com/watch?v=LzFWLIvO1G8.

Leibhaft und erdenschwer.
Eine kritische Relecture

Thomas Klie

1.   Erde zu Erde

Wenn Menschen sterben, werden sie in aller Regel beigesetzt. Ihre sterblichen Überreste werden in der Erde vergraben. Es wird damit rituell gezielt den Blicken entzogen, was Trauernden wie Angehörigen nicht zuträglich scheint: die langsame Auflösung eines toten Körpers in das ihn umgebende Erdreich. War der nach dem Ableben sichtbare tote Körper das unverkennbare Zeichen für einen ehedem Lebenden, so zeugen nach der Beisetzung Gräber und Grabmale von dem (allzu) menschlichen Bemühen, dieses uneinholbare Getrennt-Sein in eine erträgliche, weil zugängliche Distanz umzuwandeln. Die leibliche Trennung der Toten von den Lebenden kann kaum einen sinnenhafteren Ausdruck erfahren. In der Beerdigung nimmt die moderngesellschaftlich wahrnehmbare, gleichwohl angstvoll ignorierte Gewissheit Gestalt an, dass Lebenszeit endlich und der Leib irdisch, erden ist. Beisetzungen machen es einem „schwer" – durchaus in doppeltem Sinne des Wortes. – *Erde zu Erde.*

Wie bei allen Kasualien gibt es darum auch und gerade bei Bestattungen etwas zu sehen. Und es sind dabei überaus starke Bilder, denn sie visualisieren in mehrfacher Hinsicht einen Entzug. Ein Leichnam liegt in einem verschlossenen Sarg, Kremierungsasche befindet sich in einer verschlossenen Urne. Sichtbar sind die gnädigen Verhüllungen eines Körpers bzw. seiner sterblichen Überreste, die aber gleichwohl mit dem Moment des Leiblichen imprägniert sind. In einer kultivierten Religionspraxis, die heute kaum noch ekstatische Religionsphänomene zulässt, bieten Bestattungen Einblicke in Vollzüge, die die menschliche Wahrnehmung an eine Grenze führen. Mit dem Einsenken des Sarges bzw. der Urne und dem symbolischen Zuschütten der Grabstelle durch den Erdwurf von Geistlichen (und Angehörigen) gilt ein Lebensweg ein für allemal als abgeschlossen. Der Verstorbene ist fortan nicht mehr leiblich sichtbar. In diesem sepulkralen Ritus greift noch keine Erinnerung, es regiert die Erstarrung. Und doch setzt mit der Beisetzung ein Prozess ein, der die Leidenschaft, die dem Lebenden galt, merklich erkalten lässt. – *Asche zu Asche.*

Besuchen Trauernde in der Zeit nach der Beisetzung ihre Gräber, dann suchen sie einen Ort auf, der für sie genau lokalisierbar ist und an dem sie sich den Verstorbenen räumlich nahe wissen. Es prägen sich Formen einer individuellen Erinnerungskultur aus, die durch den Gang auf den Friedhof immer auch die eigentümliche materiale Trägheit des Todes aufrufen. Seine Beharrungskraft ist *in situ* erfahrbar. Die Schwerkraft hält Leichnam bzw. Körpersubstrat beharrlich und auf Dauer unten in der Erde.[1] Auf Friedhöfen dominiert die Physis: die Wege, die Areale, das Gehen, das Körperschema der Gräber, das Schweigen der Besucher und die Ruhe der Toten. Nicht ohne inneren Grund gilt der Grabstein als *das* kulturelle Todeszeichen; die materialhafte Schwere bezeichnet die Gravität des Erinnerungsortes. Stein ist beständiger als Internetze. Er vermittelt Halt im Strudel gefühlter Schwere- und Haltlosigkeit. – *Staub zu Staub.*

Das Entsetzen, das durch die „Dekonstruktion des Subjekts durch den Tod" hervorgerufen wird und von dem im Beitrag von Marius Timmann Mjaaland[2] die Rede ist, ist bei Beerdigungen essenziell. Der Tod ruft starke Gefühlsregungen auf, weil der Tod das Leben stört und letztlich zerstört. Diese Zerstörungsleistung provoziert geradezu eine flankierende Zeichenbildung, hier in erster Linie: die Bildproduktion. Tote und Bestattungen werden primär *gesehen* – modern-mediale Kommunikation lässt Tote und Bestattungen *anders* und *neu* sehen. Es entstehen Bilder von Bildern – bei der Post-mortem-Fotografie[3], im Kino- und Fernsehfilmen[4] –, bei denen sich die Realitäten (ein)mischen. Artefakte, die innere Bilder aufrufen und Rezipienten irritieren, verschränken und überlappen sich mit den äußeren, authentisch-funeralen Bildern.

2.   Protestantischer Argwohn

In der protestantischen Theologie werden Bilder traditionell beargwöhnt, denn die Religionsproduktion verläuft hier in verbalen Bahnen. Gott wird prominent besprochen und in Rede gestellt, nicht aber ins Bild gesetzt. Selbst liturgisch entfaltete, theatrale Bilder haben lange Zeit in der evangelischen Liturgik ein Schattendasein gefristet.[5] Nun aber scheint die visuelle Kultur die verbale einzuholen. Davon profitiert nicht zuletzt auch die Liturgik. Für eine Religion

---

[1]   Vgl. dazu Hanimann, Joseph, Vom Schweren. Ein Geheimnis der Moderne, München/ Wien 1999.

[2]   Bilder des Todes zerstören. Caravaggio, Kierkegaard und Marin über Selbst-Vorstellungen und Destruktion.

[3]   Vgl. den Beitrag von Thorsten Benkel und Matthias Meitzler (Die Bildlichkeit des Lebensendes. Zur Dialektik der Totenbiografie).

[4]   Vgl. die Beiträge von Joan Kristin Bleicher (Gestorben wird immer – Tod im Fernsehen), Inge Kirsner (Das ewige Leben … und die Kunst des Ausklangs. Bestattungsrituale im Film) und Julian Sengelmann (Das orthodoxe Holy Fire. Über die virtuelle Dimension der frohen Botschaft im heiligen Land).

[5]   In exemplarischer Dichte: Roth, Ursula, Die Theatralität des Gottesdienstes, Gütersloh 2006.

des Wortes ist die allgemeine kulturelle Umcodierung vom Wort ins Bild eine
fundamentale Veränderung, die zu Reaktionen und Eingeständnissen nötigt.
Bild frisst Wort – Sarkophag. Was aber, wenn dieser mediale Fressakt das
Wort am Ende substanzlos zurücklässt? Die Religion evangelischer Spielart
und ihre Theologie sind auf diese Transformation jedenfalls nur unzureichend
eingestellt.

Die Praktische Theologie, die an der qualifizierten Wahrnehmung religiöser Praxis ihre Theoriebildung orientiert, ist hier in besonderer Weise herausgefordert. Denn nicht nur der Tod und die ihn begleitenden Riten sind ein
prominenter Gegenstand ihrer Lehrbildung, sondern auch die Art und Weise,
wie die säkulare Sepulkralkultur auf den kirchlichen Kasus einwirkt und ihn
möglicherweise assimiliert. Was also bedeutet die ubiquitäre mediale Bebilderung für die praktisch-theologische Wahrnehmung des Todes? Weist sie auf
eine Zerstörung des Todes durch das Bild? Ertrinkt der Tod real ablebender
Menschen in der Bilderflut, die von ihm erzählt? Wird das Memento mori
im schier endlosen Symbol-Sampling des Internets visuell substituiert?[6] Es
spricht viel dafür, dass der funerale Kitsch[7] – vor allem bei den verschiedenen
Formaten der Internet-Friedhöfe[8], aber auch bei den PC-Spielen[9] – die Funktion infantiler Übergangsobjekte (Winnicott) übernimmt. Als selbstgewählte
visuelle Artefakte besetzen sie den Raum zwischen dem Betrachter und dem
bedeutsam Angeschauten. Die Simulacren symbolisierten dann gleichsam die
äußere „schwere" Welt, das Nicht-ich-Sein des Betrachtenden. Symbolisch
repräsentieren sie die Ganzheit des gelebten Lebens. Folgt man diesem Gedanken, dann stellen Bilder des Todes eine spannungsreiche Verbindung her
zwischen der inneren und der äußeren Welt des Betrachtenden. Zum schweren „ersten Körper" tritt ein leichter „zweiter Körper" hinzu, der materiale
Leib und die Erinnerungsfiguration treten mehr und mehr auseinander. Und
im Schauen wird dieser zweite Körper mit subjektiven Inhalten gefüllt. Denn
die Anwahl bzw. die Produktion der Bilder korreliert mit den Bedürfnissen der
inneren Vorstruktur des Rezipienten; sie repräsentieren seine sozialen Erwartungen und seine Ängste. Die Bilderwelten aktivieren individuelle Erinnerungen und präformieren sie.

Obwohl, oder besser: gerade weil sich die eigentümliche Gravität des sepulkralen Primärakts gegen ephemere Bilder versperrt, regt er die Bildproduk-

---

6   Vgl. den Beitrag von Swantje Luthe (Trauerarbeit online – Facebook als Generator für
     Erinnerungen).
7   Vgl. hierzu Illing, Frank, Kitsch, Kommerz und Kult. Soziologie des schlechten Ge-
     schmacks, Konstanz 2006.
8   Vgl. die Beiträge von Anke Offerhaus (Klicken gegen das Vergessen. Die Mediati-
     sierung von Trauer- und Erinnerungskultur am Beispiel von Online-Friedhöfen) und
     Ilona Nord (Der QR-Code: Mixed Realities oder zur Korrespondenz von kulturellem
     und kommunikativem Gedächtnis in digitalen Bestattungskulturen).
9   Vgl. den Beitrag von Jens Palkowitsch-Kühl (Tod, Sterben und Bestattungen im Com-
     puterspiel).

tion an. Denn das Schauen ohne leiblichen Bezug fällt eher leicht, es behaftet nicht. Man kann folgenlos wegklicken, umblättern, ab- oder umschalten. Und man kann, vermutlich ebenso folgenlos heillos übercodierte Bilder wieder und wieder herbei zitieren, down-laden und hinauf-posten. In religionspsychologischer Perspektive kommt diese Form des flüchtigen Gebrauchs einer gigantischen visuellen Regression nahe. Diese Regression ist nicht zuletzt auch dem Umstand geschuldet, dass gerade die protestantische Religionspraxis in der Gegenwart kaum kulturell akzeptable Bilder vom Tod zur Verfügung gestellt hat. Tote werden evangelisch allenfalls besprochen, kaum bebildert. Bis vor kurzem war das Aufstellen von Bildern bei Bestattungen, auf Grabsteinen und in Tageszeitungen ein relativ sicheres Indiz dafür, dass hier ein Katholik verstorben ist. Denn im Evangelischen sucht man den Tod verbal zu bannen. Dass hierzulande das säkulare Pendant zum Pastor „Redner" heißt, womöglich auch noch „freier Redner" (im Gegensatz zum dogmatisch gebundenen Pastor) zeigt an, dass der Predigt-Code eine kulturell nach wie vor starke Codierung ist. Zwar hätte man die Freiheit, einen säkularen Bestattungsakteur „freier Liturg" oder neudeutsch: „Ritualdesigner" zu nennen, doch die Enzyklopädie der gesprochenen Sprache sieht diese Codierungen nicht vor. Die typisch protestantische Leichenrede hat sich tief ins kulturelle Gedächtnis eingegraben – und dies völlig unabhängig davon, dass sich bei der Bestattung mittlerweile das Bild als das deutlich stärkere Medium aufdrängt.

Werden Tote „live" begraben, dann ist davon – immer noch – die Rede. Das ist im Roman so[10], und es ist im „richtigen Leben" so. Ein Tod will besprochen werden. Als Danksagung liest man in der Lokalzeitung: „Dank an den Pastor NN" bzw. „[…] an den Redner NN". Das ist kulturell so evident, dass niemand auf die Idee kommt, diese rituelle Dienstleistung anders zu beschreiben denn als Rede. Das Reden an Sarg und Urne ist vor allem anderen ein *professionalisiertes* Reden. Dass andere Teilnehmer einer Trauerfeier das Wort ergreifen, ist eher die Ausnahme.[11] Ein Kollateralschaden des funeralen Delegierens der Rede an professionelle Akteure ist die weitgehende Erosion des gemeindlichen Gesangs. Die Trauergemeinde verstummt heute mehr und mehr. Ihr verschlägt es im wahrsten Sinne des Wortes die Sprache.[12] Digitale Medien (die CD mit den Lieblingsliedern des Verstorbenen) ersetzen den protestantischen Choral. Die Trauergemeinde *lässt* sprechen. Und sie *lässt* singen. Und sie *lässt* zeigen.

---

[10]   Vgl. den Beitrag von Martina Kumlehn („Sprengstoff" narrativer Identität: Trauerreden im Medium der Fiktion am Beispiel von Uwe Timms Roman „Rot").

[11]   Dass in ländlichen Regionen oft auch noch Vertreter von Vereinen zu Wort kommen, kann als eine die Regel bestätigende Ausnahme gewertet werden. Denn auch hier handelt es sich um funktionale Bezüge, die das Rederecht sanktionieren.

[12]   Vgl. hierzu Blume, Cäcilie, Populäre Musik bei Bestattungen, Stuttgart 2014; Reinke, Stephan A., Musik im Kasualgottesdienst. Funktion und Bedeutung am Beispiel von Trauung und Bestattung, Göttingen 2010.

Es spricht viel dafür, genau hierin den religionskulturellen Ort des Themas zu identifizieren: Das allgemeine Verstummen der Trauernden und die nachhaltige Professionalisierung der Sepulkralkultur ist die Stunde der Bilder bzw. der Kairos der intermediären Kommunikation auf dem *Bild*schirm. Wem es angesichts des Todes die Sprache verschlägt, der kann sich immer noch ein Bild machen, kann immer noch ein digitales Angebot anklicken. Er kann den Todeskontakt zu den eigenen Bedingungen gestalten, er kann den Tod im Spiel mental kanalisieren, ihn visuell skandalisieren, kann sich in Fotographien und Kunstbilder vertiefen, auf Online-Friedhöfen oder Facebook flanieren oder sich einfach nur bei einem thematisch einschlägigen Spielfilm entspannen. Die Verdopplung von Bildern und die Bebilderung von Narrativen ist ein überaus populärer Vorgang. Diese Technik beherrschen nicht nur religiöse Profis. In Zugriff, Produktion und Rezeption gerät der populäre Bildkonsum im Netz zu einer Kunst des Volkes. Die Mediatisierung funeraler Bilder hat eine starke Tendenz zur *Volkskunst* – als Gegenreaktion bzw. Folgeerscheinung professioneller Enteignung.

Die visuellen Artefakte fingieren eine Wirklichkeit, die die soziale Realität erweitert und umspielt; es performieren sich neue Mischungsverhältnisse und Übergänge. Das macht den Charme und die verwirrende Vielgestaltigkeit der Phänomene aus, mit denen sich die Beiträge in diesem Band auseinandersetzen. Es gibt das Begräbnis auf dem Friedhof und das Grab im Netz, es gibt das Kolumbarium in der nicht mehr gemeindlich genutzten Kirche[13] und eine Online-Präsenz auf seiner Webseite, es gibt den Grabstein mit QR-Code, der wiederum auf die entsprechende Gedächtnis-Domain verweist.[14] Dadurch verschiebt sich auf sublime Weise das Raum-Zeit-Gefüge. Die Einmaligkeit der einmal vollzogenen Bestattung eines Menschen kann im Modus medialer Darstellungen beliebig oft wiederholt und dabei durch individuelle Einträge fortgeschrieben, variiert, kommentiert oder konserviert werden. Die Trauer findet heute eine breite Palette umstandslos nutzbarer Medien, die ihren Nutzern suggerieren, dass die virtuellen Nicht-Orte im Prinzip wie ihre physikalischen Initialien funktionieren – die perfekte Imagination von Erdenschwere und Leiblichkeit inbegriffen. Die Sepulkralkultur entgrenzt sich in die Reichweite jederzeit greifbarer Simulacren. Der reale Raum der Toten, der vom Leben der Lebenden bewusst durch Friedhofsmauern und -zäune abgetrennt ist, wird ubiquitär, indem er sich verzeitlicht. Außer der Grenze des guten Geschmacks gibt es nur noch eine marginale, gestische Grenze: das Wischen mit dem Daumen bzw. die schnellen Finger auf der Tastatur.

---

[13]   Vgl. den Beitrag von Sieglinde Sparre (Urnenstelen – Totenbücher – Friedhofsführer. Mixed Reality im Kontext von Indoor-Friedhöfen).

[14]   Vgl. den Beitrag von Ilona Nord (Der QR-Code: Mixed Realities oder zur Korrespondenz von kulturellen und kommunikativem Gedächtnis in digitalisierten Bestattungskulturen).

3.   Totenkult

Im polymorphen Gewand moderngesellschaftlicher Zerstreuungstechniken
hat sich mittlerweile ein überaus populärer Totenkult etabliert. Sichtbar und
individuell im Zugriff, deutungsoffen und spielerisch, selbstverständlich und
kulturell schmiegsam. Die Hinwendung zu den Verblichenen findet einen
mehr oder weniger ritualisierten Ausdruck im durchaus paganen Medienge-
brauch. Das „Ansehen" und die Erinnerung an die Verstorbenen werden einer
Nachwelt erhalten, die darüber ihre angestammte Erinnerungskultur merklich
erweitert. Die reformatorische Vermeidung meritorischer Missverständnisse
war im Kontext des Ablassstreites im 16. Jh. eine theologisch plausible Umcodierung des funeralen Handelns. Die „Seel'" sollte eben nicht „in den Himmel
springen" können, sobald das „Geld im Kasten" klingt.[15] Aber in seiner dog-
matischen Ausschließlichkeit hat Luthers Einspruch gegen den Ablasshandel
bis heute verhindert, auch jenseits der Predigt ein protestantisch erkennbares
und kulturell kompatibles Umgehen mit den sterblichen Überresten auszubil-
den. Die im Christentum kultivierten Formate wie Einsargungen, Gedenktage,
Trauerseelsorge, Grabpflege und kirchenjahreszeitliche Begehungen finden
heute jeweils mediale Entsprechungen, die allerdings die Amplitude mögli-
cher Szenarien deutlich vergrößern. Mediale „Grabbeigaben" imaginieren das
Weiterleben der Verstorbenen auf den Bildschirmen der Hinterbliebenen.

Ob die durchgreifende und sich weitgehend unspektakulär vollziehende
Mediatisierung des Sepulkralen nun ein Indiz für eine „neue Sichtbarkeit des
Todes" (Thomas Macho) ist oder im Gegenteil: ein Zeichen für „das allmähli-
che Verschwinden der Wirklichkeit" (Hartmut von Hentig), kann derzeit nicht
abschließend beantwortet werden. Zu offen sind die Motivlagen und zu kom-
plex die Wirkzusammenhänge. Klar ist jedoch, dass die Toten-Kommunika-
tion auf dem Umweg der digitalen Kommunikation wieder neu in die Kultur
eindringt. Man verständigt sich wieder „in, mit und unter" den Toten – bezeichnenderweise gerade nach und jenseits realer Bestattungen. Jedes Smartphone, jeder Bildschirm wird zu einem Fenster in die Welt der Untoten. Diese
Welt ist durch ein ganzes Netz von Inklusionen und Exklusionen bestimmt. Es
gibt offene und geschlossene Netzwerke, zeitweise Zugriffe und permanente
Visualisierungen. Größtmögliche Öffentlichkeit und intimste (wie brutalste)
Kommunikation schließen sich dabei nicht aus. Es macht gerade den *in*dis-
kreten Charme der moderngesellschaftlichen Social Media aus, genau diese
beiden Größen zu mischen.

Der medial gestützte Totenkult lebt von der Intimisierung der öffentlichen
bzw. teil-öffentlichen Räume. Vor dem Hintergrund einer kultivierten Religi-

---

[15]   Ablassprediger Johann Tetzel wird die Parole zugeschrieben: „Sobald der Gülden im
       Becken klingt im huy die Seel im Himmel springt"; zitiert u. a. in Geue, Bernhard,
       Macht und Ohnmacht im Alltag, Norderstedt 2011, S. 121.

onspraxis ließe sich hier auch von einer neuen Schamlosigkeit[16] sprechen. Eine solche Deutung wäre natürlich eine Reaktionsbildung aufgrund der sozialen Tatsache, dass Tod, Trauer und Sterben keinen allgemein akzeptierten Status mehr haben. Diese funktionalen Zusammenhänge sind heute an Expertensysteme delegiert (Bestatter, Geistliche, Friedhofsangestellte, Trauerbegleiter usw.). Und mit Hilfe der Theologie wurden ganze Seelsorge-Imperien aufgebaut. Zeitgleich haben sich die Friedhöfe von den Kirchgebäuden entfernt; der Kirchhof ist heute Parkplatz, während der Friedhof extra muros stattfindet. Die Totenorte haben sich aus den Stadtkernen zurückgezogen. Krematorien wurden und werden an die „Hecken und Zäune" gebaut. Diese räumliche Trennung geht unmittelbar einher mit kulturellen Deutungsmachtkonflikten. Mit dem lokalen Rückzug erodiert das kirchliche Deutungsmonopol. Was sepulkralkulturell gebannt wurde, bricht sich in den chaotischen Ordnungen des Netzes Bahn und findet dort seinen virtuellen U-Topos.

Erinnerung und Vergessen finden neue Formate. Die starke Verheißung hinter diesen neuen Formaten ist nichts Geringeres als die Option auf ewiges Gedenken. Das Netz vergisst nichts. Oder doch? Die empirische Kurzlebigkeit dieser Ewigkeitsform vermag diese Verheißung in den Augen der User kaum zu irritieren. Nicht ohne Grund findet die Archäologie gerade in Gräbern und Grabbeigaben einen Großteil ihrer Gegenstände, mit denen sie Kultur erklärt. Friedhöfe sind ein wichtiger Bestandteil des kulturellen Gedächtnisses eines Gemeinwesens. Was aber „gräbt" in 200 Jahren ein Netz-Archäologe aus? Wird es dort dann überhaupt noch lohnenswerte Dinge auszugraben geben? Oder ist dann jedes funerale Portal längst vielfach überschrieben und unwiederbringlich gelöscht?

Es hat den Anschein, als komme der Kirche mit ihrem antiquierten Generalmedium „Wort" nur noch die Rolle eines kulturellen Stimulans zu, über das sie die digitalen Welten-Designer mit archetypischen Requisiten für ihre medialen Sepulkralkulturen beliefert. Doch dies ist die falsche Alternative. Primärakt und Zitat, Live-Bestattung und Medien-Tod stehen in keinem direkten Verweisungskontext, auch schließen sie einander nicht aus. Zudem ist Sampling nur möglich, wenn es „etwas" gibt, was Zeichenspiele zu eröffnen vermag. Situationssensible Kasualien sind signifikante Unikate. Sie sind nicht zuletzt auch aus dem Grund „gefühlsecht", weil sie von leiblicher Schwere durchdrungen sind. Wenn die Kirche in der Bestattung ihren Umgang mit der Unumkehrbarkeit von Lebenswegen kultiviert, dann tut sie dies, indem sie die Osterbotschaft nicht nur homiletisch, sondern auch liturgisch zur Darstellung bringt. Rede und Ritus bringen gemeinsam zur Darstellung, wie und warum im jeweiligen Kasus das Zeitliche zu segnen ist. Wovon beim Bestattungskasus die Rede ist, wird eben auch rituell gedeutet. Erdwurf, Prozession zum

---

[16] Vgl. hierzu die jüngst erschienene Schrift Fechtner, Kristian, Diskretes Christentum. Religion und Scham, Gütersloh 2015.

Grab, Kreuzeszeichen und (Valet-)Segen sind hierbei verdichtete Deutehandlungen, die von ihrer Performanz leben – de tempore und ad personam. Gerade auch mit der rituellen Orchestrierung des funeralen Akts setzt die Kirche religiöse Zeichen, mit denen sie an der Grenze der Artikulierbarkeit begrenztes Leben als geschenktes rechtfertigt. Wenn sie dabei die Deutung der Gegenwart[17] wagt, kann sie auf ihre konventionelle Deutungspalette vertrauen, auch wenn die Funeralien im pastoralen Alltag mitunter zu wünschen übrig lassen. Die medialen Brechungen können dann getrost zwar nicht ad acta gelegt, wohl aber als Adiaphora in die pastorale Wahrnehmung des Kasus einfließen.

Literatur

Blume, Cäcilie, Populäre Musik bei Bestattungen, Stuttgart 2014.

Dalferth, Ingolf, Gedeutete Gegenwart. Zur Wahrnehmung Gottes in den Erfahrungen der Zeit, Tübingen 1997.

Fechtner, Kristian, Diskretes Christentum. Religion und Scham, Gütersloh 2015.

Geue, Bernhard, Macht und Ohnmacht im Alltag, Norderstedt 2011.

Hanimann, Joseph, Vom Schweren. Ein Geheimnis der Moderne, München/ Wien 1999.

Illing, Frank, Kitsch, Kommerz und Kult. Soziologie des schlechten Geschmacks, Konstanz 2006.

Reinke, Stephan A., Musik im Kasualgottesdienst. Funktion und Bedeutung am Beispiel von Trauung und Bestattung, Göttingen 2010.

Roth, Ursula, Die Theatralität des Gottesdienstes, Gütersloh 2006.

---

[17] Vgl. hierzu in systematisch-theologischer Perspektive: Dalferth, Ingolf, Gedeutete Gegenwart. Zur Wahrnehmung Gottes in den Erfahrungen der Zeit, Tübingen 1997.

Autorinnen und Autoren

Dr. Thorsten Benkel – Jg. 1976, Akademischer Rat für Soziologie an der Philosophischen Fakultät der Universität Passau.

Prof. Dr. Joan Kristin Bleicher – Jg. 1960, Professorin für Medienwissenschaft, Universität Hamburg.

PD Dr. Inge Kirsner – Jg. 1963, Evang. Hochschulpfarramt Ludwigsburg.

Prof. Dr. Thomas Klie – Jg. 1956, Professor für Praktische Theologie an der Theologischen Fakultät der Universität Rostock.

Prof. Dr. Martina Kumlehn – Jg. 1966, Professorin für Religionspädagogik an der Theologischen Fakultät der Universität Rostock.

Dipl.-Theol. Swantje Luthe – Jg. 1985, Wissenschaftliche Mitarbeiterin am Lehrstuhl für Evangelische Theologie mit den Schwerpunkten Religionspädagogik und Didaktik des Religionsunterrichts an der Universität Würzburg sowie Konviktsinspektorin des Bugenhagen-Konvikts in Hamburg.

M.A. Matthias Meitzler – Jg. 1986, Wissenschaftlicher Mitarbeiter am Kulturwissenschaftlichen Institut, Essen.

Prof. Dr. Marius Timmann Mjaaland – Jg. 1971, Professor für Systematische Theologie an der Theologischen Fakultät und Direktor des Interdisziplinären Forschungsprogramms PluRel, Universität Oslo.

Prof. Dr. Ilona Nord – Jg. 1966, Professorin für Ev. Theologie mit dem Schwerpunkt Religionsdidaktik an der Universität Würzburg.

Dr. Anke Offerhaus – Jg. 1976, Universitätslektorin am Zentrum für Medien-, Kommunikations- und Informationsforschung (ZeMKI), Bremen.

M.A. Jens Palkowitsch-Kühl – Jg. 1987, Wissenschaftlicher Mitarbeiter am Lehrstuhl für Evangelische Theologie an der Universität Würzburg.

Dipl.-Theol. Julian Sengelmann – Jg. 1982, Moderator, Schauspieler, Musiker, Filmemacher und Lehrbeauftragter am Institut für Praktische Theologie der Universität Hamburg.

Dipl.-Theol. Sieglinde Sparre – Jg. 1981, Wissenschaftliche Mitarbeiterin am Lehrstuhl für Praktische Theologie an der Theologischen Fakultät der Universität Rostock.

Anhang ausgewählter Abbildungen

Abb. 1: Friedhofslandschaften: Einstieg in den christlichen Friedhof (oben) und in den Landfriedhof (unten), (siehe *A. Offerhaus, Abb. 2,* S. 43).

Abb. 2: Michelangelo Merisi da Caravaggio,
Medusa, ca. 1598 (siehe *M. Timmann Mjaaland, Abb. 1,* S. 100).

Abb. 3: Michelangelo Merisi da Caravaggio,
Narziss, 1594–1596 (siehe *M. Timmann Mjaaland, Abb. 2,* S. 101).

Abb. 4: Nicolas Poussin, Hirten in Arkadien (Et in Arcadia ego), 1637–1638 (siehe *M. Timmann Mjaaland, Abb. 3*, S. 104).

Abb. 5: Michelangelo Merisi da Caravaggio, Die Auferweckung des Lazarus, 1609
(siehe *M. Timmann Mjaaland, Abb. 4,* S. 108).

Abb. 6: Ein seltenes Beweisstück für die Visualisierung des Sterbeprozesses:
die Abschiedsgeste auf dem Totenbett als Grabsteinfoto
(siehe *T. Benkel / M. Meitzler, Abb. 1*, S. 119).

Abb. 7: Das Ovalporträt erfährt als Grabsteinelement im
deutschsprachigen Raum seit etwa 20 Jahren eine Renaissance
(siehe *T. Benkel / M. Meitzler, Abb. 2*, S. 122).

Abb. 8: Im Bild zwischen Schlaf und Tod changierend, kann der erste
Körper des toten Kindes als Fotomotiv Verwendung finden
(siehe *T. Benkel / M. Meitzler, Abb. 4*, S. 131).